Valérie et Fabien MAURICE

Terre d'éveil

Une aventure familiale sur les chemins du monde

Photos

Page de couv. : sur la piste menant aux ruines de Moray (Pérou)

Dos de couv. : en partant du haut vers le bas.

1 - Sur une piste en Cappadoce (Turquie).

2 - Paysages de Basse Californie (Mexique).

3 - Col de Pachacutec à 4650 mètres d'altitude (Pérou).

4 - Hors-piste au sud Lipez (Bolivie).

5 - Pause familiale devant un cactus en Basse Californie (Mexique).

Mise en page quadri réalisée par CIPS – Puteaux

Béthonvilliers – 2007

ISBN : 978-2-9529226-0-9

A Léa et Yanis,
nos deux croqueurs d'horizons.

A maman,
cette étoile éternelle qui scintille dans mon cœur (Valérie).

« Le métier de parent est le seul pour lequel on ne reçoit aucune formation, et dont on ne peut pas démissionner...On le devient du jour au lendemain, et c'est à vie ».

Françoise Dolto

« On sait bien où l'on veut aller, mais on ignore quand, comment, par quel chemin on y parviendra. Inutile de s'en soucier d'avance, on verra bien… »

Théodore Monod

« La terre nous en apprend plus long sur nous que tous les livres. Parce qu'elle nous résiste. L'Homme se découvre quand il se mesure à l'obstacle ».

Antoine de Saint Exupéry

Table des matières

Table des cartes

LE MONDE

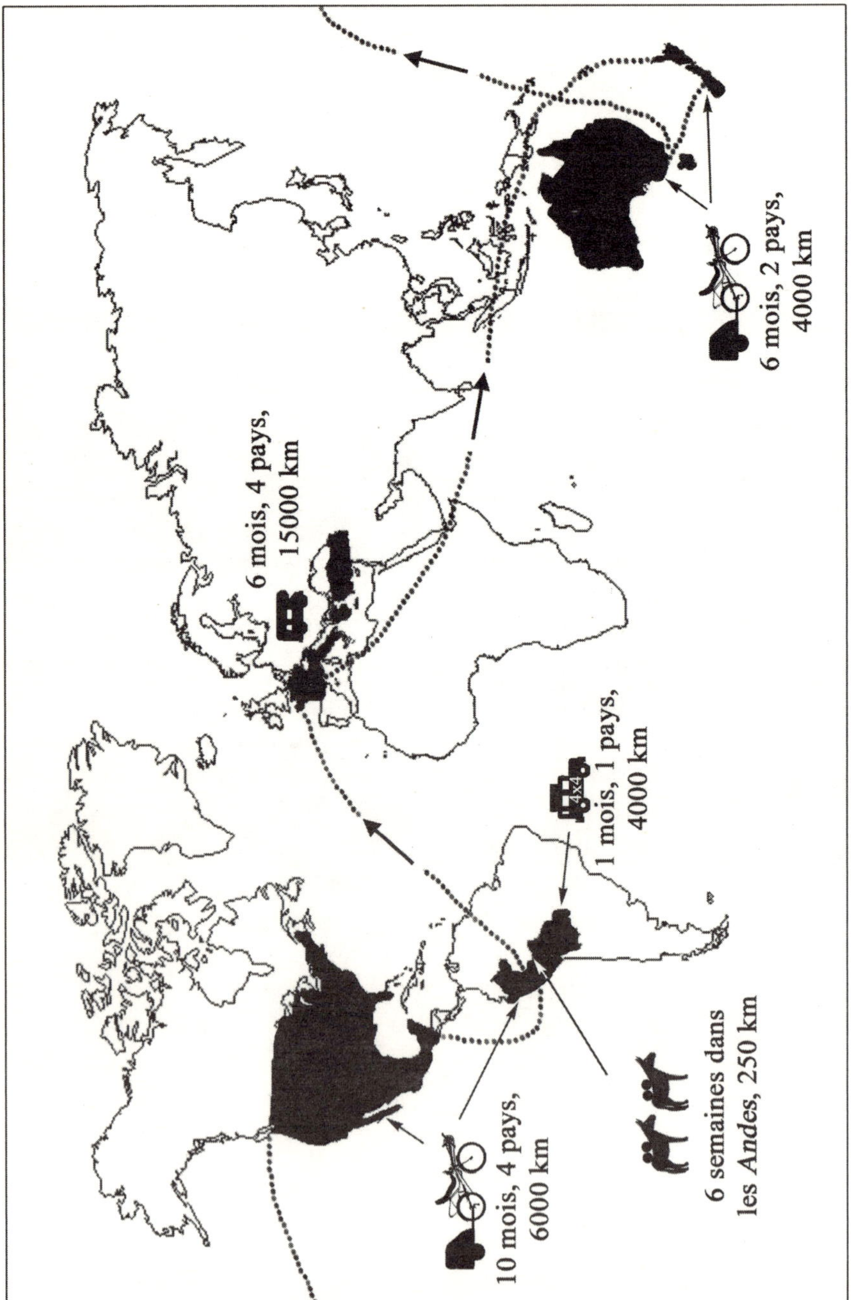
6 mois, 2 pays,
4000 km
6 mois, 4 pays,
15000 km
4x4
1 mois, 1 pays,
4000 km
10 mois, 4 pays,
6000 km
6 semaines dans
les *Andes*, 250 km

Introduction

Une bonne étoile nommée Saint Christophe

(Fabien)

15 septembre 2001. Nous installons confortablement Léa, notre petite fille de six mois, dans sa remorque et dirigeons nos vélos lourdement chargés vers le centre du village aveyronnais de Peyre, situé à quelques encablures de Millau. Ses gazouillements donnent le coup d'envoi d'une grande boucle dans les parcs des Grands Causses et du Haut Languedoc. Trois semaines et cinq cent kilomètres pour nous tester et répondre à cette question, à priori saugrenue, mais qui nous taraude l'esprit depuis si longtemps : pouvons-nous voyager au long cours avec un enfant en bas-âge sur un moyen de locomotion aussi audacieux que le vélo ?

Nous suivons les méandres verdoyants de la route, bercés par les reflets scintillants et les clapotis du Tarn : une bonne thérapie pour apaiser la violence des images new-yorkaises récemment diffusées.

Le ruban d'asphalte s'élève brutalement pour contourner plus facilement la gorge étroite du cours d'eau. Léa dort déjà et son visage angélique me transporte trente ans plus tôt, dans la période insouciante de mon enfance.

Né à Abidjan en Côte d'Ivoire, j'ai suivi mes parents durant quatorze ans dans différents pays d'Afrique. Revenu en France pour terminer mes études, je me surprenais à rêver d'évasion, de nouveaux horizons. Un reportage sur des contrées éloignées, le sillage d'un avion filant haut dans le ciel ou l'odeur d'une essence exotique fraîchement coupée par la scie suffisaient à provoquer en moi une irrésistible envie « d'ailleurs ». On m'avait inoculé le redoutable virus du voyage. Je ne disposais pas d'antidote, mais devais découvrir, au fil des ans, que cette maladie contagieuse, loin d'affaiblir l'âme, conduit à la réalisation de soi.

Sur les bancs de l'université où j'ai connu Valérie, je lui transmettais rapidement mon virus. A chaque congé payé acquis, nous partions, sac au dos, parcourir l'immensité du monde : Afrique, Asie, Moyen-Orient… Puis, un jour de l'année 1997, lassés de ces escapades toujours trop courtes, nous avons acheté deux vélos et sommes partis réaliser un tour de 13000 km de Québec à Katmandou en passant par Tokyo et Pékin. Une expérience insolite de douze mois à la découverte de contrées nouvelles, à la découverte des autres, à la découverte de nous-mêmes.

A notre retour, Paris n'avait pas changé. C'était le printemps, les arbres bourgeonnaient et la ville se préparait à accueillir le mondial 98. Nous avions vite retrouvé un travail, Valérie, dans l'entreprise qui lui avait accordé un congé sabbatique, moi à la suite d'une brève recherche d'emploi.

Nous rentrions avec le sentiment d'avoir vécu une vie entière, certains que le voyage nous avait transmis ses nombreuses vertus. Nous avions réalisé notre rêve, nous étions comblés, le virus semblait vaincu.

Mais rapidement, Paris reprit à nos yeux son visage habituel de grande métropole étouffante. Il nous fallut reprendre la course effrénée contre le temps. Faire, comme tout un chacun nos courses le samedi dans la cohue, rouler au pas dans les bouchons du week-end pour respirer un peu d'air pur. Les visages indifférents, les comportements agressifs, le bruit et la pollution entamèrent notre belle vigueur du retour.

Ecartelés entre nos rêves et nos nouvelles obligations sociales, nous oubliions les règles simples du nomade voyageur : regarder le temps qu'il fait, voir si la lune est pleine, repérer la position de l'étoile polaire.

Nous perdions parfois le goût de rêver, de créer, de réagir, avec cette désagréable impression d'avoir ouvert une voie vertueuse et de l'avoir laissée telle quelle, immobilisés par le poids de nos habitudes. Retrouver la vie nomade au plus vite était dans nos aspirations les plus profondes. C'était une nécessité, un besoin.

Notre projet de repartir prenait petit à petit forme comme les cellules du bébé que nous attendions. Nous avions décidé de partager avec un enfant cette prochaine aventure. Léa allait devenir le fil conducteur de ce nouveau voyage avec cette idée simple de favoriser son éveil dans la plus grande crèche du monde. Notre objectif était de profiter pleinement de notre enfant, de le voir grandir, de participer à son épanouissement.

Plus grande crèche du monde… Eveil… Il ne restait plus qu'à simplifier l'équation. Notre projet avait désormais un nom : Terre d'éveil.

– Eh oh Fabien ! Que fais-tu ? Je t'attends ! s'exclame Valérie qui a profité de ce moment de rêverie pour me doubler.

Après plusieurs jours passés dans la vallée magnifique du Tarn, nous obliquons à gauche vers les plateaux de l'Albigeois. Des bruits sourds d'explosion, provenant d'un champ de tir de l'armée, rythment notre progression. En fin d'après- midi, nous plantons la tente dans un cadre bucolique, à la sortie de Réalmont. Le soir, Léa s'endort comme à son habitude, calée entre nous deux. Elle ne semble pas réclamer le lit, plus confortable, de sa chambre. Le lendemain matin, au moment d'enfourcher nos vélos, une onde de choc d'une violence inouïe nous fait vaciller.

– Ils y vont fort. dit Valérie. Ce champ de tir est une véritable plaie pour les riverains. rajoute-t-elle d'un ton agacé.

Plus tard, en arrivant dans le joli bourg de Brassac, blotti dans une vallée creusée par la rivière Agout, un homme, paniqué, nous interpelle.

– Vous êtes au courant ? Des terroristes viennent de faire exploser Toulouse !

Le monde est devenu fou, pensons-nous. Nous apprendrons plus tard qu'il s'agissait de l'explosion de l'usine AZF.

L'esprit agité par cette nouvelle, nous débutons, à la sortie de Brassac, une longue ascension qui nous mène au lac de Raviège. Le relief devient tourmenté. Le temps également et nous finissons notre étape sous une pluie battante. Léa nous avertit vite par des cris plaintifs que sa remorque est d'une étanchéité relative. Sur sa petite frimousse, perlent des gouttes qu'elle balaye de ses mains de fée.

Elle s'adapte sans aucune difficulté au nouveau rythme imposé par nos conditions de voyage. Le léger ballottement de la remorque agit sur elle comme un somnifère et lorsqu'elle ne dort pas, elle regarde le paysage défiler, tous ses sens en éveil. Un constat qui nous rassure pour la suite de notre projet. Je me rapproche de Valérie et lui dit :

– Cela fait quinze jours qu'elle s'amuse dans la remorque et sa crèche n'a pas l'air de lui manquer.

– Oui, mais n'as-tu pas peur qu'elle s'ennuie au bout d'un moment ? Elle évoluera certes avec ses parents mais dans un monde d'adultes.

Sur un ton optimiste, je réponds :

– Elle rencontrera d'autres enfants et se fera des copains et copines dans le monde entier !

Le lendemain, Valérie se réveille avant moi et en profite pour fixer la lourde remorque à son vélo.

– Tu ne veux pas attendre que nous ayons fini de contourner les monts de Lacaunes ?

– Non, je veux voir si je peux tracter le poids de la remorque dans les côtes. Juste comme ça, pour voir.

– ?!

Un frimas d'automne nous saisit dès nos premiers tours de roues. Nous crachons nos poumons dans les inclinaisons délirantes de petites départementales isolées. Valérie gravit la succession de plis terrestres, luttant contre cette délicieuse tentation de poser pied à terre.

Dans le vallon de Sylvanès, nous nous accordons une pause spirituelle en visitant l'abbaye cistercienne alourdie de ses neuf siècles d'existence. Plus loin, perchée dans les hauteurs brumeuses, se dévoile une église à l'histoire insolite. Construite en bois de pin dans la forêt de Khirov en Russie, elle fut démontée, chaque pièce méticuleusement numérotée, puis, après un long parcours en train et camions, fut remontée à l'endroit où nous nous trouvons par des ouvriers russes. Cet ouvrage est un don de l'église orthodoxe russe à l'association des « amis de l'abbaye de Sylvanès » qui organise chaque année un festival de musique sacrée de renommée internationale.

Dans la nef centrale, baignée par une odeur d'essence de pin, je chuchote à l'oreille de Valérie.

– C'est fou ce que les Hommes sont capables de faire avec du courage et de la volonté !

– C'est un peu comme nous ! répond-elle amusée. Car il va nous en falloir pour mener à bien notre projet.

Trente kilomètres plus loin, nous frissonnons dans les cavités souterraines où le fameux « pénicillium roqueforti », ventilé par les fleurines, donne en trois mois sa saveur et sa couleur au « roi des fromages ».

– Regarde, me lance Valérie, on aperçoit le chantier du viaduc de Millau.

– Là, en bas à gauche c'est le village de Peyre. dis-je en montrant du doigt le parking public où est garé notre voiture.

Sur la petite route départementale qui nous avait menés jusqu'à Albi, nous arrêtons de pédaler, portés par la pente naturelle du Tarn. Valérie vient à ma hauteur et engage la conversation.

– Eh pourquoi ne pas partir avec une deuxième remorque ?

Sur un ton amusé, je réponds :

– Pour que tu y mettes toutes tes sacoches ?

– Non, pas du tout !

– ?!

Je monte à pied le raidillon menant à Peyre, en repensant aux dernières paroles de Valérie. Je la questionne :

– Est-ce bien raisonnable de partir avec un deuxième enfant ?

– Et pourquoi pas ? Nous devrons être un peu plus organisés mais nous allons vivre une aventure familiale exceptionnelle ! Et puis avec un petit frère ou une petite sœur, Léa ne s'ennuiera pas !

Sur la place du village où nous reprenons notre souffle, un vieillard s'approche intrigué et dit :

– Mais c'est un bébé qui est derrière vous Madame ?

– Oui, dit-elle en enlevant le filet protecteur de la remorque, elle s'appelle Léa.

– Vous êtes bien courageux de voyager ainsi avec un bébé et tout ce poids.

Après lui avoir expliqué notre projet, il demande, surpris :

– Mais pourquoi avoir choisi Peyre pour commencer votre circuit ?

Surpris à notre tour, nous lui répondons :

– Et bien… C'est le hasard. Peyre est le premier village après Millau. C'était plus facile pour garer notre véhicule et préparer nos vélos.

– C'est un heureux hasard qui vous portera chance pour votre grand voyage.

– Pourquoi ? répondons-nous intrigués

– Vous voyez là haut, l'église dans la falaise de tuf ? Elle est vouée à Saint Christophe le patron des voyageurs !

Dix mois plus tard, Yanis, notre deuxième enfant, naissait.

FRANCE - TURQUIE

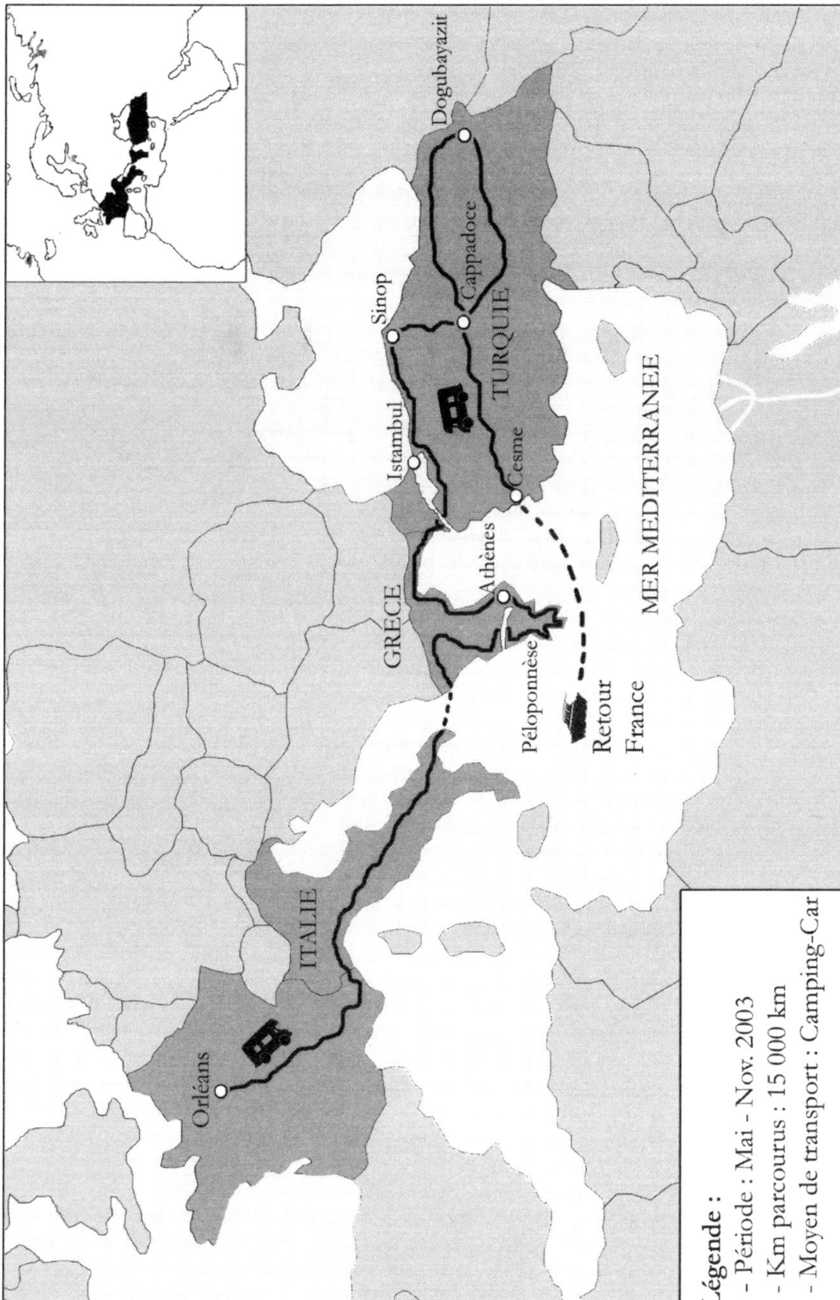

1 - Une longue préparation

(Fabien)

Mardi 29 avril 2003. Les yeux mouillés, le cœur tendu, la gorge nouée, nous embrassons une dernière fois nos parents dans le lotissement de la Petite Mérie au sud d'Orléans.

– Auvoir Bibi[1] ! crie Léa en agitant sa main.

– Au revoir ma chérie, répond ma maman avant d'ajouter la voix sanglotante, soyez prudents.

Nous démarrons notre camping-car et partons rapidement pour abréger ces moments douloureux. Au bout de la rue, nous obliquons sur la route nationale 20, l'aiguille de notre boussole orientée vers le sud. Les premiers kilomètres de notre voyage autour du monde commencent à défiler.

Léa et Yanis s'endorment rapidement, bercés par le ronronnement du moteur.

Le regard posé sur l'horizon, nous nous remémorons les dix-huit mois qui se sont écoulés depuis notre passage dans le village aveyronnais de Peyre.

Des mois d'intense préparation durant lesquels nous échafaudons notre projet, réfléchissons aux différents itinéraires pour débuter notre voyage dans les meilleures conditions. La carte dépliée dans le salon, nous entourons les pays trop instables politiquement ou ayant des climats trop extrêmes. Léa, très intéressée par notre gros feutre noir, participe d'ailleurs activement à l'élaboration du parcours en gribouillant certaines parties de notre mappemonde !

---

[1] Grand-mère en Swahili

La question de l'âge idéal, que doivent avoir nos enfants pour partir, revient souvent dans nos discussions. La lecture des récits de voyage de la famille Hervé,[1] qui pédalait sur les routes du monde, avec leur fille, âgée seulement de trois semaines ou la famille Vanier,[2] partie en traîneau avec leur fille de vingt et un mois dans le Grand Nord canadien, nous réconfortent dans l'idée qu'un enfant en bas-âge a des capacités d'adaptation qui nous surprendrons toujours. L'essentiel repose dans la volonté et l'énergie que les parents sont prêts à investir pour garantir à l'enfant, quelles que soient les conditions de la route, le climat d'amour et de protection nécessaire à son épanouissement.

Forts de ce constat, nous maintenons notre idée initiale de partir au huitième mois de Yanis mais décidons, pour des raisons pratiques, de scinder notre trajet en deux étapes. La première, d'une durée de six mois, se fera en camping-car, l'autre, beaucoup plus longue, à vélos équipés chacun d'une remorque.

Le choix de privilégier un moyen de locomotion confortable et motorisé dans un premier temps, nous permettra de prendre nos repères pour gérer le quotidien avec deux enfants en bas-âge. Et puis, osons nous avouer que cela nous rassurait pour la suite de notre aventure à vélos ?

Nos critères pour l'achat du camping-car sont vite définis. Nous voulons un châssis court avec une garde au sol haute, un moteur puissant et quatre lits permanents. Une annonce sur Internet nous met en relation avec le propriétaire d'un Challenger 120 équipé de deux couchettes superposées à l'arrière.

Léa, baignée depuis le début de nos recherches dans le monde des camping-cars, ne tarde pas à en décliner une onomatopée. Notre nouvelle maison roulante porte désormais un nom : « Pacar ».

Le camping-car acheté, nous nous mettons en quête de vélos, avec la ferme intention de ne plus souffrir du sacro-saint « mal des fesses », souvenir vivace de notre précédent tour du monde. Notre choix se porte rapidement sur le vélo

---

[1] Le tour du monde à vélo – Le cherche midi éditeur.

[2] Montaine, l'enfant des neiges – Actes sud.

couché. Sa position semi-allongée, naturellement confortable, supprime les nombreuses douleurs liées aux points d'appuis limités du vélo droit. Un atout capital pour affronter les milliers de kilomètres qui nous attendent ! Ce vélo permet aussi, par son aérodynamisme, de mieux combattre Eole, ennemi juré des cyclistes.

Les vélos livrés, nous partons aussitôt les tester. Pour sa première sortie, Valérie, déséquilibrée par la position singulière de pédalage, chute violemment sur le coté. Résultat : luxation du poignet. Cela commence bien !

Puis nous nous penchons sur le choix crucial des remorques. Une entreprise canadienne répond favorablement à notre demande de sponsoring, par l'intermédiaire de son représentant français. Nous recevons un matin, deux énormes cartons, contenant la dernière version d'un modèle pliable et robuste. Léa, intriguée par sa future maison roulante, repère immédiatement le petit filet qu'elle réservera à son « doudou ».

Pour financer ce projet, nous économisons patiemment franc après franc puis euro après euro. Nos dépenses courantes sont limitées au strict minimum. Nous ne sortons plus au restaurant, supprimons les cinémas, ou encore, évitons la traditionnelle « pause café » après la cantine avec nos collègues de travail.

Nous préparons avec l'aide du médecin de famille la pharmacie de bord que nous voulons légère : antibiotique à spectre large, antalgiques, sels de réhydratation, antiseptique, pansements et l'incontournable arnica.

Nous suivons également une formation au brevet de secourisme et avons la lourde tâche, encadrés par des pompiers indulgents, de réanimer un bébé qui vient de s'étrangler avec un morceau de pain, ou encore, de stopper une hémorragie sur le bras droit d'un jeune enfant, entaillé par un éclat de verre. Nos gestes, pratiqués sur des mannequins, sont tellement maladroits que nous espérons ne jamais avoir à les reproduire sur nos enfants !

Six mois avant notre départ, nous informons nos familles et amis de notre décision de partir. Cette annonce provoque aussitôt un grand vent d'inquiétude. Peu de gens semblent croire à la réussite de notre projet, surtout avec deux enfants. Nous essuyons les commentaires et devinons les non-dits.

« Vous êtes irresponsables de partir avec des enfants aussi jeunes ! »

« Vos enfants ne se souviendront de rien ! »

« A vélo couché en plus ! Mais vous êtes fous ! »

« Pourquoi ne pas faire tout votre parcours en camping-car ? »

« Vous ne tiendrez jamais ! »

Nous devons avouer que ces critiques furent, un moment, difficiles à supporter. Une remise en question qui nous fit passer des nuits blanches à douter, appréhender, angoisser, imaginer le pire. Notre projet n'est-il pas trop ambitieux ? Les enfants s'habitueront-ils à leurs remorques ? Saurons-nous surmonter les difficultés et les risques inhérents à un tel voyage ? Aurons-nous les nerfs assez solides pour supporter les colères et caprices liés à l'âge de nos enfants ?

Puisant l'assurance et la détermination dans les souvenirs de notre précédent tour du monde, nous décidons d'aller de l'avant, d'être sourds aux jugements, d'ignorer les critiques et de s'élever contre elles.

Sensibiliser nos enfants, dès leur plus jeune âge, à la beauté et à la diversité du monde est-elle une démarche irresponsable ? Nous ne le pensons pas. Mais elle implique une rupture complète avec un plan de carrière déjà tout tracé, le refus d'une vie conventionnelle. Un choix qui fait peur, inquiète, gêne, dérange.

Quelques mois avant le jour J, Valérie démissionne de son poste d'assistante de direction des Transports Ducros pour se consacrer pleinement aux derniers préparatifs. De mon côté, je pose un congé parental à ma société BallantinesMumm-distribution.

Nous organisons une fête d'adieux dans la crèche de Léa et quittons notre appartement de la région parisienne qui sera mis en location durant notre absence. Ce loyer financera une bonne partie des dépenses engagées durant le voyage. S'enchaîne ensuite un pot de départ avec nos familles et amis. Des visages que nous ne reverrons pas avant longtemps…

Le ronronnement du moteur berce toujours les enfants dans leur sieste. Depuis le départ, nous fixons du regard l'horizon qui défile, preuve que notre projet démesuré est lancé. L'échine parcourue de frissons, par l'intensité du moment vécu, je jette un coup d'œil vers la droite. Valérie s'incline aussitôt vers moi et me chuchote à l'oreille.

– Ca y est, le plus dur est fait ! puis elle m'embrasse.

Nous nous sentons légers, portés par un élan irrésistible de liberté. L'aventure peut commencer !

2 - Initiation à la vie nomade

(Valérie)

Nous voilà lancés sur les routes d'Europe. Il faut cependant nous adapter à notre nouvelle vie. Finie la petite routine citadine, nous vivons désormais tous les quatre 24 heures sur 24 et chacun doit prendre ses repères. Fabien a quitté son poste il y a quelques jours et ses pensées sont encore dans ses dossiers, les validations de commandes et les derniers appels des fournisseurs. Il n'a pas encore pris le rythme des enfants : changer les couches, penser aux repas, caler les siestes.

Je suis, pour ma part encore dans les derniers préparatifs en me demandant si je n'ai rien oublié d'important concernant les enfants ou nos démarches administratives. Fabien essaie de me rassurer.

– Valérie, nous sommes en Europe et pas au fin fond d'un désert, il y a Internet et le téléphone !

Je finis par m'évader quelques instants en contemplant les paysages vallonnés qui défilent. Qu'elle est belle la Provence sous le soleil, avec ses champs de lavandes qui exhalent leurs effluves odoriférants et ses forêts de pins ! Le chant des cigales nous souhaite la bienvenue. Tout est si simple, si beau.

Léa et Yanis s'accoutument très bien à notre nouvelle vie. Quel bonheur d'avoir maman et papa tout le temps pour jouer, faire des dessins, gazouiller, chanter...Nous réalisons que nos moments d'intimité ou de discussion entre adultes se sont réduits à peau de chagrin mais nous l'assumons et ne regrettons à aucun moment notre choix. Nous saisissons toutes les grimaces et sourires de Yanis, tout le nouveau vocabulaire de Léa, quel bonheur !

Nos montres deviennent superflues et nous vivons au gré des besoins et envies quotidiens. Les heures des repas nous sont rappelées par les petits cris stridents de Yanis. A huit mois, il ne parle pas encore mais sait bien se faire comprendre. La simple vue d'un gâteau ou d'un morceau de pain éveille ses papilles gustatives et le fait babiller. Il s'agite dans tous les sens quand midi arrive et je n'ai pas de temps à perdre si je veux éviter la cacophonie dans Pacar. J'apprécie le coin cuisine qui me permet par un simple craquement d'allumette de réchauffer la purée du jeune homme. Quelques pressions sur le presse-légumes manuel et voilà, le repas est prêt ! Le calme revient vite alors que nous mangeons tranquillement.

Fabien s'arrange toujours pour trouver un endroit au calme pour la pause déjeuner et c'est la fête quand nous sommes proches d'une aire de jeux. Léa se régale sur la balançoire, son passe-temps favori et Yanis apprécie les bras de son papa qui le posent sur le toboggan.

Dans le sud de la France, nous prenons conscience que le voyage itinérant a ses règles, son rythme, qu'il nous faut acquérir. Le soir, les enfants sentent notre présence dans notre lieu de vie confiné. Léa, qui jusqu'à la veille du départ, dormait dans sa chambre, s'invite désormais dans notre lit. Yanis ne faisant pas encore ses nuits, nous devons nous lever à plusieurs reprises, chacun notre tour, pour lui donner un biberon, changer sa couche ou simplement le câliner. Entre la route et les enfants, nous n'avons plus le temps de souffler. Nous cumulons la fatigue et devenons quelque peu irritables.

Nous réfléchissons à des astuces pour passer de meilleures nuits : mettre des céréales dans le lait de Yanis, le laisser pleurer avant d'agir. Nous expliquons à Léa qu'elle a son lit pour dormir et qu'elle peut venir nous faire un câlin quand le soleil se lève. Mais rien n'y fait. Ils ont vite compris qu'au moindre pleur, l'exiguïté de notre habitat nous pousse à réagir ! Fabien va généralement promener les enfants le matin pour que je me repose. Nous décidons de faire moins de kilomètres dans la journée pour être plus souvent avec eux. Avec l'excitation du départ, nous avons un rythme soutenu, les kilomètres défilent, les repères ne sont pas encore pris et des signes de fatigue apparaissent. Une petite voix intérieure nous dit qu'il serait bon de lever le pied, c'est un tour du monde que nous faisons, pas une course !

Dans la région du Mercantour, nous réalisons de petites étapes et posons Pacar dans des endroits sauvages pour apprécier la nature. Les sacs à dos sont bien utiles pour les marches de quelques heures. Léa découvre la randonnée pédestre et savoure le fait d'être portée dès que la montée est un peu dure. Pendant les moments de détente, nous sortons la caisse remplie de jouets. Les enfants sont alors captivés par ce qu'ils y trouvent, manipulent, s'inventent un monde imaginaire. Ils sont si absorbés par leurs jeux que nous pouvons alors profiter d'un peu de calme et nous délasser. Il nous arrive même de nous assoupir, un œil toujours sur nos progénitures.

Pourtant, la veille de passer en Italie, à Valdeblore, un incident va rompre cette succession de jours paisibles. Après le petit déjeuner, Fabien propose à Léa d'aller faire quelques tours de balançoire. Je reste dans Pacar pour ranger et finir d'habiller Yanis. Soudain, j'entends des hurlements. Fabien arrive, portant Léa dans ses bras.

– Que s'est-il passé ?

– Léa vient de tomber en arrière et sa tête a heurté violemment le sol, dit Fabien paniqué.

J'attache Yanis dans son siège auto. La tétine dans la bouche, il nous regarde tout étonné.

Léa est très pâle. Je constate à l'arrière de sa tête une grosse bosse entaillée avec du sang qui sort. Je l'assois doucement sur son lit pendant que Fabien sort la trousse de pharmacie. Les cours de secourisme me reviennent à l'esprit : « il faut faire parler l'enfant, ne pas l'allonger et surtout éviter de le laisser s'endormir »

Je lui explique ce que je vais lui faire :

– Montre moi ta tête, ma chérie, maman va nettoyer ton bobo avec un petit peu de Bétadine sur la compresse.

– Ca va ma puce ?

Léa me fait signe que oui. Elle a le pouce dans la bouche et les yeux grands ouverts. J'essaie de lui cacher mon angoisse. La plaie me semble superficielle mais je pense qu'il est plus prudent de la montrer à un médecin. En effet, c'est la tête qui est touchée et nous craignons un traumatisme.

Au cabinet médical, le docteur, consciencieux, l'ausculte :

– Il y a une belle bosse et c'est un bon signe car cela signifie que c'est le cuir chevelu qui a encaissé le choc . Cependant, vous allez la surveiller pendant 48 heures. Si des troubles psychomoteurs ou des vomissements surviennent, il faudra aller immédiatement aux urgences.

Un peu hébétée je demande :

– Et pour la plaie docteur ?

– Rassurez-vous, elle est superficielle, un peu de désinfectant, du cicatrisant et tout va rentrer dans l'ordre.

Nous sommes encore sous le choc en sortant tous les quatre du cabinet médical. Malgré les paroles rassurantes du praticien, Fabien culpabilise.

– J'aurais dû être plus vigilant.

– Tu as entendu le médecin, il n'y a rien d'alarmant, il faut juste la surveiller pendant deux jours.

Malgré tout je ne suis pas rassurée mais il est important que Léa ne sente pas notre anxiété.

Finalement, elle s'en sortira avec une belle bosse et les parents, qui se voyaient déjà à la fin du voyage, avec une énorme frayeur !

Nous traversons rapidement l'Italie pour embarquer un soir à Brindisi sur un ferry qui rejoint la Grèce. Notre billet, donnant accès au camping-car, nous évite de dormir dans la salle commune sur des sièges inconfortables. Nous montons sur le pont et goûtons à quelques embruns avant de plonger dans les bras de Morphée, bercés par la houle.

Il est sept heures du matin lorsque les sirènes retentissent. Igoumenitsa se présente à nous. Nous accostons dans l'Epire, région montagneuse des Balkans partagée entre la Grèce et l'Albanie. En quittant le port, nous suivons la direction de Ioannina à la découverte des Météores. Pour cela il nous faut franchir la chaîne montagneuse de Pinde. Le trafic important et les travaux d'aménagement nous encouragent à prendre le réseau secondaire plus au nord.

Nous retrouvons les ambiances que nous aimons : une faible pression touristique, des villages pittoresques avec des toits recouverts de lauzes, des paysages montagneux d'une grande beauté. Nous bivouaquons en pleine nature sur des pistes forestières ou des pâturages fraîchement broutés par les moutons. Peu à peu, en le traversant, nous prenons la mesure de la vie itinérante dans le pays des Zagorias[1].

Dans les villages reculés, nos deux petites têtes blondes facilitent les rencontres et atténuent la méfiance des habitants à l'égard des étrangers. Ce sont généralement les femmes qui engagent la conversation en s'adressant spontanément aux enfants. Yanis répond aux regards gourmands par des gestes, des sourires provoquant une réaction de sympathie instantanée. Dans les magasins, nos deux blondinets sont courtisés. Les gens leur distribuent des bonbons, des gâteaux ou des fruits. Nous sommes stupéfaits de voir que la présence de Léa et Yanis apporte de l'animation dans ces hameaux reculés et génère des sourires sur ces visages marqués par la rudesse de la vie et des lieux.

Dans le parc de Vikos, nous sortons les sacs à dos pour sillonner les célèbres gorges. Chaque fois que nous partons en randonnée, c'est toute une logistique qu'il faut mettre en place : couches, eau, nourriture , petite trousse de secours ... Avec les enfants, le poids de notre chargement atteint vite les vingt kilos ! Nous nous armons de patience en particulier lorsque Léa décide de marcher. Il faut alors poser le porte-bébé, défaire les sangles de sécurité, la sortir, ré-endosser le tout, en sachant qu'il faudra faire la manipulation inverse dans quelques centaines de mètres. Mais le plus dur est bien de calquer nos pas sur ceux de Léa. Epuisant ! Léa prend aussi un malin plaisir à monter deux ou trois marches pour les redescendre aussitôt en s'initiant également au saut. Vient s'ajouter à ces aller-retours incessants le ramassage de petits cailloux qu'elle jette sur sa marche de prédilection. Ces jeux l'amusent terriblement mais entament notre patience notamment lorsqu'il reste plusieurs kilomètres à parcourir. Finies les randonnées au train d'enfer du jeune couple que nous étions ! Lorsque enfin elle décide de continuer la marche, voilà Yanis qui prend la relève en nous réclamant son goûter !

---

[1] « Pays derrière les montagnes »

Cahin-caha, nous finissons par arriver sur le site fantastique des gorges de Vikos. Un immense canyon nous fait face. Il fut un temps où nous aurions savouré longuement ce paysage somptueux. Ce jour-là, nous sommes hélas privés de ces instants de plaisirs par Léa qui a décidé de s'aventurer, seule, sur un chemin escarpé au ras des gorges. Fabien s'approche calmement d'elle et la saisit par le bras d'un geste ferme. Tout en reculant doucement Léa rouspète et tape du pied. Dans un renfoncement nous lui expliquons que le chemin est trop étroit et dangereux même pour papa et maman. Fabien la prend dans ses bras, l'emmène au bord de la gorge et fait tomber un petit bout de bois.

– Regarde, il est tombé et je ne le vois plus. Si tu fais la même chose je ne pourrais pas aller te chercher !

Cela se termine malgré tout par une belle colère et une fessée.

Grâce à nos deux chérubins, notre randonnée s'est transformée en expédition himalayenne : de longues heures d'ascension pour quelques secondes au sommet !

Nous savourons ces quelques jours dans les montagnes du massif de Pinde. Petites étapes, rencontres avec des populations isolées, villages authentiques. Nous découvrons également que notre camping-car peut emprunter les chemins de traverse à condition de rouler doucement. Les habitants des hameaux reculés sont surpris de nous voir arriver par des voies où l'on ne croise habituellement que des 4x4.

Cependant toutes les pistes ne mènent pas aux Météores !

Nous l'apprenons à nos dépends. Après être descendus dans un petit vallon et avoir franchi une rivière, nous devons rebrousser chemin au bout de deux kilomètres d'une piste de plus en plus chaotique. Juste avant de traverser à nouveau le gué, Fabien me laisse le volant pour filmer la scène.

– Valérie, qu'est-ce que tu fais ? Tu n'es pas dans les traces, tourne un peu sur la droite, ne ralentis pas !

Je panique et cale en plein milieu de la rivière sur un fond sablonneux.

Je me retrouve les pieds dans l'eau, penaude de ma bêtise.

– Essayons de placer nos cales de mise à niveau sous les roues arrières. me dit Fabien.

Les genoux dans l'eau, Fabien creuse à la main un trou pour y loger les cales. Mais cela ne sert à rien, elles sont aussitôt emportées par le courant et je dois courir pour les récupérer. Après plusieurs tentatives infructueuses, il faut se rendre à l'évidence, le camping-car est lamentablement enlisé. Les roues n'adhèrent plus, l'arrière de Pacar s'enfonce dangereusement, le débit de la rivière est important, la panique nous gagne. Heureusement les enfants sont calmes. Yanis commence à s'endormir pendant que Léa regarde par la vitre sans trop comprendre ce qu'il se passe.

– Nous ne nous en sortirons jamais seuls, va chercher de l'aide ! me crie Fabien, agenouillé dans l'eau.

Je repère une habitation en hauteur sur l'autre versant. Je cours à perdre haleine et arrive le visage écarlate devant un fermier surpris qui tente de décrypter mon charabia. Il me fait monter dans son 4x4 et nous rejoignons Fabien, toujours en train de pelleter sous Pacar. L'arrière de la cellule repose désormais sur le fond sablonneux. L'eau commence à s'infiltrer dans la salle de bain située à l'arrière …

Il est temps d'agir !

Notre cultivateur, Viktor, attache une corde aux véhicules avec l'aide de Fabien. Malgré plusieurs tentatives de traction, Pacar ne bouge pas d'un centimètre. Je vais récupérer Léa qui hurle dans son siège et nous nous réfugions sur la rive. Elle se blottit tout contre moi apeurée. Je la calme en lui chantant des comptines. Yanis, dans tout ce remue-ménage, continue sa sieste, imperturbable !

La situation n'évolue pas. Lors d'une nouvelle tentative le crochet de la corde fini par lâcher, le véhicule tout terrain n'est pas assez puissant. Le paysan va chercher de l'aide et revient au bout d'une heure suivi d'un tracteur qui déloge Pacar sans aucune difficulté de son piège. Nous sautons de joie, Fabien jette un coup d'œil sous le châssis.

– Rien de cassé, ouf !

Après avoir couverts *d'evkaristo*[1] nos bienfaiteurs, je fonds en larmes. Je suis sous le choc. Je culpabilise de ne pas

---

[1] Merci en grec

avoir suivi les traces, d'avoir sous-estimé les dangers du terrain. J'aurais pu endommager gravement Pacar. Fabien essaie de me réconforter tant bien que mal et me lance sur un ton moqueur :

– Pour le Paris-Dakar, il y a du boulot !

Du haut d'une falaise vertigineuse, nous contemplons l'immense plaine de Thessalie qui accueillait il y a des centaines de millions d'années la mer du même nom. En marge de cette dépression, trônent d'immenses pitons rocheux aux sommets desquels ont été construits les fabuleux monastères des Météores[1]. Nous visitons celui de Saint Etienne (Agios Stefanos), agrémenté de superbes jardins entretenus par des religieuses.

Du haut de ces nids d'aigles, nous comprenons mieux les motivations qui ont poussé les moines, il y a sept siècles, à construire ces lieux de prières, isolés des envahisseurs.

Depuis quelques temps, le filet anti-chute disposé autour du lit de Yanis ne suffit plus à contenir les envies de découvertes de notre petit homme. Il a suffisamment de force pour se tenir debout mais ne maîtrise pas encore bien son équilibre. Il se cogne régulièrement contre les parois de sa couchette, située à un mètre cinquante du sol. Ses agitations matinales pourraient le faire basculer. En descendant dans la vallée, à Kalambaka, Fabien achète dans un magasin de bricolage un morceau de PVC, vingt mètres de scotch double face et deux tapis de sols. Les parois du lit sont désormais protégées et le filet rigidifié. Nous pouvons dormir tranquilles ! Heureusement dans la journée nos deux polissons sont attachés dans leurs sièges auto face à la table, un stress en moins à gérer !

Le climat frais des montagnes nous incite à étudier la carte pour rejoindre rapidement la côte ionienne. Pour éviter le long détour par Ioannina, nous empruntons des pistes pentues et caillouteuses. Une nouvelle fois nous surprenons les villageois avec notre véhicule !

---

[1] signifie « Monastères suspendus au ciel » en grec

Nous arrivons sans encombre sur le littoral déjà envahi par de nombreux touristes. Le camping sauvage est interdit et la délation est monnaie courante. C'est ainsi qu'un soir, au moment où nous couchons les enfants, un homme s'approche et menace d'appeler la police si nous ne partons pas sur le champ. Fabien engage la conversation et apprend que cette personne est propriétaire de l'unique camping de la région, situé à trois kilomètres de notre bivouac. Calmement, Fabien essaie de négocier.

– Ecoutez, il est tard, les enfants veulent dormir. Laissez nous passer la nuit, nous repartons tôt demain dans la matinée.

Mais rien n'y fait et l'énergumène, manifestement habitué à cette pratique pour remplir son camping, hausse le ton et appelle la police avec son portable. Ecœurés nous asseyons Léa et Yanis dans leurs sièges, expédions la vaisselle dans l'évier et partons. Notre délateur ira même jusqu'à nous suivre avec sa voiture sur plusieurs kilomètres. Peut-être avait-il l'espoir de nous récupérer dans son camping ! Nous finissons notre nuit sur un parking à quelques mètres de la route, protégés par une butte.

Nous quittons rapidement la Grèce continentale et rejoignons le Péloponnèse à la hauteur de Patras par une liaison ferry. Un gigantesque pont à haubans est en construction. Appelé « Pont Rion Antirion », les grecs le surnomme « pont des français » car c'est l'entreprise Vinci qui a remporté le contrat. Le rythme des travaux est soutenu car l'inauguration est prévue dans un an pour le passage de la flamme olympique des jeux d'été 2004 à Athènes.

On nous avait décrit le Péloponnèse comme un endroit sauvage avec de nombreuses possibilités pour bivouaquer au bord de la mer. La réalité est bien différente et notre route se résume à une succession de stations balnéaires et de champs cultivés. Chaque route ou piste conduisant vers la mer débouche sur des fronts de mer bétonnés de complexes hôteliers.

Enfin, nous dénichons un jour une plage déserte de sable fin, avec une seule anomalie au décor, celle d'une petite bicoque fermée.

– Cela doit être une cabane de pêcheurs ? me confie Fabien sur un ton rassurant.

Pressés de profiter de notre petit coin de paradis, nous partons jouer sur la plage. Vers dix neuf heures, deux jeunes hommes arrivent en scooter et ouvrent les portes du cabanon. Ils en sortent des tables, des chaises, un générateur et deux énormes haut-parleurs. Sur un ton moqueur, je dis à Fabien :

– Ils sont bizarres tes poissons !

Dix minutes plus tard, les décibels d'une musique techno se déchaînent et martèlent nos tympans. Léa et Yanis, surpris par cette agitation soudaine, se mettent à danser en essayant de suivre le tempo frénétique. La nuit se dessine à l'horizon, empêchant toute retraite vers l'intérieur des terres. Nous garons Pacar à l'opposé de cette cacophonie incessante qui ne perturbe en rien le sommeil des enfants exténués par une succession de bains de mer.

Nous contournons rapidement le Péloponnèse jusqu'à sa dernière pointe orientale. Cette partie encore sauvage de la Grèce nous apporte une bouffée d'oxygène. La montagne tombe à pic dans la mer et seules des pistes sinueuses donnent accès à des plages de sable blanc désertes. Jusqu'au canal de Corinthe, notre progression sera lente et riche en paysages authentiques. Nous bivouaquons dans de petites criques sauvages aux odeurs de thym, une invitation aux grillades et salades aromatisées. La tranquillité et la chaleur (autour de quarante degrés) nous conduisent à nous poser régulièrement quelques jours sur les bas côtés d'une plage. Nous passons de longs après midi à construire des châteaux de sable. Les petits coquillages ramassés au bord de l'eau viennent décorer ces édifices exposés aux gestes maladroits de Yanis ou aux vagues générées par le passage d'un cargo au large.

Léa s'adonne avec joie aux interminables parties de ballon, aux leçons de natation accrochée à mon cou. Elle se laisse moins impressionnée par les vagues et n'hésite pas de temps à autre à se lancer seule !

Yanis, qui maîtrise bien le quatre pattes, observe Léa avec la ferme intention de l'imiter. Il lève, désespérément, les fesses alourdies par la couche, et va goûter le sable la tête la première. Nos bras sont sollicités en permanence. Nous le surnommons «Idéfix ». Léa voit d'un œil amusé les progrès de son frère et, convoitant elle aussi la place favorite de son frère, décide d'adopter les mêmes stratégies. Elle se déplace à quatre pattes, réapprend à marcher suspendue à nos bras, babille… Une jolie régression pour attirer l'attention de Maman et Papa !

Après trois semaines sur la côte Est du Péloponnèse nous rejoignons la Grèce continentale par le canal de Corinthe. Le mont Olympe nous apporte une bouffée de fraîcheur après plusieurs semaines de paysages arides et suffocant. Nous visitons ce qu'il reste du monastère de Dionysos, dévasté par un bombardement alliés au cours de la Seconde Guerre Mondiale.

Une route étroite descend doucement vers une crique d'où surgissent des sources chaudes. Il est 15 heures et le bivouac s'impose !

Fabien joue au ballon avec les enfants quand arrive, face à nous, un van rouge.

– *Excuse me, but can we stay next to your camper ?* [1]

D'origine néo-zélandaise, Paul et sa femme Liz voyagent depuis un an en Europe avec leurs deux filles, Théa et Rubby (6 et 8 ans). Nous sympathisons tout de suite et passons la soirée ensemble à parler de nos aventures respectives. Les trois demoiselles font vite connaissance et papotent dans un charabia que seuls les enfants peuvent comprendre ! Yanis, assis dans son siège, écoute sagement nos conversations. Nous évoquons notre projet de démarrer notre voyage à vélo par la Nouvelle Zélande, en janvier prochain.

– Mais c'est génial, s'écrit Liz, nous serons en Nouvelle-Zélande pour les fêtes de Noël car Paul reprend son travail en début d'année. Nous serions contents de vous accueillir à l'aéroport et de vous avoir à la maison pendant quelques jours ! Nous habitons à trente minutes en voiture du sud d'Auckland.

La vie est une succession de signes qu'il faut savoir saisir !

Après cette chaleureuse rencontre, nous décidons d'accélérer la cadence et d'aller pousser les portes de l'Orient à la découverte de la Turquie, ce carrefour des civilisations.

---

[1] « Excusez-moi, pouvons-nous nous garer à côté de votre camping-car ? »

3 - Le pays aux cheminées de fées

(Valérie)

Nous roulons au pas, perdus dans la file interminable des véhicules. Il y a foule au passage de la frontière turque d'Ispala en cette fin juillet 2003. Les véhicules viennent d'Allemagne, de Hollande, de Belgique ou de France. Les galeries débordent d'objets hétéroclites parmi lesquels matelas ou vélos se laissent deviner sous les bâches. Le voyage touche à sa fin pour les smalas turques, entassées inconfortablement dans les habitacles.

Nous engageons la conversation avec une famille venant de Chartres.

– Pourquoi ne passez-vous pas par les pays de l'est ? C'est plus court pourtant ? demande Fabien à la femme du conducteur.

– Ne m'en parlez pas ! persifle-t-elle. C'est en effet un peu plus long et plus cher par la Grèce mais au moins, vous êtes sûrs d'arriver sans encombre.

Elle ajoute :

– Les Grecs ne sont pas très sympas avec nous pour des raisons historiques, mais au moins, les douaniers ne sont pas corrompus.

– Vous faites le voyage chaque année ?

– Oui, comme toutes ces familles qui arrivent des quatre coins de l'Europe. Nous sommes plusieurs millions à travailler dans vos usines, principalement en Allemagne. Alors, quand viennent les vacances, c'est la transhumance ! Nous avons hâte de retrouver les nôtres.

Au poste douanier, nous récupérons sans difficulté notre passeport avec le précieux triptyque[1] tamponné.

Grâce au logo de notre projet peint en gros sur l'avant du camping-car, les premiers kilomètres dans ce vaste pays, ne sont qu'une succession d'appels de phare, de coups de klaxon et de signes de la main pour nous souhaiter la bienvenue. Nous découvrons en Turquie l'une des populations les plus chaleureuses de notre voyage. Pas un jour ne passe sans que nous soyons invités à boire un verre de thé (le fameux *çay*), à partager de délicieuses pâtisseries (*lukum*), ou à remplir notre frigo de fruits offerts par des familles généreuses. C'est ainsi que dès le premier soir, sur une plage de la péninsule de Gallipoli, les villageois nous invitent à partager leur pêche du jour qui grille doucement sur un lit de braises. Le lendemain, c'est une famille qui nous propose son champ pour y garer Pacar. A peine le moteur est-il éteint que le chef de famille nous souhaite la bienvenue en nous offrant du raisin et des figues fraîches.

Léa et Yanis remportent un succès fou. Les femmes, toujours en retrait sous le poids des traditions, n'hésitent pourtant pas à se rapprocher pour nous parler, naturellement, sans méfiance. Certaines considèrent même nos deux petites têtes blondes avec un soupçon de convoitise. A chaque accueil, nous essayons d'interpréter la langue turque qui nous est complètement inconnue. Pour nous faire comprendre, nous disposons d'un petit dictionnaire et utilisons un langage gestuel qui semble universel. Nous dessinons également sur le sol ou sur un bout de papier, l'image du mot que nous voudrions dire. Parfois, nos piètres dons de dessinateur aboutissent à un fou rire général ! Pour entamer la discussion, nous avons repris une astuce éprouvée lors de notre précédent tour du monde : un petit album avec les photos de nos familles, de la tour Eiffel, d'un café parisien, du pont de Normandie… Celles de Léa et Yanis à leur naissance remportent le plus de succès ! Aussitôt, le visage des femmes s'illumine et le petit album disparaît au milieu de petits cris étouffés.

A travers une forêt de pins, une route sinueuse nous mène au parc national de Gallipoli, situé au sud de la

---

[1] Carte grise internationale

péninsule du même nom. Cet endroit, aujourd'hui calme et paisible, fut pourtant en 1915 le théâtre d'un terrible affrontement entre les forces alliées (regroupant l'empire britannique et la France) et celles de l'empire ottoman. L'enjeu était de taille pour les Alliés : prendre le contrôle du célèbre détroit des Dardanelles, point de passage stratégique entre la mer Noire et l'océan pour s'emparer d'Istanbul, capitale d'un empire ottoman en agonie.

Près du cimetière militaire de *Baby 700*, légèrement en hauteur, nous dominons *l'Anzac Cove*, une immense baie entourée de collines. C'est à cet endroit que, le 25 avril 1915, les alliés décidèrent de débarquer. Les forces ottomanes, beaucoup mieux organisées et idéalement positionnées sur les hauteurs, leur opposèrent une farouche résistance.

Cette bataille, que les états majors alliés pensaient être rapide, se transforma en une boucherie humaine digne de la bataille de Verdun. 44 000 soldats alliés et 87 000 soldats turcs périrent dans une effroyable guerre de tranchées qui dura huit mois et fit plus de 500 000 blessés. En août 1915, au plus fort des affrontements, vingt soldats tombaient chaque minute sur le champ de bataille.

Plus tard dans l'après-midi, nous arrivons au sommet de la principale colline de *Conkbayiri Mehmetçik* où trônent cinq gigantesques stèles en pierre polie. Les grandes étapes de la bataille y sont résumées, gravées en turc. De cette position dominante, nous apercevons les mille deux cents mètres gagnés sur le front de bataille par les Alliés en huit mois de combat abominable puis aussitôt abandonnés dans une terrible défaite.

Edifiante humanité capable du meilleur comme du pire…

Sur une petite plaque commémorative placée à proximité des stèles, sont inscrites en anglais les paroles du général victorieux Mustapha Kemal qui allait devenir quelques années plus tard président de la première république turque : « *Les jeunes générations ne doivent pas oublier que le destin de la Turquie moderne se joua à cet endroit* ».

Pourtant, le devoir de mémoire ne semble pas être la priorité des autorités du parc qui laissent les cimetières turcs en état de quasi abandon. Les tombes sont recouvertes d'herbes, le nom des soldats peint sur des planchettes de bois est souvent illisible et certains endroits font office de dépotoir.

Sur la pointe sud de la péninsule, nous visitons le cimetière français. 14 300 âmes y reposent, la plupart dans des fosses communes. Moyenne d'âge inscrite sur les croix : 18 ans. Une génération sacrifiée.

Pendant la visite, Léa remarque, en se dirigeant vers les sépultures :

– Rega'de maman, c'est comme la croix sur la maison des dings dongs.

Et alors qu'elle tente d'escalader une tombe, nous lui interdisons aussitôt d'aller plus loin. Elle nous manifeste alors son incompréhension par une forte colère. A deux ans et demi, la notion de vie et de mort est encore bien abstraite pour notre fille. Après l'avoir calmée, nous lui expliquons que sous les croix, il y a des personnes mortes et que, par respect pour elles, on ne marche pas dessus.

De sa petite voix, elle questionne :

– C'est quoi une per'onne mo'te ?

Un peu pris au dépourvu, nous lui faisons écouter notre cœur et lui expliquons que le cœur de tous ces soldats s'est arrêté de battre ! C'est toujours difficile de trouver des mots simples pour répondre aux questions enfantines. Il faut à chaque fois quitter notre carapace d'adulte pour retrouver l'enfant que l'on a été. Voici un exercice bien difficile !

Nous quittons le parc de Gallipoli pour bivouaquer plus loin, au bord d'une plage, face au détroit des Dardanelles. C'est l'heure de l'appel à la prière et nous entendons les *Allah ak bahr*[1] s'échapper de minarets lointains. Léa, après avoir surnommées nos églises « maisons des ding dong », trouve rapidement une métaphore de son cru pour les mosquées : « la maison du monsieur qui chante » !

La vie qui anime nos deux chérubins nous fait un bien fou après la visite de ce champ de bataille aux souvenirs macabres. Nous nous régalons de les voir sauter, courir, jouer, crier, s'exclamer. Ils représentent à nos yeux l'espérance d'un avenir meilleur, où la paix et l'amour seraient les seules valeurs humaines. Ils font des roulades dans les petites dunes

---

[1] Dieu est grand

de sable. A dix mois, Yanis se tient de plus en plus souvent debout et sa volonté de marcher est tenace. Il faut dire qu'il observe en permanence sa sœur pour essayer de percer les secrets de la bipédie. Nous l'encourageons en lui tenant la main sur plusieurs centaines de mètres. Il est infatigable. Ses brassards gonflables aux bras, nous alternons baignades et initiation à la marche.

Léa, quant à elle, se lance seule dans l'eau et, après s'être assurée qu'elle a toujours pied, s'essaye à la nage en imitant ses parents.

Pour économiser notre réserve d'eau douce (120 litres), nous utilisons l'eau de mer pour faire la vaisselle. Notre autonomie augmente ainsi de plusieurs jours et nous pouvons prolonger nos bivouacs. Tous les soirs, Léa aide Fabien à faire la vaisselle.

– Léa, ne jette pas l'éponge dans le sable sinon nous allons rayer la casserole et maman ne va pas être contente !

Elle pose les assiettes et les verres en plastique sur l'eau et Fabien est chargé d'aller récupérer « les bateaux partis au large ».

– Papa, rega'de, ça flotte.

Le soir venu, les enfants vêtus de leurs pyjamas, nous nous évadons dans un ciel constellé d'étoiles, allongés sur le sable encore chaud de la journée.

– Le premier qui voit un satellite ! lance Fabien en scrutant le ciel.

– Ch'est quoi un chatellite papa ? demande Léa le pouce dans la bouche.

Yanis épuisé par sa marche debout s'est déjà endormi, la tête sur mon épaule.

D'Eceabat, nous rejoignons Canakkale en traversant le détroit tant convoité sur un ferry qui se faufile entre les navires marchands et les pétroliers. Après la visite du légendaire site de Troie, nous remontons la côte orientale de la mer de Marmara, en direction d'Istanbul.

Depuis deux jours, la batterie alimentant en 12 volts la cellule habitable du camping-car donne des signes de faiblesse. Tous les soirs, dès que nous la sollicitons en utilisant la pompe à eau ou les lumières, un claquement sec s'échappe du tableau électrique et nous plonge immédiatement dans le noir.

– Encore un dîner aux chandelles pour ce soir ! dit Fabien amusé.

– Et une vaisselle à l'eau de mer pour toi !

Le lendemain, après avoir essayé en vain de réparer la panne électrique, nous nous rendons dans la zone industrielle de Bursa en quête d'un garage. La tête plongée dans le tableau électrique, Yassin, un électricien débrouillard, trouve en deux minutes le fil dessoudé à l'origine de nos courts-circuits.

Sur les hauteurs du mont Uludag, une piste nous mène sur les bords d'un escarpement dominant la ville de Bursa, située mille mètres plus bas. Est-ce l'altitude à laquelle nous nous trouvons ou la vue plongeante qui donne des ailes à Yanis ? Quoiqu'il en soit, nous le sentons prêt à réaliser une grande première comme un oisillon sur le point de s'envoler. Accroupie, je le maintiens dans mes bras et lui chuchote à l'oreille :

– Allez mon chéri, va rejoindre Papa.

Hésitant, il avance d'un pas et se retourne comme pour me répondre :

– Tu crois que je peux y arriver ?

Fabien se rapproche un peu, écarte les bras pour le rassurer et l'inciter à se lancer.

Il avance d'un pas, puis de deux, sa main toujours accrochée à mon bras.

– Allez, vas-y, tu y es presque !

Il recule un peu puis enchaîne une succession de petits pas maladroits, incontrôlés, attendrissants et termine sa course dans les bras de Fabien.

– Bravo Yanis ! nous exclamons-nous.

Il vient de parcourir sur ses deux jambes et pour la première fois de sa vie, une distance d'un mètre sans assistance. Notre petit homme de onze mois rit aux éclats, encore tout excité par cette expérience singulière. Nous en pleurons presque de joie.

Quel privilège d'avoir du temps pour partager l'éveil quotidien de nos enfants ! Il y a un an, c'était la puéricultrice de la crèche qui nous avait raconté les premiers pas de Léa. Nos journées étaient toujours une course contre la montre, nous laissant bien peu de temps pour admirer les progrès de notre petite fille : il fallait réveiller Léa, l'habiller, l'emmener à la crèche, courir au travail, la récupérer en fin de journée, la baigner, lui donner à manger et la coucher après une petite histoire. Ce rythme soutenu continuait le week-end avec les courses, les lessives, le repassage…Il ne restait plus de place pour l'émotion partagée en famille. En étant avec eux, vingt-quatre heures sur vingt-quatre, nous profitons de chaque instant, libres de notre temps, et n'en perdons plus une miette. Notre couple en tire également bénéfice : nos relations se sont enrichies car nous communiquons beaucoup plus qu'auparavant. Ainsi, nous savons lire dans le regard espiègle de Yanis qu'il veut la caisse de jouets située à l'arrière de Pacar ou interpréter la mimique malicieuse de Léa lorsqu'elle désire une sucrerie placée dans une boite inaccessible.

La mer de Marmara n'a rien d'attrayant. Les plages sont polluées par de nombreux détritus et des boulettes de pétrole. L'eau est envahie de méduses bleues, jolies au demeurant, mais dangereuses. Les baignades sont interdites au grand dam des enfants qui trouvent ces boules bleues jolies et rigolotes. Nous leur expliquons que leurs piqûres font de gros bobos qui restent douloureux longtemps.

A Yalova, nous embarquons sur un ferry pour rejoindre la périphérie sud-est d'Istanbul. Cette gigantesque agglomération de plus de dix millions d'habitants s'étend sur deux continents. Nous sommes rapidement plongés dans un méandre d'axes autoroutiers et de panneaux directionnels qu'il faut traduire. Les yeux rivés sur la carte, j'essaye de guider Fabien, concentré sur la route, dans le flot des voitures qui déboîtent sans prévenir et des camions qui roulent trop vite. Nous contournons la mégapole grâce à l'un des trois ponts qui enjambent le Bosphore. Notre objectif : atteindre le quartier résidentiel de *Yesilkoy* dans l'espoir d'y trouver une rue ou un parking au calme.

– Tu as entendu ce sifflement ?
– Oui, mets les warnings, je vais aller voir.
– C'est notre pneu arrière droit qui fuit !

– *Merde*, une crevaison. Ce n'est pas de veine avec tout ce trafic !

Avec l'aide d'un automobiliste, nous trouvons rapidement un garagiste avant que le pneu ne soit totalement dégonflé. Léa et Fabien discutent avec le mécanicien pendant que Yanis, assis sur mes genoux, grignote un biscuit.

– La valve de votre *tubeless* est fichue, annonce le mécanicien.

– Mais d'où viennent toutes ces rayures sur la jante ? ajoute-t-il.

Nous faisons immédiatement la relation avec notre enlisement en Grèce. La gangue de sable et de galets qui entourait la roue a endommagé la valve. Hier soir, Yanis lui donnait le coup de grâce, s'y cramponnant pour se maintenir debout et la tortillant dans tous les sens ! La réparation terminée, nous parvenons, à la nuit tombante, dans un camping situé à proximité de l'aéroport. Sa piscine est l'argument qui nous y fait rester !

Le lendemain, équipés d'une poussette et d'un sac à dos enfant, nous partons à la découverte d'Istanbul. Un train bondé nous emmène au pied du quartier historique de « Sultanahmet ». Les rues en pente raide nous plongent brutalement dans l'atmosphère de cette ville légendaire. En haut d'une petite rue pavée, nous nous trouvons en face de Sultanamet Camyi, monument plus connu sous le nom de Mosquée bleue. Toute une symbolique pour les musulmans puisqu'elle était le point de départ des caravanes de pèlerins vers la Mecque. Elle doit son nom aux nombreuses faïences à dominante bleue qui l'habillent. Sa cour intérieure, gigantesque, donne la mesure de cet édifice religieux en face duquel se dresse la basilique Hagia Sophia (Sainte Sagesse). Transformée en mosquée sous l'empire ottoman, elle n'est plus à ce jour un lieu de culte mais un musée. Tout comme sa voisine, ses parois intérieures recouvertes de marbre vert, rose et blanc provenant des régions avoisinantes et de marbre jaune venu d'Afrique nous émerveillent. D'immenses calligraphies en lettres d'or arabes rappellent les noms des quatre premiers successeurs du prophète Mahomet.

Ces deux grandes rivales surplombent le Bosphore derrière lequel s'étendent les plateaux anatoliens. Entre elles se dresse le célèbre musée de Topkapi (*la porte du canon*). Ancien palais impérial, il abrite des collections uniques de la période ottomane (vaisselle, vêtements, armes, bijoux, livres…). Dans une salle, nous nous frayons un passage avec nos deux globe-trotters, au milieu d'une foule en émoi. Nous entendons les hommes psalmodier des versets du Coran, les femmes sangloter devant des vitrines : les reliques qu'elles renferment (empreinte de pied, lettre manuscrite, épées, dent, poils de barbe) auraient appartenu au prophète Mahomet. Cette ferveur religieuse nous met mal à l'aise. Nous nous sentons de trop et ne tardons pas à sortir.

Léa et Yanis, peu captivés par les vestiges de l'empire ottoman, jouent dans les allées du palais. Nous nous relayons alors pour visiter le reste des salles.

Sur le chemin du retour, nous traversons un marché. Au milieu des étals pleins de couleurs, des marchands crient à tue-tête le prix du kilo de tomates, d'oranges, de poisson ou de viande. Nous ne savons plus où donner de la tête. Il y a tant de choses à regarder, sentir et goûter. Des odeurs de cumin, curry, poivre, menthe fraîche et autres épices chatouillent nos narines. Léa et Yanis partent en ambassadeurs auprès des commerçants, très surpris de nous voir dans ces lieux populaires et peu fréquentés des touristes. Ils reviennent avec des sacs remplis de friandises.

« Istanbul, tu es si majestueuse, féerique et riche de souvenirs enfouis qu'il me faudrait des mois pour te découvrir, t'apprivoiser, te sentir et te comprendre ». Voilà mes pensées après trois jours de visites, toujours un peu bousculées par les enfants qui ont d'autres pôles d'intérêts. Regarder les livres sacrés, admirer les enluminures et les icônes dans les lieux saints, le tout sans piper mot, cela n'a rien d'excitant pour nos deux bambins. Ils préfèrent courir dans les jardins et trotter avec la poussette sur une pelouse fraîchement tondue sous l'œil agacé du gardien !

En traversant cette fois le Bosphore vers l'Asie, je me fais la promesse de revenir un jour pour achever ce rêve d'adolescente : aller aux portes de l'Orient pour y découvrir ses palais, savourer ses pâtisseries et me laisser guider par les appels de la Mosquée.

Nous mettons le cap sur la mer Noire, tous excités de retrouver les grandes plages et leurs rouleaux. Notre enthousiasme va être de courte durée car Yanis commence à faire de la fièvre et vomit ses biberons. Dans un premier temps, nous pensons à un coup de chaleur. En effet, il a la fâcheuse manie d'ôter sa casquette. Nous lui administrons de l'aspirine et veillons à ce qu'il boive suffisamment dans la journée. Sur la plage, le tee-shirt à manches longues est fermement imposé à nos deux bâtisseurs de châteaux. Pourtant, malgré toutes ces précautions, l'état de Yanis ne s'améliore pas. Une nuit, vers deux heures, il régurgite son biberon. L'odeur est insoutenable et le goût amer qui lui reste dans la bouche lui donne des haut-le-cœur qui se transforment en cris et en pleurs Cette cacophonie réveille Léa qui me demande, complètement désorientée :

– Maman, y'a quoi Yanis ?

– Ce n'est rien ma chérie, il est un peu malade, papa s'occupe de lui.

Je la recouche et reste quelques minutes auprès d'elle pendant que Fabien déshabille Yanis. En ouvrant la couche, une odeur nauséabonde nous incommode. L'acidité des diarrhées commence à attaquer les fesses déjà rosées. Une toilette générale s'impose et nous apprécions, dans ces moments là, le confort du camping-car. Le calme revenu, Fabien, portant Yanis dans son pyjama propre, sort prendre l'air pendant que je nettoie le lit et le sol. Je passe sous l'eau le drap et les quelques peluches souillées en essayant de ne pas réveiller Léa. Une fois la couchette refaite, j'ouvre en grand la porte du camping-car pour chasser l'odeur si désagréable qui a rempli l'habitacle. Je rejoins notre petit homme, blotti sous une couverture, dans les bras de son papa. Ils observent le ciel à la recherche d'une étoile filante.

Le lendemain, nous consultons une infirmière à Sile. Celle-ci diagnostique une gastro-entérite et prescrit à Yanis un traitement pour cinq jours. Face à nos visages inquiets, elle tente de nous rassurer en nous disant que c'est le troisième enfant qu'elle voit depuis ce matin avec les mêmes symptômes.

Nous profitons de l'épicerie adjacente pour faire le plein de couches et de lait. En Turquie, le lait infantile en brique est plus difficile à trouver et nous sommes amenés à acheter du lait demi-écrémé déshydraté. Il a l'avantage de mieux se conserver et prend peu de place dans nos placards. Comme pour les couches, nous adoptons la marque du pays plutôt que celles mondialement connues et deux fois plus chères. La facilité avec laquelle nous pouvons nous réapprovisionner me rappelle une conversation que j'avais eue avec des amies avant notre départ :

– Mais comment vas-tu faire pour les couches et le lait ?

Immanquablement je répondais :

– Je ferais comme les autochtones. Il faut bien qu'ils nourrissent leurs enfants et qu'ils les langent !

Seuls les petits pots pour bébé sont difficiles à trouver. Mais cela ne nous dérange plus car à onze mois, Yanis est désormais capable de manger les mêmes repas que nous. Les quelques pots restant du stock acheté en France ne sont donc sortis qu'en cas d'urgence ! Toutefois les biberons du matin et du soir restent incontournables pour nos deux bambins. Les courses faites, nous reprenons la route qui longe la côte. Nous sommes au mois d'août, période de vacances et de détente pour une partie de la population turque. En marchant sur le sable nous sommes ahuris de voir des sacs plastiques voler un peu partout, des déchets (couches, mouchoirs, papiers gras…) laissés à même le sol. Nous nettoyons tant bien que mal un petit endroit et posons nos affaires. Quelques minutes plus tard, Yanis, découvre une boulette de goudron qu'il prend soin d'‘étaler sous ses pieds. Le jeu devient moins amusant lorsque celle-ci refuse de se détacher de ses orteils. Fabien essaie de nettoyer ses pieds en frottant avec du sable. Un couple de marcheurs lui prodiguent quelques conseils.

– Vous n'y arriverez pas sans un peu d'huile, disent-ils dans un anglais approximatif.

– Oui je sais, ma femme est déjà partie en chercher. Vous êtes de la région ?

– Nous habitons au nord d'Istanbul. Nous aimons bien venir marcher en bord de mer mais malheureusement la plage est de plus en plus polluée par ces boules de goudron.

– Oui, vous avez raison, les autorités devraient être plus strictes !

– Oh, vous savez…c'est en moyenne cinquante tankers qui passent tous les jours au large pour acheminer le pétrole de la mer Caspienne. Ils profitent du laxisme du gouvernement actuel pour dégazer en pleine mer sans se soucier de nos rivages. Mais nos côtes ne sont pas les seules atteintes. En 1994, un tanker entra en collision avec un autre bateau dans le Bosphore. Résultat : 20 000 tonnes de pétrole se sont répandues déclenchant un gigantesque incendie qui dura une semaine aux portes d'Istanbul.

Ils nous laissent sur ces paroles attristantes. Si les autorités tolèrent ces dégazages, l'éducation de la population au respect de l'environnement doit être le dernier de leurs soucis. La preuve nous en est apportée à quelques mètres de nous, par une famille que, pantois, nous observons quitter la plage en laissant derrière elle bouteilles plastiques, papiers gras, restes de repas et piles électriques usagées ! L'apprentissage de la propreté et du respect de la nature commencent plutôt mal pour nos enfants !

Les deux jours suivants, l'état de Yanis est stationnaire. Il mange à nouveau, ce qui nous redonne confiance.

La veille de notre arrivée à Devrek, nous repérons un petit champ à proximité d'un village et décidons d'y rester pour la nuit. Quelques minutes plus tard, nous sommes invités par le maire. Il nous reçoit chez lui, entouré de ses fils et de quelques villageois curieux. Comme la majorité des musulmans déjà rencontrés, les femmes ne sont pas voilées mais portent des vêtements longs bigarrés alors que les hommes revêtent la longue tunique grise et le pantalon bouffant. Nous sommes loin d'Istanbul et de sa mode occidentale.

Les épouses restent dans la cuisine pour préparer le thé et les plateaux de gâteaux gorgés de miel pendant que le maître de maison nous demande de prendre place sur des canapés disposés autour de tables basses. Je suis la seule femme à être acceptée dans cette pièce. Notre hôtesse et ses amies nous observent depuis le pas de la porte et ne viennent que pour apporter les boissons. Notre hôte, qui a une connaissance limitée de l'anglais, nous pose des questions sur notre voyage. « Pourquoi partir si longtemps ? », « Quel travail avions-nous en France ? »…. Comme pour beaucoup de familles turques, leur fils vit en Allemagne et travaille dans une usine de construction automobile. Ils sont fiers de nous montrer un prospectus allemand et quelques photos qu'ils ont prises lors de leur dernière visite.

Pendant ce temps-là, Yanis passe dans les bras de toutes les « mammas » qui caressent ses bouclettes blondes, le câlinent et lui font des bisous. Léa, plus farouche, est assise à mes pieds et grignote les gâteaux déposés juste à sa hauteur.

En fin d'après-midi nous remercions chaleureusement nos hôtes et nous dirigeons vers le champ qu'ils ont mis à notre disposition. En quelques minutes, tous les membres du village se retrouvent autour de nous pour une visite dans les moindres recoins de Pacar. Les femmes veulent absolument voir l'intérieur. Elles se bousculent à la porte, émerveillées de voir un coin cuisine, des lits et un cabinet de toilette dans ce petit habitacle. Elles ouvrent les placards, le frigo, rient devant la taille de mes casseroles lilliputiennes. Bien que nos cultures et nos modes de vie soient différents, je constate que nous accordons le même intérêt à la cuisine et à la salle de bain ! Quant aux hommes, ils regardent le moteur tout en questionnant Fabien.

Nos deux chérubins sont attirés par la partie de football qui a commencé à quelques mètres de là. Les enfants du village ont improvisé des buts avec des morceaux de bois et en quelques minutes les équipes sont formées. Léa participe activement au match tout en poussant de petits cris de joie quand ses tirs arrivent dans les pieds d'un joueur.

Les plus grands sont très attentionnés et se précipitent vers elle dès qu'elle perd l'équilibre. Yanis, au milieu de tout cela, joue avec sa poussette ou renvoie le ballon comme il le peut. Bien que les enfants ne parlent pas la même langue, ils arrivent à communiquer dans leur charabia. Cela nous laisse admiratifs !

Durant la nuit, nous sommes à nouveau réveillés par les cris de Yanis. Il vient de vomir son repas.

– Il n'y a aucune amélioration depuis son dernier traitement ! lance Fabien inquiet.

– Ce n'est pas une gastro, c'est autre chose !

– Que proposes-tu ?

– Allons voir un pédiatre demain avec une couche pleine pour des analyses plus complètes.

Nous lui administrons des sels de réhydratation et reprenons nos automatismes des nuits précédentes : nettoyage du lit, des peluches, du pyjama, du sol… Cette fois Léa dort profondément. Yanis crache l'acidité qu'il a dans la bouche et hurle quand nous lui retirons la couche. Ses fesses sont complètement irritées, comme brûlées. Fabien le nettoie délicatement avec un coton gorgé d'eau pendant que je lui parle doucement en lui tenant une main. Il a les yeux cernés et vides. Difficile pour moi de cacher mon angoisse et les larmes qui coulent sur mes joues.

Nous l'allongeons entre nous deux et l'endormons en lui murmurant une chanson. Il est trois heures du matin et nous nous demandons ce qu'il a bien pu attraper. Malgré l'aide de notre guide médical nous restons sans réponse.

Le lendemain matin, nous nous arrêtons devant une pharmacie à Devrek pour demander l'adresse d'un pédiatre. Une laborantine qui parle un peu anglais nous y conduit et fait office de traductrice auprès de la secrétaire médicale. Nous sommes les seuls patients dans la salle d'attente.

Le médecin, qui parle un excellent anglais, nous reçoit dix minutes plus tard. Nous lui expliquons rapidement ce que nous vivons depuis quelques jours et lui présentons la couche. Dans un premier temps il allonge Yanis, écoute son ventre qui gargouille continuellement puis place sur une lamelle quelques extraits de selles. En observant au microscope l'échantillon, il fait un bon en arrière :

– Cela grouille d'amibes, c'est impressionnant, venez voir !

Chacun à notre tour, nous nous penchons sur les deux loupes qui font apparaître des centaines de petits brins translucides.

– Ces petits parasites ont détraqué l'appareil digestif de votre bébé, explique le pédiatre avant de rajouter :

– Comment faites-vous avec l'eau ?

– Nous la traitons avec des pastilles et achetons des bouteilles de temps en temps.

– Ce qui me surprend beaucoup, c'est la quantité d'amibes. Qu'a-t-il mangé ces dernières vingt-quatre heures ?

– Le régime qu'on nous avait préconisé, à savoir du riz, de la banane, des yaourts, dis-je de plus en plus inquiète.

– Depuis quand êtes-vous en Turquie et d'où venez-vous ?

Nous lui expliquons brièvement notre parcours et sans trop savoir pourquoi nous lui parlons d'Istanbul et de la piscine du camping.

– Ne cherchez plus, il a certainement été contaminé par l'eau de la piscine.

Fabien se remémore les séances de grands sauts dans l'eau avec immersion et éclaboussures.

– Qu'allez-vous lui prescrire docteur ?

– Avant je voudrais ausculter votre fille.

Il se retourne vers Léa :

– Alors jeune demoiselle, comment vas-tu ?

Il est vrai qu'elle ne montre, pour le moment, aucun symptôme. Elle mange bien et ne se plaint pas.

Nous expliquons à Léa que le médecin va écouter son ventre avec l'appareil qu'il a autour du cou. Elle se blottit contre Fabien qui, doucement, l'allonge sur la table.

– Tout va bien, tu peux retourner dans les bras de ton papa. Votre fils est bien faible. A cet âge les enfants se déshydratent vite. Je ne vois qu'une seule solution : l'hospitalisation.

– Mais pourquoi ? dis-je complètement ahurie.

– Vu la quantité d'amibes, seul un antibiotique sous perfusion sera efficace. L'hôpital est à cinq minutes en voiture. Je vous y emmène tout de suite.

J'essaye tant bien que mal de contenir mes pleurs et serre Yanis très fort dans mes bras. L'idée de l'hôpital m'effraie. Est-il bien équipé ? Le personnel est-il compétent ? Un tas d'interrogations me traversent l'esprit.

En sortant de son cabinet, le pédiatre nous rassure. Il exerce deux jours par semaine à l'hôpital municipal. Il vient de prévenir le personnel qui nous attend. Nous le suivons avec Pacar. Une équipe de blouses blanches nous accueille à l'entrée de l'établissement. Les enfants sont blottis contre nous. Nous sommes conduits au premier étage dans une pièce qui ressemble plus à une remise qu'à une salle de consultation.

Il y a des boites de pansements, des seringues, des compresses sur d'immenses étagères. Les murs, peints en gris vert foncé, font plus penser à une caserne militaire qu'à un hôpital. Toutefois, les locaux sont d'une propreté irréprochable.

Tout de suite, Yanis est pesé et une prise de sang est faite. L'infirmière, pour me rassurer, déchire l'emballage stérile de la seringue devant moi. Notre petit homme, dans mes bras, se laisse faire sans rien dire.

En dehors du pédiatre, tout le personnel ne parle que le turc. Turkan, la responsable du service, possède quelques notions de français apprises au lycée. Mais, malgré ses efforts, je n'arrive pas à la comprendre. Nous communiquons par gestes et à l'aide d'un bloc-notes où nous traduisons nos questions en dessins. J'arrive à y déchiffrer que le traitement durera trois ou quatre jours.

Une demi-heure après notre arrivée, Yanis est perfusé avec un cocktail savamment dosé de sels de réhydratation et d'antibiotiques. Entre-temps, Fabien et Léa sont descendus chercher un sac de jouets. A son retour, Léa les dispose sur le matelas de son petit frère. C'est un lit d'adulte sans barrière de sécurité aussi nous calons Yanis avec des oreillers. La chambre, spacieuse et lumineuse, est équipée de sanitaires et d'une douche, une aubaine pour nous. Pour éviter d'envahir la pièce, Fabien et Léa dorment dans le camping-car, garé juste en bas, sur le parking. Dans la journée, ils s'activent tous les deux pour nettoyer Pacar de fond en comble. Léa, à l'aide de la balayette, tape vigoureusement les matelas que Fabien a posés sur la pelouse. Je les observe de la fenêtre tout en gardant un œil sur Yanis qui reprend petit à petit des forces. Ils partagent leurs repas avec les infirmières qui leur cuisinent des boulettes de viande et des pâtisseries orientales. De temps en temps, ils viennent nous voir pour prendre des nouvelles et faire des câlins. Léa ne réalise pas la gravité de la maladie de son petit frère et voudrait bien jouer avec lui malgré la perfusion encombrante.

Les selles de Yanis sont systématiquement analysées pour suivre l'évolution des amibes. Au bout de 24 heures, Turkan est rassurante. L'antibiotique fait effet. Après trois jours de ce traitement de choc, il ne reste plus aucun parasite. Yanis est totalement guéri. Ouf !

Avant de partir, nous remercions tout le personnel qui s'est mis à notre disposition et nous a accueilli avec gentillesse et générosité. Les larmes coulent au moment du départ. Les enfants et nous-mêmes avons créé un lien fort et sincère avec l'ensemble du personnel. Les infirmières nous laissent leurs e-mails pour garder le contact et recevoir des photos. Yanis, dans mes bras, fait des gestes d'au revoir avec un sourire jusqu'aux oreilles. Léa, d'ordinaire plus réservée, crie par-dessus l'épaule de Fabien :

– Techedu ede-em[1]

Eclat de rire général.

Grâce à la Mondiale Assistance, rattachée à l'assurance de notre camping-car, nous quittons l'hôpital sans rien payer. Le dossier que nous avions constitué le jour de l'admission, un appel téléphonique en France et les fax entre les médecins ont suffit pour que l'hospitalisation de Yanis soit prise en charge à cent pour cent.

Nous retrouvons Pacar le cœur soulagé et heureux de revoir nos deux frimousses joyeuses et pleines de vie reprendre leurs activités habituelles.

En fin d'après-midi nous retournons dans le centre ville de Devrek rendre visite à Turkan, l'infirmière qui s'est occupée de Yanis C'est son jour de repos et elle tient absolument à nous recevoir. Nous sommes accueillis comme des princes. Elle nous prépare un vrai festin avant de nous emmener à la fête foraine. Je lui fais part de mes impressions quant à la place des femmes, qui m'ont parues jusqu'à présent totalement subordonnées aux hommes. Elle éclate de rire :

– Tu sais, j'ai choisi mon mari. Mes parents n'étaient pas d'accord mais nous nous sommes tout de même mariés.

Fièrement, elle enchaîne :

– J'ai financé mes études d'infirmière et je prends actuellement des cours pour avoir un poste plus important au sein de l'hôpital. Il est vrai qu'une bonne partie de la société turque est assez conservatrice mais les choses changent. Il ne faut pas oublier que la Turquie est un pays moderne, laïque, ouvert sur le monde occidental.

---

[1] Tesekkür ederem=merci beaucoup

A 34 ans, cette jeune femme au regard franc et direct fait voler en éclat tous les clichés que nous avions sur son pays. Elle incarne cette nouvelle génération de femmes turques qui exercent de plus en plus d'influences dans la vie publique. Nous sommes si fatigués et désorientés par ce que nous avons vécu ces derniers jours que nous ne pouvons saisir toute la bonté de cette femme. Elle sert tendrement Léa et Yanis dans ses bras au moment du départ et des larmes coulent sur nos visages. Juste avant de fermer la portière, elle nous recommande :

– Plus de piscine en Turquie avec les enfants !

Elle me glisse dans la main son dictionnaire de poche en me faisant un clin d'œil. Cette attention m'émeut et les larmes coulent de plus belle. La nuit commence à tomber sur cette ville qui restera gravée dans nos mémoires. Nous nous arrêtons sur un petit terrain que nous avions repéré, à la sortie de la ville. Tous les quatre dans notre lit, nous échangeons d'énormes câlins avec nos deux petits anges et tombons rapidement dans les bras de Morphée.

Sous un soleil radieux, nous reprenons notre route en direction de la mer Noire. A Safranbolu nous découvrons les traditionnelles habitations ottomanes, construites en bois. Cette cité, classée au patrimoine mondial de l'UNESCO, nous enchante par sa beauté et sa douceur de vivre. Nous déambulons au gré de ses ruelles pavées, abritées par des tonnelles de vignes suspendues. Nous prenons le temps de visiter une maison restaurée et découvrons des tapisseries, des peintures sur bois d'une grande finesse. Les escaliers recouverts de tapis sont un terrain de jeux pour Léa qui se laisse glisser comme sur un toboggan. Yanis, dans le sac à dos, n'en perd pas une miette et serait bien tenté d'en faire autant !

Une page est tournée, et notre périple peut reprendre enfin son cours.

Pendant trois jours, vallées verdoyantes et plateaux désertiques se succèdent sous nos yeux. Puis nous retrouvons l'agitation des bords de mer à Amasra, petit port de pêche enclavé dans une crique et dominé par une citadelle. Nous mettons le cap à l'Est et empruntons une pittoresque route côtière qui se déroule sur une corniche sinueuse. Elle nous permet, par une multitude de virages, de contourner la chaîne pontique dont les falaises abruptes se précipitent dans les flots.

Notre projet initial de descendre en Syrie et Jordanie est vite oublié. Nous sommes enthousiasmés par l'accueil, la culture et les paysages de la Turquie. Il reste tant à découvrir dans ce vaste pays. Pas question de brûler les étapes !

Depuis sa sortie de l'hôpital, il y a huit jours, Yanis se porte bien. Nous retrouvons notre petit homme glouton face aux purées de légumes et compotes de fruits que je fais chaque jour. Par sécurité nous faisons contrôler ses selles dans un laboratoire. Les résultats sont normaux, nous pouvons continuer notre voyage sereinement.

En arrivant sur Cide, à quelques kilomètres de Sinop, nous sommes interpellés par des gens.

– De quel pays venez-vous ?

– De France, pourquoi ?

Après avoir simulé un geste macabre d'égorgement avec leur pouce, ils nous tendent le journal dans lequel nous découvrons en première page les urgences d'un hôpital français encombrées de brancards. Dans le flot de paroles reviennent toujours deux mots :

« *France, sinjack* »

Nous pensons tout de suite à un attentat. Le dictionnaire de Turkan nous aide à décrypter les gros titres : une terrible canicule sévit actuellement en France.

Plus tard, en rejoignant Pacar une voiture s'arrête à notre hauteur et un jeune turc commence à nous parler dans un parfait français :

– Bonjour, vous faites vraiment le tour du monde en famille[1] ?

– Oui. Enfin, en partie. Nous sommes partis pour six mois en camping-car puis nous projetons de continuer à vélo, annonce Fabien.

– A vélo ? C'est une blague ! Et les enfants, quel âge ont-ils ?

---

[1] Phrase marquée à l'avant de Pacar : « Terre d'Eveil un tour du monde en famille »

– L'aînée a 2 ans et le dernier 1 an.

– Et bien dites donc, vous êtes très courageux ! Ce soir nous fêtons le mariage de mon frère dans un restaurant en bord de mer, je serais honoré de vous avoir avec nous et cela nous permettrait de faire un peu mieux connaissance. Pouvons-nous compter sur vous ?

– Pourquoi pas, mais nous ne voudrions pas vous déranger ! dis-je un peu gênée.

– Oh non, pas du tout, c'est avec plaisir.

Le soir, nous nous mettons sur notre trente et un. Karim nous reçoit chaleureusement puis nous présente à sa famille et aux jeunes mariés. Nous sommes assaillis par les femmes qui viennent caresser les cheveux de nos enfants et ne tarissent pas de questions sur notre voyage.

La maman du jeune marié nous apprend qu'ils vivent à Louviers en France. Toute la famille est venue ici pour célébrer le mariage religieux du plus jeune avec une fille de la région. Les hommes et les femmes dansent chacun à leur tour au rythme endiablé d'une flûte et d'un tambour. Un danseur paré d'une robe multicolore en coton épais gambille devant les mariés pendant que de petits biscuits et des jus de fruits circulent de table en table. La jeune épouse est vêtue d'une longue robe blanche sans manche avec un large décolleté et une ceinture rouge autour de la taille. De petites fleurs blanches sont accrochées dans son chignon natté. Son époux porte un costume trois pièces gris pâle, une chemise blanche et une cravate jaune paille. Les invités sont habillés à l'européenne. Seules quelques personnes âgées portent des vêtements traditionnels : pantalon long et bouffant pour les hommes et longue jupe colorée pour les femmes.

Léa est invitée par de jeunes filles à danser pendant que Yanis gesticule dans sa poussette. Il a les yeux rivés sur le tambour décoré, pour la circonstance, de pompons rouges et de clochettes. Nous passons un agréable moment avec cette famille qui nous fait partager ses coutumes.

Cette fête clôture notre séjour au nord de la Turquie. Nous quittons l'humidité des bords de la mer Noire pour les paysages plus secs et arides de la Cappadoce.

La route qui relie Sinop à Göreme grimpe sur le plateau anatolien. La monotonie de cette vaste étendue aride, où la couleur ocre domine, est interrompue par de fertiles vallons abritant des champs de blé. Malgré les conditions de vie rudes du plateau, nous sommes souvent accueillis par des familles très hospitalières. Un soir, l'une d'elles veut même tuer un mouton en notre honneur ! Nous refusons poliment et les invitons à boire un thé avec nous. C'est à nouveau l'effervescence autour de Pacar. Pendant que certains membres de la famille visitent dans les moindres recoins notre maison roulante, d'autres reviennent les bras chargés de raisins, d'olives, de pêches… Installés dehors, à la lueur de nos lampes torches, nous montrons sur notre carte d'Europe le parcours réalisé depuis Orléans. Bien que leur horizon et les contours de leur pays se limitent aux lumières de la ville la plus proche, ils comprennent que notre voyage est long. Léa scrute cette immense carte et à l'aide d'un feutre invente un parcours bien à elle. Il part dans tous les sens sous les éclats de rire de nos invités.

Après quatre cent kilomètres plein sud, Katpatoukia[1] est face à nous. Nous sommes émerveillés. Imaginez un ciel bleu azur, des vallées parsemées de cheminées de tuf[2], chacune différente de ses compagnes, des couleurs qui s'enflamment dès que les derniers rayons du soleil caressent majestueusement les doux reliefs de ces vallées érodées. Chaque instant de contemplation est unique et magique. Nous empruntons des pistes, légèrement sablonneuses et très poussiéreuses, qui nous mènent à des bivouacs exceptionnels, au-dessus de vallées verdoyantes entourées de cheminées composites. A l'aube, nous sommes réveillés par les brûleurs des montgolfières qui, pour notre plus grande joie, volent à quelques mètres au-dessus de Pacar. La beauté du site se prête à ces vols silencieux très prisés des touristes. Léa regarde ce ballet, le visage rayonnant pendant que Yanis finit sa nuit dans son lit. Nous ne pouvons rêver mieux pour démarrer nos journées de randonnées. Les enfants dans les sacs à dos, nous partons à la découverte de ces formations géologiques qui, pour certaines, renferment des trésors uniques en leur genre : des églises, principalement orthodoxes, couvertes de fresques relatant la vie du Christ. Ces édifices sont, pour la plupart,

---

[1] Cappadoce en perse, qui signifie « le pays des beaux chevaux »
[2] roche d'origine volcanique

invisibles. Il faut se faufiler par de petites portes avant d'arriver au cœur même de la structure habillée de peintures plus ou moins effacées par le temps ou abîmées par des jets de pierres, certaines religions ne tolérant pas les représentations des visages bibliques. Heureusement certains sites sont classés « Patrimoine Mondial de l'humanité » et bénéficient d'un programme de restauration.

Léa n'en perd pas une miette. Détaillant une fresque, elle nous demande :

– Ché qui là ?

– C'est un ange, tu vois, il a des ailes, répond Fabien.

Yanis gazouille et joue avec sa tétine, indifférent aux lieux.

Les jours suivants, nous sillonnons la région à la découverte de petites merveilles : vallée d'Ilhara, petit paradis irrigué par une rivière délicieusement fraîche, éclairant de ses reflets cristallins les nombreuses églises occupées autrefois par des moines byzantins ; vallée de Soganli, où nous avons le privilège d'entendre des chants religieux échappés d'une petite église perchée dans la falaise. Arrivés sur les lieux, nous découvrons une petite communauté venue spécialement de Géorgie pour vénérer la vierge noire représentée au plafond d'une petite pièce voûtée, finement ornée de peintures pieuses. Léa et Yanis ne peuvent pas rester sur place sans faire de bruit. A tour de rôle, nous alternons « baby-sitting » et recueillement, ces chœurs religieux exhaussant la spiritualité du lieu.

La Cappadoce est réputée pour ses cheminées, ses églises et ses maisons troglodytes, mais aussi pour ses villes souterraines à plusieurs étages. A Derinkuyu, nous mettons Yanis dans le sac à dos, équipons Léa d'une frontale et allons visiter l'ancienne ville de huit étages dont seulement cinq sont ouverts au public. Le guide, qui parle français, nous explique que les deux premiers étages ont été construits à l'origine par les Hittites (2 000 à 12000 ans avant J .C) pour servir d'entrepôt à nourriture. Les autres étages furent creusés dans le but de protéger la population des nombreux envahisseurs. Tout était prévu pour tenir un siège : cheminées d'aération, cuisines, étables, réserves d' eau, église…On y trouvait même une prison. Grâce à leur petitesse, les galeries pouvaient être condamnées à tout moment par de lourdes roues en pierre munies d'un dispositif ingénieux : elles ne pouvaient s'ouvrir que de l'intérieur.

Le 3 septembre 2003, sous une chaleur implacable, à proximité de la ville de Guzelyurt, nous réalisons un gâteau d'anniversaire de fortune avec des tranches de cake et une bougie. En famille, Yanis souffle ses 1 an. Nous lui offrons un camion trotteur dont, finalement, il ne se servira pratiquement jamais tant il préfère la poussette de sa sœur !

Un soir, il nous surprend en nous montrant le placard au-dessus de l'évier et bredouille son premier mot : gâteau. Nous sommes émus, et si fiers. Quelle chance nous avons de saisir ces petits instants si riches où notre petit homme se construit. Léa, de son côté, participe de plus en plus aux tâches quotidiennes. Elle adore éplucher les haricots verts en prenant bien soin de copier mes gestes mais son passe-temps favori est de mettre ses petits doigts dans la lessive et de sortir ses culottes pour les mettre dans la bassine d'eau claire. Pendant ce temps, Yanis prend de plus en plus d'assurance dans sa marche et arrive maintenant à tirer au pied dans un ballon. Léa, passionnée par le football, ne manque pas de lui donner quelques cours. Dans sa tête, peut-être pense-t-elle « chouette, un copain pour jouer quand maman et papa sont occupés ! ».

Je profite de ces moments de pause, bien souvent près d'une rivière, pour laver le linge. Equipée d'une bassine pliante, je laisse le linge tremper un peu avant de m'installer sur l'herbe et de finir de le laver. Fabien m'appelle « MacGyver» chaque fois qu'il me voit trouver des astuces pour attacher la corde à linge. C'est qu'avec les enfants, elle doit être fixée solidement en hauteur pour éviter qu'elle ne soit détournée de ses fonctions. Combien de fois ai-je dû tout relaver !

*

Au milieu du mois de septembre, les parents de Fabien viennent nous rejoindre avec leur camping-car. Quatre mois sans voir les petits globe-trotters, c'est long ! Les retrouvailles sont chaleureuses et nous profitons de notre présence en Cappadoce pour offrir au père de Fabien un vol en montgolfière. Soixante ans ça se fête ! Nous lui réservons une autre surprise, mais pour cela il nous faut rallier l'est de la Turquie, à quelques kilomètres de la frontière iranienne. Suspens…

Nous prenons donc l'axe principal du Nord (Kayseri – Sivas – Erzincan – Erzurum) et traversons de grandes plaines bordées de montagnes arides. Le paysage, aux ocres parsemés de jaune et d'orange est totalement désert. Les enfants ont migré dans le camping-car des grands-parents qui ne se lassent pas de les câliner ! Plus nous nous dirigeons vers l'est, plus le plateau anatolien nous dévoile sa rudesse. Certains sommets sont déjà enneigés et les températures ont chuté brutalement. Nous ne pensions pas sortir nos collants d'hiver si tôt en ce début d'automne ! Nous découvrons le nord du Kurdistan, une région pauvre de la Turquie. Les maisons sont en adobe[1], couvertes de toits en tôle ondulée. Les ouvertures sont petites et devant chaque habitation se dresse une meule de bouses de vache séchées destinées à servir de combustible pour le chauffage.

Une semaine plus tard, nous arrivons enfin à Dogubeyazit, dernière ville avant la frontière iranienne. Nous avons prétexté le Mont Ararat, point culminant de la Turquie (5165 m) et le somptueux palais d'Isak Pasa pour justifier le déplacement dans cette région aussi éloignée. Vers midi, nous vaquons chacun à nos affaires quand soudain, un tintamarre de klaxons nous surprend. Mon beau-père sort tout affolé de son camping-car… Quelle n'est pas sa surprise de se retrouver face à son fils, Jérôme, et à Sophie, sa belle fille ! L'émotion est intense. Voilà deux ans que mon beau-frère et sa femme sillonnent le monde sur leurs scooters. Par la magie d'Internet nous avons pu arranger ce rendez-vous singulier pour fêter en famille les soixante ans de mon beau-père ! Embrassades, larmes, joie d'être tous réunis et premiers câlins avec Yanis qui n'était pas né au moment du départ de Sophie et Jérôme. Léa est contente de retrouver son tonton pour jouer au ballon et à cache-cache.

Pendant deux semaines nous découvrons tous ensemble certains joyaux de l'est anatolien. Lac de Van, église arménienne d'Akdamar, caldeira d'un ancien volcan près de Tatvan. Dans ce cratère naturel, nous passons de longues

---

[1] Brique d'argile non cuite obtenue par simple séchage au soleil

heures, assis près d'un feu crépitant à échanger nos impressions sur les pays visités. Nous écoutons avec beaucoup d'intérêts le récit de Sophie et Jérôme sur l'Inde qui les a profondément marqués, puis celui du Pakistan qui est bien loin des stéréotypes donnés par les médias.

Trois jours plus tard, nous sommes sur le site du Nemrut Dag et passons une nuit glaciale à deux mille mètres d'altitude. A proximité, un tumulus de soixante dix mètres de haut recouvre la sépulture d'Antiochus I Epiphanes (64-38 avant J.C), roi mégalomane d'un petit état nommé Commagène. Les tremblements de terre successifs ont ébranlé les immenses statues du temple, laissant les têtes à même le sol. Un chemin rocailleux mène au sommet que nous grimpons à cinq heures du matin, les enfants chaudement équipés. Ils boiront leurs biberons sous les rayons naissants et le regard bienveillant de ces divinités qui assistent depuis des siècles au lever du soleil.

Le 23 octobre, après trois mois de voyage en Turquie, nous embarquons avec les parents de Fabien à Cesme pour Ancone (Italie). Au préalable, nous avons fait nos adieux à Sophie et Jérôme en Cappadoce. Ils continuent leur voyage vers la Syrie et la Jordanie.

*

Lorsque nous quittons la nationale 20 pour rejoindre le lotissement de la Petite Mérie près d'Orléans, 15 000 km et six mois viennent de s'écouler depuis notre départ. Nous retrouvons avec émotion le petit lac près duquel nous promenions Yanis dans son landau, le jardin où nous avions organisé la fête de départ, la maison de mes beaux-parents… Nous revoyons avec plaisir famille, voisins, amis, collègues... Aucun n'a vraiment changé. Cet environnement familier subitement retrouvé nous fait émerger d'une dimension où le temps s'écoulait différemment. Un sentiment étrange nous envahit. Sommes-nous vraiment partis ? Le passé nous paraît tout à coup si proche. Notre travail, la crèche de Léa, notre déménagement, c'était hier ! N'avons-nous pas rêvé ? Nos huit heures de films et mille cent diapos qui s'entassent dans une caisse nous rassurent sur ce point !

En les visionnant, nous prenons la mesure de cette palpitante aventure familiale dans laquelle nous nous sommes lancés. Nous réalisons aussi toute la richesse apportée par ces moments partagés au quotidien avec nos enfants.

Toutefois, le métier de parents voyageurs avec des enfants si jeunes n'est pas de tout repos ! Nuits agitées, fatigue, énervements... Les enfants réclament une attention permanente qui empiète sur notre couple.

Visiter une église, pour nos chérubins, consiste à arpenter de long en large les allées, à courir, à se cacher sous les bancs, à gesticuler dans le sac à dos ou dans la poussette. Nous avions l'habitude de prendre le temps d'étudier l'architecture, les vitraux, de nous asseoir pour sentir l'atmosphère.

Quand les estomacs de nos deux petits moineaux crient famine, il n'est pas question d'attendre plus longtemps. Il faut les nourrir !

Combien de fois avons-nous dû nous relayer, Fabien et moi, pour visiter un monument ?

Combien de fois, durant la nuit, avons-nous maudit Yanis qui réclamait son biberon ? Avec une vie sédentaire nous aurions pu régler plus rapidement ce problème. Le confinement de notre habitacle ne nous y aidait pas.

Notre disponibilité à leur égard représente une dépense d'énergie phénoménale qu'il faut apprendre à gérer sous peine d'exploser. C'est un travail à plein temps. Un métier que nous assumons seuls, par notre choix de vie.

Mais lorsque l'on surmonte toutes ces difficultés, voyager avec des enfants devient alors une quête infinie d'étonnements et d'émerveillements. Nos bivouacs, toujours différents, sont de fantastiques terrains de jeux où l'enfant manipule toute sorte de matières, observe la faune et la flore, développe sa motricité en contact permanent avec la nature.

Les bords de mer sont incontestablement les endroits qu'ils préfèrent. Ils passent ainsi des heures dans l'eau à remplir et vider des seaux, tremper et presser des éponges, laver et rincer des coquillages. Nous utilisons la plage comme un immense tableau. Munis d'un petit bâton, ils gribouillent et dessinent avec de grands gestes, sans se limiter ni se retenir. Le sable est une matière fantastique pour mouler, compresser, écraser, palper, inventer des formes. Dans les terres, nous jouons souvent à la collecte de l'objet le plus grand, le plus joli, le plus beau, le plus piquant, le plus bruyant, le plus doux, le plus coloré... Plumes, feuilles, bouts de bois, pommes de pin, cannettes de coca, sachets plastiques ne tardent pas à se retrouver sur notre table ! En Grèce, quelle n'est pas notre surprise de découvrir dans un bivouac en montagne une tortue. Pendant plus d'une heure Léa l'observe, lui donne des feuilles de salade, ose la toucher et ne comprend pas pourquoi elle rentre la tête lorsque Yanis lui fonce dessus avec son trotter !

Nous vivons une vie de famille très riche, remplie de fous rires, de complicité, d'amour, d'innocence, de tendresse, de bonheur. Etre ensemble 24 heures sur 24 nous permet de tisser des liens familiaux d'une grande intensité.

La première partie de notre voyage s'achève. Nous nous sentons mûrs, mieux préparés pour la suite du projet qui est ambitieux : parcourir l'Océanie et les deux Amériques à vélos couchés équipés chacun d'une remorque ! Pendant deux mois, nous finalisons les derniers préparatifs de notre départ vers la Nouvelle-Zélande.

A Noël, Yanis nous offre un joli cadeau pour nous encourager à continuer notre vie de parents voyageurs : il fait enfin des nuits complètes. A quinze mois il serait temps tout de même ! La vie sédentaire a du bon !

NOUVELLE-ZELANDE

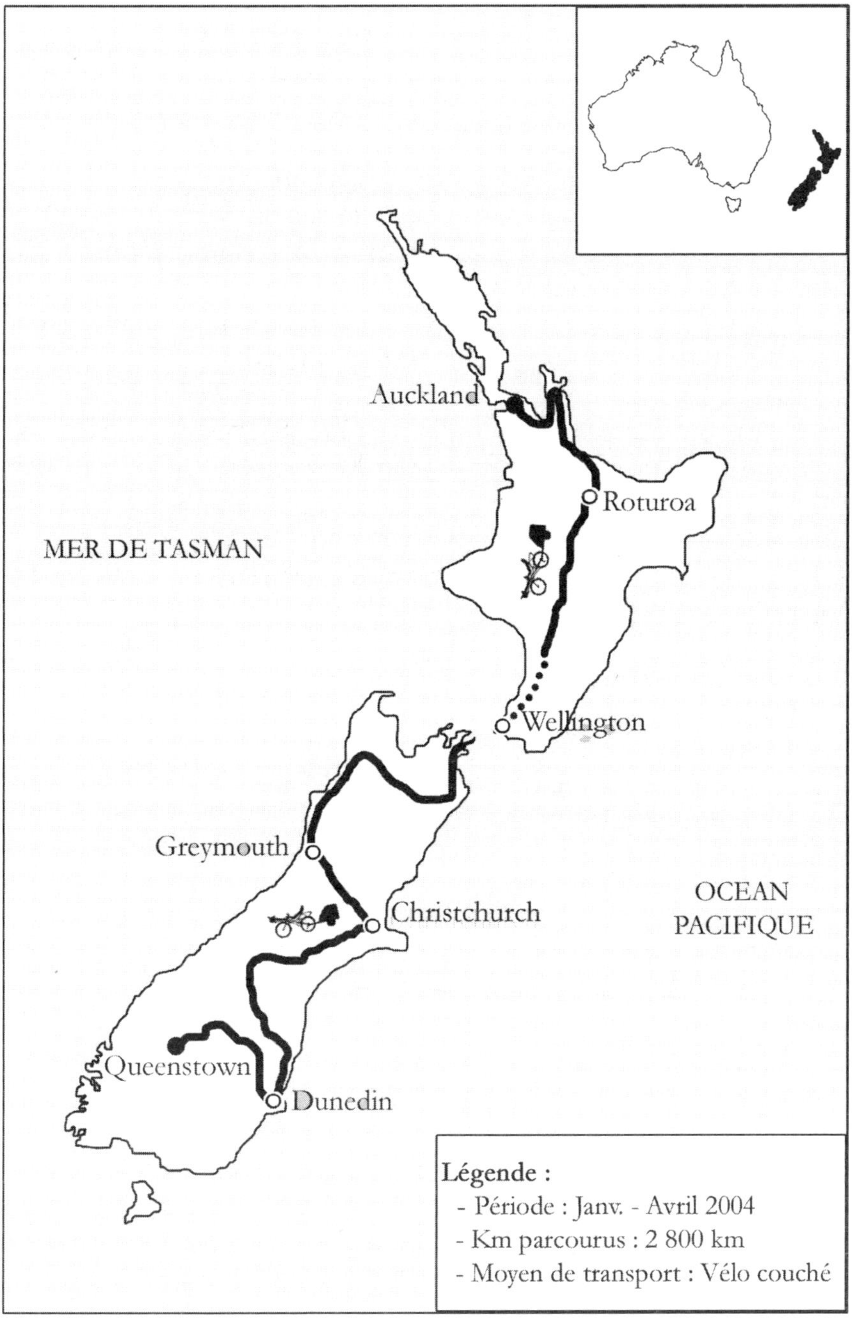

4 - Le pays du long nuage blanc

(Fabien)

16 janvier 2004. « *Welcome in New Zealand* » nous lance le douanier d'un ton jovial. Nous venons d'atterrir sur l'aéroport d'Auckland après vingt-deux heures de vol depuis Roissy et une escale de douze heures dans l'aéroport de Singapour. Léa et Yanis ont les yeux rougis de fatigue, tout comme nous car il a fallu les occuper durant toute la durée du voyage. Léa a joué une bonne partie du vol, assise tranquillement à côté de Valérie. Yanis, excité comme une puce, a parcouru de long en large les allées de l'avion, suspendu à mes bras. Un jeu drôle au début, usant à la fin, mais qui m'a permis d'en apprendre un peu plus sur l'aménagement d'un Boeing 747 ! Malgré le traitement homéopathique administré avant le départ, les enfants ont très peu dormi.

Il règne une ambiance de vacances dans le hall des arrivées internationales. Certains néo-zélandais sont en maillot de bain avec un simple t-shirt sur le dos et des sandales aux pieds ! Nous sommes mi-janvier et dans l'hémisphère sud, l'été bat son plein.

– Ça y est, je les vois ! s'exclame Valérie.

Grâce à Internet, nous sommes restés en contact avec Liz, Paul, Thea et Rubby, cette famille néo-zélandaise rencontrée par hasard durant l'été 2003 en Grèce.

– *You must be very tired !* [1] s'enquiert Liz en embrassant les enfants.

---

[1] Vous devez être bien fatigués !

– Nous vous avons préparé un lit bien confortable ! rajoute Paul devant nos mines exténuées.

Léa nous dévisage aussitôt, intriguée de nous entendre converser dans une autre langue avec nos hôtes. Elle se rapproche de moi et demande :

– Qu'est-ce que tu dis aux gens ?

A la sortie de l'aéroport, nous sommes saisis par des volutes d'air chaud. Elles nous procurent une sensation bien agréable à côté des températures négatives, laissées en France, quelques heures auparavant. Nous chargeons nos cent vingt kilos de bagages dans leurs deux voitures et rejoignons la ville de Maraetaie après avoir roulé vingt minutes en direction du sud-est d'Auckland. Nous sommes accueillis comme des rois dans leur belle maison surplombant l'océan Pacifique.

Paul est un grand blond doux et souvent rêveur. Sa femme, beaucoup plus pragmatique, est une grande brune aux cheveux frisés. Fin 2002, ils décident de quitter famille et patrie pour réaliser un vieux rêve : parcourir pendant un an l'Europe dans un mini van avec leurs deux filles âgées de six et huit ans. Cela fait trois semaines qu'ils viennent de rentrer au pays. Paul a retrouvé son poste d'instituteur dans l'école voisine tandis que Liz est à la recherche d'un emploi.

– Faites comme chez vous ! Il y a un trampoline pour les enfants au jardin et des caisses de jouets au sous-sol.

Léa et Yanis s'en donnent à cœur joie, oubliant tout à la fois leur nuit blanche et le décalage horaire.

Installés confortablement sur la terrasse, face à l'océan, Liz et Paul nous confient leurs impressions après ces douze mois passés en Europe.

– Ce fut une très belle expérience. Nos filles ont retrouvé la terre de leurs aïeux. Elles sont rentrées dans des églises construites avant la création de l'état néo-zélandais. Ce fut une grande découverte pour Théa. Nous sommes isolés sur notre île et cela fait un bien fou de se frotter à d'autres cultures, d'autres langues, d'autres environnements. Cela permet aussi d'apprécier à sa juste valeur notre pays.

Paul nous ressert un verre de *Montana*, délicieux vin local, avant de rajouter :

– Nous avons ainsi réalisé que nous bénéficions en Nouvelle-Zélande d'une qualité de vie exceptionnelle. Après le travail, nous allons surfer dans les rouleaux du Pacifique puis le soir, nous contemplons l'océan, confortablement assis dans nos transats, un verre de vin à la main comme à l'instant !

Nous terminons la soirée devant un barbecue appétissant avant de nous écrouler dans notre lit, à proximité de nos deux petits anges.

Le lendemain, pendant que les enfants jouent ensemble, nous déballons de leur enveloppe protectrice les différentes pièces mécaniques des vélos et remorques. L'appréhension de découvrir une roue voilée ou un dérailleur tordu a totalement disparu aux premiers coups de pédale, devant les yeux intrigués de Liz et Paul.

– Mais comment faites-vous pour rester en équilibre sur ces drôles de machines ? s'esclaffent-ils.

– La meilleure façon pour le comprendre c'est de les essayer !

Paul, en position semi-allongée, ne plaisante plus. Concentré, il s'élance avec mon aide. Après avoir pédalé quelques centaines de mètres, il avoue :

– En fin de compte, c'est plus facile que je ne le pensais. Et puis, cette sensation d'avancer couché avec l'horizon devant soi est vraiment géniale !

Les vélos et remorques montés, nous passons le reste de la journée à remplir et organiser nos sacoches. Car il en faut du matériel pour assurer l'intendance d'une famille voyageuse avec deux enfants en bas âge : deux sacoches et deux sacs fourre-tout nous permettront de ranger une tente, quatre tapis de sol (ceux des enfants sont de petite taille.), quatre duvets, une popote composée d'une mini cocotte-minute et de quatre petites assiettes, un réchaud multi-combustible, une bassine pliable, une thermos, deux biberons, quatre verres en aluminium et une petite trousse contenant couverts, brosses à biberons, éponge, produit vaisselle. Trois autres sacoches contiendront vêtements, mini trousse de toilette, mini trousse de pharmacie, mini kit de réparation, mini jouets et « boubou », un jeux d'éveil électronique interactif. Les enfants auront chacun trois changes, un pyjama, une polaire et un blouson. De notre côté, nous devrons nous contenter d'un change, de sous-vêtements thermiques, d'une veste polaire,

1 - Au pays de Zagoria (Mai 2003 - Grèce)
2 - Cheminée de fée en Cappadoce (Sept. 2003 - Turquie)
3 - Notre camping-car mal en point (Juin 2003 - Grèce)
4 - Eglises creusées dans le tuf (Sept. 2003 - Turquie)

1

2

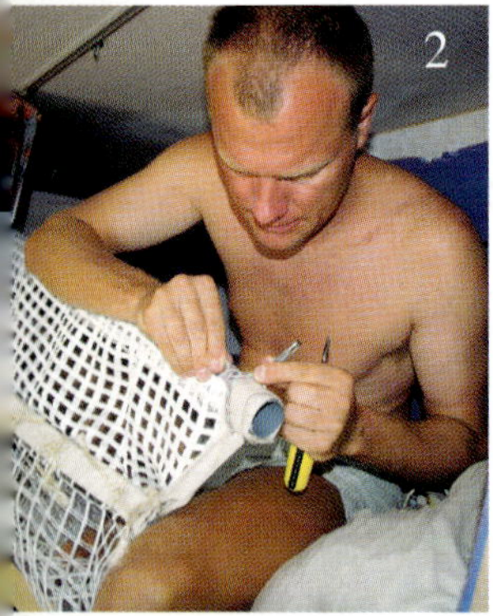

3

4

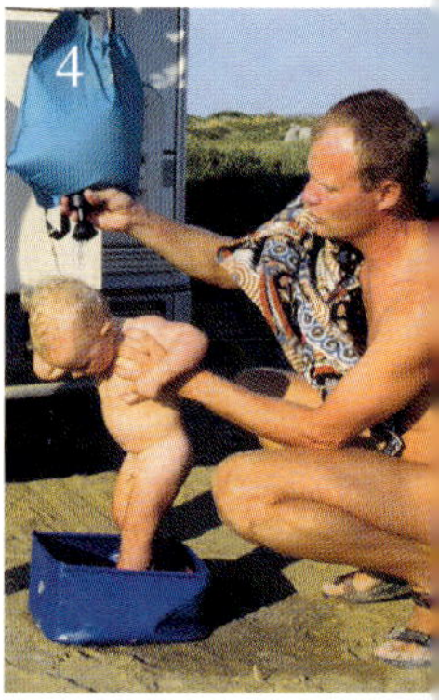

5

1 - Réveil féerique (Sept. 2003 - Turquie)
2 - Renforcement du filet anti-chute
3 - Pause déjeuner (Juillet 2003 - Grèce)
4 - Douche improvisée (Juillet 2003 - Grèce)
5 - Eglises cachées dans la vallée de Soganli (Octobre 2003 - Turquie)

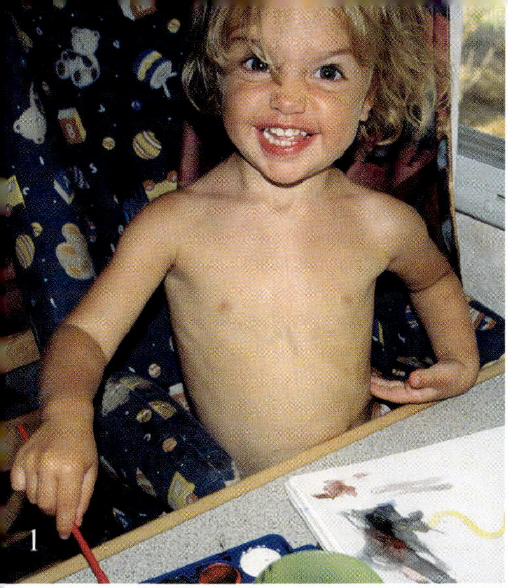

1

2

1 - Artiste en herbe ! (Juin 2003 - Grèce)
2 - Formule originale pour apprendre à marcher (Juin 2003 - Grèce)

3

3 - Le sucre : quel bonheur ! (Octobre 2003 - Turquie)
4 - Pris en flagrant délit (Juillet 2003 - Grèce)
5 - Je donne un coup de main (Juillet 2003 - Grèce)
6 - Découverte des formes et des couleurs (Sept. 2003 - Turquie)

4

5

6

1

1 - Nos hôtes veulent tuer le mouton pour nous souhaiter la bienvenue (Août 2003 - Turquie)
2 - Yanis est hospitalisé 3 jours pour une amibiase (Août 2003 - Turquie)
3 - L'équipe médicale de l'hôpital de Devrek (Turquie)
4 et 5 - Rencontres avec des paysans d'Anatolie (Sept. 2003 - Turquie)

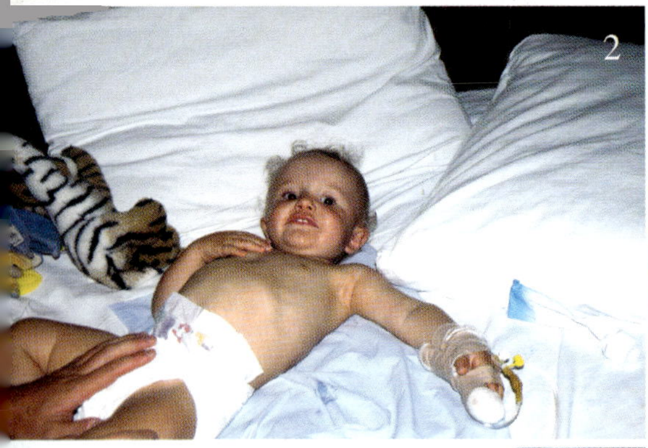
2

3

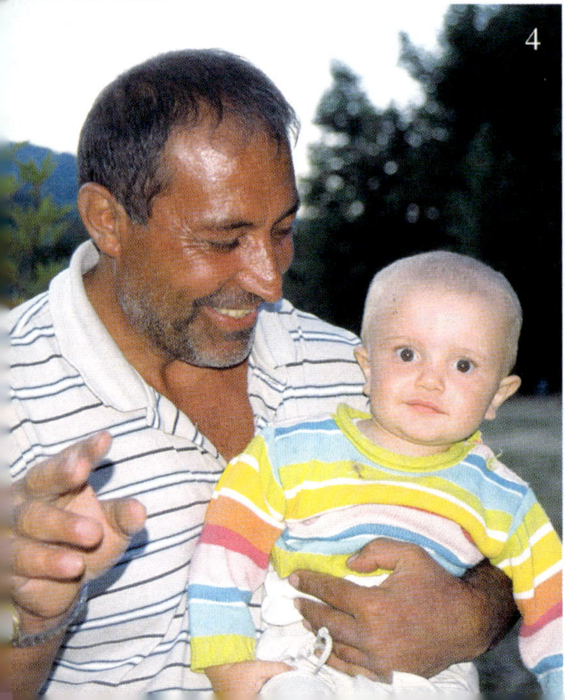
4

5

1 - Panorama saisissant au pays d'Otago (Avril 2004 - N. Zélande)
2 - Une table à langer improvisée ! (Février 2004 - N. Zélande)
3 - Avec 8 roues, la probabilité de crever augmente
(Août 2004 - USA)
4 - La "*Otago Central Rail Trail*" après une tempête de neige
(Avril 2004 - N. Zélande)

1 - Moteurs auxiliaires efficaces ! (Sept. 2004 -USA)
2 et 3 - Freinés par la gadoue, nous battons notre record de la plus petite étape : 5 km en une journée ! (Sept. 2004 - USA)
4 - Pause pipi (Août 2004 - USA)
5 - Un rayon de soleil illumine nos deux petits anges (Août 2004 - USA)

1 - On est mieux dans la remorque ! (Nov. 2004 - Mexique)
2 - Contrôle de papiers par la police anti-drogue (Oct. 2004 - Mexique)
3 - Réaprovisionnement dans une "*Tienda*" (Oct. 2004 - Mexique)
4 - Avec 35 litres d'eau, nous avons une autonomie de 3 jours (Oct. 2004 - Mexique)
5 - Pause déjeuner sous un soleil de plomb ! (Mars 2005 - Pérou)
6 - Réserve nationale de Paracas (Mars 2005 - Pérou)

1 - Cordillère d'Urubamba (Mai 2005 - Pérou)
2 - 10 km de dénivelé pour rejoindre Cusco (Avril 2005 - Pérou)
3 - Après 10 000 km, nous atteignons Cusco, le nombril du monde (Mai 2005 - Pérou)
4 - Nous avons beaucoup de supporters dans les villages de l'altiplano ! (Avril 2005 - Pérou)

d'une cape cycliste et d'une paire de sandales. Enfin, une sixième sacoche sera réservée au matériel professionnel (une caméra, un appareil photo, des cassettes, des rouleaux diapos, un mini disc, un cahier de bord et deux mini frontales) tandis que deux sacoches resteront vacantes pour y stocker la nourriture, le pot de lait en poudre et le sac de couches.

– Cela vous fait un total de dix bagages ! constate Liz impressionnée.

– Onze avec le pot de Léa et Yanis qui est accroché à l'arrière de mon vélo !

– Et votre chargement pèse combien ?

– Un vélo avec les sacoches environ 40 kg, la remorque environ 30 kg Cela fait 70 kg auxquels ils faut rajouter le poids de l'équipage soit environ 90 kg.

– Cela fait 160 kg pour chaque attelage !

En regardant son mari, Liz s'exclame en éclatant de rire :

– Ils sont vraiment fous ces *Frenchies* !

15 janvier 2004. Nous voilà prêts pour un nouveau départ, symbolique celui-là. Théa finit d'attacher Léa dans sa remorque tandis que Valérie referme le filet protecteur sur celle de Yanis. Nous embrassons une dernière fois nos amis avant de fixer nos casques puis relâchons nos freins pour nous laisser porter vers le bas de la colline.

– *Good luck*[1] ! hurlent Liz et Paul avant de disparaître au premier virage.

La petite ville de Maraetaie s'évanouit petit à petit pour laisser place à une petite route longeant la mer. Sur la droite, une forêt dense de *Pohutukawa* resplendit de son manteau rouge vif ; ces arbres fétiches de Nouvelle Zélande sont en pleine floraison. La route est plane et nous nous laissons porter par un petit vent du Nord. Yanis dort déjà, bercé par les soubresauts de la remorque tandis que Léa, qui a perçu notre émotion lors des préparatifs, demande :

– Papa, on va où ?

Un peu désemparé par cette question, je regarde Valérie en quête d'une réponse. Nous ne savons même pas où nous dormirons ce soir ! Comment expliquer à notre fille, qui va bientôt avoir trois ans, cette particularité de la vie nomade ?

---

[1] Bonne chance !

Valérie me chuchote les mots de Peter Pan. Je réponds aussitôt :

– Nous allons au pays du monde imaginaire !

– Comme dans Pite Pan ?

– Oui ma puce sauf que nous y allons à vélo, et toi en remorque !

Sur la route menant à Thames, le trafic est intense. De nombreux vacanciers partent ou reviennent des plages éparpillées sur la côte pacifique. Ils roulent comme des dingues. Par moment, la bande d'arrêt d'urgence se rétrécit, nous obligeant à rouler sur la chaussée principale. Il se crée aussitôt derrière nous une longue file d'automobilistes. L'un d'eux, visiblement agacé, hurle en passant à notre hauteur :

– Vous ne pouvez pas vous pousser !

– Il n'est pas bien ce type ! réplique immédiatement Valérie.

Je dédramatise :

– Tu ne peux rien faire contre un *kiwi*[1]...vert de rage !

A Thames, nous obliquons plein nord vers la péninsule des Coromandel. Une route plate et agréable nous mène jusqu'au pied du mont *Pukewhatataratara.* Avec un nom pareil, nous nous attendions à subir une épreuve. Et quelle épreuve ! Des côtes aussi longues que le nom de la montagne. Des inclinaisons odieuses qu'il nous est impossible de gravir. Nous mettons pied à terre et peinons pour pousser nos montures. Parvenir au sommet avec tout notre paquetage relève de l'exploit. Par moment, Valérie maudit ces ingénieurs qui ont choisi la facilité d'un tracé rectiligne. Sur certaines portions de la route, la pente est telle que je dois l'aider. J'adosse alors mon vélo à un panneau de signalisation et suis obligé de placer des cailloux derrière les roues de la remorque pour éviter que l'attelage ne reparte en marche arrière. Il faut aussi veiller à ce que Léa marche sur notre gauche à l'abri des voitures (on roule à gauche en Nouvelle Zélande). Les descentes, quant à elles, sont excessivement dangereuses, trop inclinées. Sans aucune sacoche fixée sur la fourche avant (elles sont placées à l'arrière de la remorque), nos vélos ont tendance à guidonner dans les virages.

---

[1] Surnom des Néo-Zélandais

Mais le relief n'est pas le seul à nous faire souffrir. Le soleil, particulièrement agressif dans cette région du monde, nous a déjà transformés en écrevisses passées à l'eau bouillante.

Quelques jours plus tard, à la sortie de la ville de Coromandel, nous nous éreintons sur une montée escarpée qui fait rugir le moteur des automobilistes. Nous transpirons abondamment ce qui amplifie la douleur des coups de soleil. Je peste devant l'absurdité de la situation. Heureusement, les enfants restent calmes. Yanis dort la plupart du temps. Léa joue dans sa remorque et en descend de temps en temps pour m'aider à la pousser.

Un couple nous propose de nous emmener dans leur pick-up. Après une légère hésitation, nous déclinons leur offre. La voiture repartie, nous regrettons un moment ce choix. Pourquoi ne pas arriver plus tôt à l'étape pour jouer avec les enfants, se reposer ? Pourquoi continuer à pousser nos vélos sous ce cagnard ? Parce que si nous nous laissons tenter dès le début par la facilité, notre projet n'a plus de sens ni de valeur.

En fin d'après-midi, le ciel se charge soudainement de gros nuages noirs répandant des pans de pluies. Voici l'élément qu'il manquait au parcours initiatique que nous réservaient les Coromandel. Des trombes d'eau s'abattent bientôt sur nous. Des gouttes rondes et de surcroît glacées, nous mitraillent et nous claquent sur la peau. Sans le moindre abri à l'horizon, nous terminons notre étape épuisés et transis dans l'unique hôtel des alentours, qui affiche fièrement ses nombreuses étoiles. Les enfants confinés dans leur bulle étanche demandent à sortir. En deux minutes, nous passons du statut de *sans domicile fixe* à celui de vacanciers de luxe ! Quel bien pour le moral qui est au plus bas. Je réalise d'un seul coup l'énergie phénoménale qu'il va falloir déployer pour mener à bien notre entreprise. Je doute, remets en question le bon sens de notre aventure. Le poids des remorques n'est-il pas excessif ? Notre entraînement est-il suffisant ? Etait-ce un bon choix de commencer par une île volcanique à la topographie tourmentée ?

Allongés avec les enfants dans un bain bouillonnant, nous retrouvons avec joie le confort d'un appartement moderne : eau chaude à volonté, chauffage, frigidaire, TV, lit douillet.

– Et dire que nous avions tout cela à Paris !

– Peut-être. Mais n'oublie pas que nous devons aller au pays imaginaire ! répond Valérie, cherchant à me réconforter.

Après une nuit réparatrice, nous reprenons notre travail de forçats : pédaler dans des montées variant entre 7 et 12 % d'inclinaison, puis, lorsque l'effort devient intolérable, pousser jusqu'au sommet avec l'espoir d'y découvrir un paysage plus doux. Nous traversons une succession de petites baies splendides dont l'une abrite une plage au nom évocateur : *Cook beach.* C'est à cet endroit que l'explorateur britannique James Cook débarqua un matin de l'année 1769 avec ses hommes. Ils étaient partis d'Angleterre un an auparavant pour observer le rare phénomène astronomique du transit de Vénus devant le soleil. L'autre objectif était bien sûr d'explorer l'océan Pacifique pour offrir tous les territoires découverts à la Couronne Britannique. James Cook utilisa cette grande île comme base de ravitaillement pour deux expéditions ultérieures. Il fut à l'origine d'une colonisation britannique permanente jusqu'en 1840, année durant laquelle le traité de *Waitangi* (acte de fondation de la nation New-Zélandaise) fut signé.

Nous quittons sans regret la péninsule des Coromandel au relief si peu adapté à notre équipée et rejoignons un peu avant la ville de Whangamata, la route nationale *SH2*. La circulation est intense. Camions, autocars et voitures défilent sur notre droite. Notre périple est terni par le bruit des véhicules et leurs fumées malodorantes. La Nouvelle-Zélande a connu un essor rapide et n'a pas su faire évoluer aussi vite son infrastructure routière. Celle-ci s'avère complètement inadaptée à la densité de sa circulation. Les autoroutes sont inexistantes, les ponts n'ont qu'une seule voie… Heureusement les routes nationales sont bordées de larges bandes d'arrêt d'urgence que nous ou convertissons volontiers en piste cyclable.

– Fabien, arrête-toi. Léa veut faire pipi !

– Encore ! Mais on s'est arrêté il y a à peine 20 minutes !

– Tu sais comment sont les filles !

Nous essayons toujours de trouver un petit chemin pour nous écarter des routes. Lorsque cela n'est pas possible, il faut être attentif aux bolides qui passent à quelques mètres de nous. Nous enseignons aux enfants des règles strictes de sécurité : descente obligatoire par le côté gauche de la remorque, interdiction formelle de se rapprocher de la ligne blanche bordant la chaussée ou de quitter la remorque sans l'autorisation de maman ou papa. Cet apprentissage, parfois sévère, porte ses fruits au bout de quelques jours. Sur la route, nous nous doublons régulièrement pour vérifier si les enfants sont bien accrochés ou ne sont pas trop exposés au soleil lorsqu'ils font la sieste. Un jour, lors d'un contrôle, j'alerte Valérie :

– Arrête-toi immédiatement !

– Quoi ! Qu'est-ce qu'il se passe ?

– Yanis joue avec un sac en plastique !

Le petit garnement avait réussi à récupérer un sac rempli de victuailles que nous avions laissé à l'arrière de la remorque lors d'un réapprovisionnement au supermarché. A 17 mois, Yanis, comme tous les enfants de son âge, est un grand explorateur. Il a besoin de toucher, de palper, de manipuler les objets de son environnement. Son insatiable curiosité et sa grande agilité le poussent à découvrir les recoins jusqu'alors inexplorés de sa remorque. Dorénavant, nous nous obligeons à ranger toutes nos courses dans les sacoches. De même, nous inspectons régulièrement sa remorque à la recherche de tout objet avec lequel il pourrait s'étouffer ou se blesser.

C'est avec un certain soulagement que nous quittons la *SH2* rugissante pour une route moins fréquentée menant vers Rotorua et le parc volcanique du Tongariro. Quel plaisir de réentendre les oiseaux et de pouvoir se parler sans avoir à hurler. Nous évoluons au milieu d'immenses plantations de kiwis. Plus loin en retrait, une maison avec un hangar agricole. Fourbus par une étape de quarante kilomètres et à court d'eau, nous décidons de demander l'hospitalité. Nous nous engageons dans l'allée, prudents, car les fermiers ont l'habitude d'avoir des molosses. A mi-chemin, nous apercevons deux bergers allemands qui fondent sur nous, aboyant de tous leurs crocs.

– Surtout ne bouge pas, dis-je à Valérie.

– Mais ils vont nous bouffer ! hurle-t-elle paniquée.

Je saisis ma petite bombe lacrymogène et me prépare au pire. Les deux chiens, les babines retroussées, se ruent vers nous puis, au dernier moment, nous évitent et continuent leur chemin en jouant à se poursuivre. Ouf !

Un homme grand, fin, au visage poupin et sérieux s'approche.

– *I hope you were not afraid ?*[1]

– Euh, non…

En voyant ma minuscule bombe lacrymo, il éclate de rire.

– Vous feriez mieux d'avoir un bâton avec vous c'est plus efficace contre les chiens ! Allez, venez boire une bière à la maison pour vous remettre de vos émotions.

Phil Cram est un ancien éleveur de moutons reconverti dans la culture des kiwis. Judy, sa femme, au visage rayonnant, montre à Léa et Yanis, la chambre de ses petits enfants remplie de jouets. Leurs yeux s'écarquillent. Poupées, petites voitures, avion, garage, puzzle… Ils ne savent plus ou donner de la tête.

– Vous devez avoir du linge sale avec vos enfants ? demande Judy.

Aussitôt, elle désigne la buanderie puis nous ouvre ensuite les portes d'une grande chambre où trône un lit double.

Je me retourne gêné :

– Mais nous vous avons juste demandé un petit bout de gazon pour planter la tente !

Elle éclate de rire et rajoute :

– Ce soir, je fais un poulet frites pour les petits et les grands !

Après une douche agréable, nous rejoignons Phil et Judy sur la terrasse et savourons une bière glacée. A ma question sur le nombre d'hectares exploités, Phil répond :

– Nous avons quinze hectares de cultures uniquement dédiés au kiwi. Il y a vingt ans, c'était le boom sur ce fruit aux nombreuses vertus nutritionnelles. Tout le monde en voulait. C'est ce qui nous a poussé à revendre nos moutons et à nous lancer dans l'aventure. Aujourd'hui, nous ne regrettons pas

---

[1] J'espère que vous n'avez pas eu peur ?

notre choix. Avec plus de 300 000 tonnes exportées dans le monde, ce petit fruit est devenu « l'or vert » de la Nouvelle-Zélande !

Phil nous montre sur un des côtés de sa terrasse, fixée à un solide tuteur, la plante grimpante semblable à une vigne qui produit ces fruits délicieux.

– Pour avoir une bonne récolte, nous appliquons le ratio d'un plant mâle pour cinq plants femelles. Regardez ces grappes ! Dans trois mois c'est le début de la récolte et elle s'annonce prometteuse !

– Et justement, qui vient vous aider pour la récolte ? questionne Valérie.

– Ce sont des Indiens : sept familles de l'état du Kerala que nous accueillons depuis maintenant huit ans. Pendant trois mois, elles vivent avec nous. Nous les payons bien sûr pour leur travail, nous les logeons et les nourrissons. Avec le temps, Judy est devenue une experte en curry !

– C'est une habitude chez vous de tout appeler « kiwi » ? m'amusai-je.

Phil et Judy éclatent de rire

– En fait le véritable nom de ce fruit est *groseille de Chine*. Mais dans les années 50, en pleine guerre froide, ce nom devint un problème pour sa commercialisation aux Etats-Unis ! Comme nous étions leur premier fournisseur, un néo-zélandais eu l'idée de l'appeler *kiwi* car sa peau velue ressemble à celle de l'oiseau du même nom qui est l'emblème de la Nouvelle Zélande !

Le lendemain de notre arrivée, des trombes d'eau s'abattent sur la région. L'intensité des précipitations est telle que Phil ne capte plus le signal satellite pour son décodeur télé. A notre volonté de reprendre la route sous ce déluge, Phil et Judy réagissent fermement.

– Il est hors de question que nous vous laissions partir dans ces conditions. Nous devons aller rendre visite à des amis sur Rotorua ce midi. Pourquoi ne pas charger vos affaires dans notre pick-up et monter avec nous. Nous vous trouverons un hôtel sur place ?

Valérie part chercher à l'extérieur le biberon de Yanis resté dans la remorque. Elle revient aussitôt, trempée jusqu'au os et annonce à nos hôtes :

– Votre idée est excellente !

Installés confortablement dans un gros 4x4 Nissan, nous grimpons rapidement les dix-huit kilomètres menant au plateau volcanique de Rotorua. Depuis notre arrivée en Nouvelle-Zélande, c'est la première fois que nous prenons un véhicule à moteur. Quelle sensation étrange de voir défiler le paysage ainsi, sans effort, sans ressentir chaque irrégularité du bitume, chaque éminence, chaque degré d'inclinaison supplémentaire, chaque bourrasque de vent, chaque variation de température, chaque évolution de la météo. Ces difficultés sont notre quotidien à vélo et nous devons composer avec elles pour avancer.

Juste avant d'arriver à Rotorua, Judy me demande d'un ton maternel :

– Mais pourquoi voyagez-vous à vélo ? L'autre jour, au marché d'occasion de *Te Puke*, j'ai vu un petit van en bon état à moins de 2000 dollars[1] !

Je lui explique aussitôt l'état de jubilation dans lequel nous nous trouvons après avoir atteint, à la seule force des mollets, une étape longuement attendue. Je poursuis sur les bienfaits de la vie en plein air, le contact privilégié avec la nature, les vertus de la pratique régulière d'un sport, l'immense sentiment de liberté qu'offre notre moyen de transport et termine avec ce dernier argument :

– Et puis si nous avions été en voiture, nous ne vous aurions jamais rencontrés !

Judy acquiesce avec un large sourire.

A l'entrée de la ville, une odeur nauséabonde se répand dans le véhicule. Aussitôt, je me mets à humer la couche de Yanis.

Phil m'observe dans le rétroviseur et lance.

– Yanis n'y est pour rien. Ce que tu sens c'est le soufre de Rotorua !

Un peu plus loin un panneau indique « *Welcome to the sulphur city* ».

Les conditions météorologiques sont toujours maussades et nous trouvons refuge dans un motel après avoir chaleureusement remercié Phil et Judy pour leur accueil.

---

[1] 2000 dollars Néo Zélandais = environ 1000 euros

Rotorua est une ville sans aucun charme faite de quartiers découpés en blocs où foisonnent motels et restaurants à burgers, parcs d'attractions et tourisme de masse. Son principal intérêt réside dans la découverte, dans ses environs, de multiples activités post-volcaniques.

Entre deux averses, nous partons au sud de la ville où s'étale la grande zone thermale de *Whakarewarewa*. Sur près de la moitié de sa superficie est construit un authentique village maori[1] dont les habitants ont su exploiter depuis des décennies la chaleur du sous-sol. Plusieurs maisons possèdent même une source thermale dans leur jardin.

A ma question de savoir si cela n'est pas une nuisance d'entendre ce bouillonnement continu, un vieux Maori me répond :

– Cette source, c'est un don du ciel. Elle me permet de me chauffer, de me laver, de cuire mes aliments et, comble de tout, elle embellit mon jardin.

Le vieil homme nous montre les petites terrasses colorées par les dépôts continus de minéraux.

La pluie tombe sans discontinuer depuis deux jours. Impossible de repartir. Nous sommes prisonniers de cette météo capricieuse qui joue avec notre moral. Nous en profitons pour nettoyer les remorques et réorganiser nos sacoches. Les capes cyclistes devenues très utiles ces derniers temps sont désormais fixées sous nos selles. Les vestes chaudes sont disposées dans les parties hautes des sacoches pour être accessibles rapidement. Nous coupons en deux le manche des brosses à dents et des fourchettes pour économiser de la place et avoir l'impression de tirer moins de poids. C'est peut-être un détail mais psychologiquement, cela fait du bien ! Le paquet de couches, jusqu'ici placé à l'arrière de la remorque rejoint le siège de Yanis. Il se transformera ainsi en appui-tête pendant sa sieste. Sur les bons conseils de Phil, je me procure deux tasseaux en bois afin de nous défendre contre les chiens trop agressifs. Rapidement, nous leurs trouvons d'autres utilisations. Taillés en V à l'une des extrémités, les morceaux de bois deviennent, à l'arrêt, des béquilles très pratiques pour nos vélos lourdement chargés. Sur la route, ces mêmes bâtons se transforment en écarteur de véhicules. Ils

---

[1] Nom donné aux premiers habitants de la Nouvelle Zélande

sont très efficaces, attachés sur notre balluchon arrière et parés d'un morceau d'étoffe rouge à leur extrémité.

Je découpe également dans une chambre à air usée plusieurs élastiques qui, fixés aux poignets des guidons permettent de maintenir les freins des vélos en position serrée.

– Soleil ! s'écrit Léa au réveil de sa petite voix aiguë qui nous fait toujours craquer.

La dépression qui nous harcelait depuis trois jours s'est enfin éloignée. Après un solide petit déjeuner, nous retrouvons la *SH5* en direction du lac de Taupo. La route serpente au milieu de forêts de sapins et d'eucalyptus. Ça et là, des fumerolles soufrées s'échappent de la terre en de grands soupirs. La croûte terrestre est si mince à cet endroit du globe que nous avons l'impression d'avancer sur le couvercle d'une gigantesque cocotte minute.

A notre gauche, un immense panneau publicitaire vante l'activité hydrothermale du site de *Wai-O-Tapu.* La vedette : le *Lady Knox,* un geyser qui jaillit tous les matins à 10h15 précises, peu après l'ouverture du site ! Bizarre, vous avez dit bizarre ! Cette région du monde étant la seule avec le Yellowstone et l'Islande à abriter des geysers, nous nous laissons tenter par la réclame. Assis parmi plusieurs dizaines de touristes autour du cône boursouflé de silice, nous assistons au spectacle qui est en fait parfaitement orchestré. Grâce à des morceaux de savon, un prestidigitateur mandaté ranime cette source intermittente qui, après avoir moussé pendant quelques minutes, lance à une vingtaine de mètres de hauteur plusieurs centaines de litres d'eau bouillante. Mais voilà, ce matin rien ne va plus ! La source est tarie ! La réaction chimique qui s'opère une fois par jour n'a pas lieu. Le geyser reste muet. Notre présentateur se hasarde vers l'orifice sulfureux comme un enfant vers un pétard foireux. D'une voix bredouillante, il se confond en excuses et explique que depuis plusieurs jours, des resquilleurs nocturnes lui volent la vedette en utilisant la même marque de savon ! Eclats de rire.

Nous continuons la visite du site qui s'avère être un petit bijou de la nature. Les minéraux véhiculés par l'activité hydrothermale transforment terrasses, cratères et piscines en de véritables œuvres d'arts. Chacune d'elle porte un nom évocateur : « Piscine Champagne », « Palette de l'artiste »,

« Encriers du Diable », etc. Les couleurs trahissent les éléments chimiques accumulés. Les oranges sont dus à l'antimoine, les jaunes au soufre, les marrons à l'alun, les verts aux sels ferreux.

Nos enfants sont fascinés par cet univers nouveau : couleurs vives, bruits de bouillonnement, concrétions aux formes insolites, odeurs inconnues, liquides visqueux, bulles parfaites, petites explosions, trous mystérieux... Ils ne savent plus où donner de la tête…et des pieds ! Notre entêtement à contenir leur ardent désir d'arpenter les endroits interdits déclenchent de vives colères. Chaque cavité, chaque trou, chaque bassin est un véritable piège qui communique avec les entrailles de la terre.

A la « Piscine Champagne », notre attention se relâche quelques secondes. Nous entendons un grand « splash » suivi de pleurs. Yanis s'est étalé sur les berges siliceuses grises d'un lumineux lac vert, fumant et frétillant ! Nous le tirons immédiatement de ce mauvais pas, les habits gorgés de soufre nauséabond.

A la sortie du parc, une petite pluie fine s'abat sur nous. Valérie, les nerfs à vif, craque.

– Nous avons passé notre temps à courir derrière les enfants ! Et puis ce temps de *merde*. Nous allons être encore trempés ! J'en ai marre !

Et elle éclate en larmes.

Depuis mon coup de blues dans les Coromandel, elle n'a pas cessé de me remonter le moral par des petits mots et des encouragements bienveillants. Elle débordait d'énergie pour me rendre le voyage plus facile, m'obligeait à parler au présent, m'empêchait de penser au futur. Très rapidement grâce à elle, j'ai repris confiance et retrouvé mes motivations initiales. J'ai renoué avec ce délicieux sentiment de liberté qui animait nos voyages. Sacré bout de femme ! A moi de lui rendre ce qu'elle m'a donné…

Un grand pont enjambe une ribambelle de gros tubes brillants. Ils acheminent la vapeur issue de gisements situés à plus de 1500 mètres de profondeur vers la centrale géothermique de *Wairakei*. Au loin, nous apercevons noyé sous des volutes d'air chaud, le bâtiment qui abrite les turbines produisant l'électricité.

– Voilà une belle énergie, qui plus est renouvelable !

– Je brancherai bien un de ces tuyaux sur mon vélo pour avoir un peu plus de force dans les côtes ! s'exclame Valérie.

Le fond de l'air se rafraîchit soudain alors que les reflets miroitants du lac de Taupo s'offrent à nous. Dans la ville du même nom, nous quittons la *SH5* pour la *SH1* qui longe cette immense étendue d'eau par l'est.

Sur la route, nous sommes souvent incommodés par l'odeur des charognes d'animaux victimes des automobilistes. La plupart du temps, ce sont des opossums. Nous apprenons qu'après avoir été introduits par les colons, cette espèce s'est multipliée et est devenue un danger redoutable pour la faune et la flore néo-zélandaise. Ils mangent les œufs des oiseaux, dévorent les petits mammifères et lorsqu'ils marquent leurs territoires, ils détruisent les jeunes pousses d'arbres à croissance très lente.

C'est donc devenu un sport national, pour tout Néo-Zélandais qui se respecte, de les éliminer !

Au village de *Hatepe*, lors de notre pause déjeuner, nous rencontrons Harry, qui prépare son bateau pour une partie de pêche. A ma question sur ce que l'on peut pécher dans le lac, il répond :

– Des truites pardi ! Et les plus grosses du monde ! comme l'atteste un panneau vantard fixé sur le quai.

Harry est, à ses heures perdues, volcanologue amateur. Il est intarissable sur le sujet :

– Vous voyez ce lac devant vous, qui semble si paisible. Et bien autrefois, il y avait à la place ce que l'on appelle un « super volcan » comme Yellowstone aux Etats-Unis ou Toba sur l'île indonésienne de Sumatra. Ces volcans produisent des éruptions d'une telle intensité qu'elles peuvent créer des dommages considérables à l'échelle d'un continent et affecter le climat de la planète. Nous savons que Taupo a explosé en l'an 186 de notre ère grâce aux chroniqueurs romains et chinois qui avaient consignés sur leurs registres une bizarrerie naturelle dans les conditions atmosphériques de l'époque ! Cette éruption volcanique reste à ce jour la plus gigantesque des 5000 dernières années.

Nous laissons partir Harry qui espère ramener un jour la plus grosse truite jamais péchée et continuons notre route le long de cette paisible caldeira.

A *Te Rangiita,* nous plantons la tente sur le gazon fraîchement tondu d'un centre de vacances. Nous sommes les seuls occupants du site. Une petite plage de galets offre un terrain de jeu rêvé aux enfants. Valérie, pensive, pose sa tête sur mes genoux et me confie :

– Tu sais Fabien, je suis vraiment désolée pour l'autre jour. J'ai eu un gros coup de blues. Comme l'impression que je n'allais pas y arriver. Cela va mieux depuis, mais je doute encore.

– C'est normal car il n'y a pas de foi sans doute. Nous devons y croire. Lorsque j'ai un moment de désarroi, je me pose toujours cette question : préfères-tu retourner dans la grisaille parisienne au milieu des bouchons, courir après le temps ou pédaler sous une bruine néo-zélandaise pour vivre l'instant présent ?

Valérie sourit. Nous tournons la tête vers les enfants. Le scintillement de l'eau cristalline auréole leurs silhouettes d'un cercle lumineux comme deux petits anges. Nous échangeons nos impressions sur ce début de parcours.

– Tu te rends compte avec quelle facilité déconcertante nos deux enfants se sont adaptés à leur nouveau mode de vie ! En l'espace de quelques jours ils se sont retrouvés de l'autre côté de la planète après une escale de 12 heures, un temps de vol cumulé de 22 heures, des gens qui parlent une autre langue, une tente comme maison et une remorque pour se déplacer ! Et bien malgré tous ces bouleversements, ils ont fait leurs nuits dès les premiers jours !

– Oui c'est vrai, mais en fait, ce qui importe à cet âge, c'est d'avoir papa et maman à ses côtés. Nous sommes leurs seuls repères stables avec la tente et la remorque. Le reste n'est que découvertes.

Depuis notre départ de la banlieue d'Auckland, il y a un peu plus d'un mois, nous commençons à trouver notre rythme. Une journée type se déroule de la manière suivante : réveil vers 7h30, petit déjeuner sur l'herbe, jeux pendant que nous rangeons la tente et préparons les vélos. Départ vers 10 heures puis déjeuner a 12 heures de préférence a coté d'une aire de jeux. Sieste de 14 heures a 16 heures pendant que nous roulons puis recherche d'un endroit pour planter la tente. Repas vers 19 heures et à 20 heures tout le monde est couché ! L'expérience montre qu'au delà de 4 heures quotidiennes à vélo, nous devons nous arrêter pour laisser nos deux enfants dépenser leur énergie ! Notre moyenne kilométrique quotidienne varie de 35 km dans les petits jours à 60 km si le vent est favorable !

Valérie se relève pour enfiler sa veste et continue la conversation :

– Yanis a fait d'énormes progrès dans l'apprentissage du langage ces derniers mois. Il enchaîne les mots et arrive à décrire l'environnement dans lequel il évolue.

– Tu as remarqué aussi que depuis quelques jours, il croit voir des bêtes partout. Une écorce d'arbre, une feuille avec une forme bizarre, une saleté dans un bac de douche. Tout est prétexte pour crier « *bêêête* » suivi d'un cri d'effroi ! dis-je avec amusement.

Léa revient vers nous les mains pleines de galets. J'observe l'un d'eux et découvre avec étonnement qu'il s'agit en fait d'une pierre ponce. Avec une idée derrière la tête, je lui dis :

– Va les lancer dans le lac le plus loin possible !

Léa s'éloigne alors de sa démarche élancée. Valérie commente :

– Elle est devenue une petite demoiselle très attentionnée avec son frère, comme si le fait de vivre 24h/24h avec lui la rendait plus responsable. Tu as vu tout à l'heure comment elle a grondé Yanis, quand il s'approchait trop près de la route ? Une vrai petite maman !

– C'est vrai. L'autre jour, quand nous étions chez Phil et Judy, elle a attrapé Yanis par le t-shirt parce qu'il s'approchait trop près des chiens. Elle n'avait jamais fait ça auparavant !

Notre petite princesse, après avoir envoyé plusieurs projectiles dans l'eau, ne tarde pas à m'appeler.

– Papa, papa, viens voir les cailloux !

Certaines pierres ponces, gorgées de bulles d'air ont une densité inférieure à l'eau. J'en attrape une et la montre à Léa en lui disant :

– Tu vois ma chérie. Ca c'est une pierre magique. C'est le seul caillou qui flotte quand tu le lances dans l'eau !

Le lendemain, nous quittons le lac en direction du parc national du Tongariro, la remorque alourdie de quelques pierres magiques. La route s'élève doucement au milieu de forêts de pins. En fin de matinée, nous apercevons dans nos rétroviseurs un cycliste équipé de sacoches. Arrivé à notre hauteur, il s'adresse à nous, essoufflé :

– Bonjour, je vous ai vu passer à Coromandel. J'étais serveur au bar *Pepper Tree* sur la rue principale.

Nous sympathisons immédiatement et déjeunons ensemble dans un champ. Tim continue :

– Faire les Coromondel avec votre chargement ! Vous êtes vraiment courageux. J'en ai bavé avec mes deux petites sacoches, alors j'imagine avec votre poids !

Tim est un blondinet de 20 ans. De nationalité anglaise, il est venu en Nouvelle-Zélande avec un *holiday work visa*[1]. Il rajoute :

– Grâce à ce visa, je peux rester en Nouvelle-Zélande plus d'un an et j'ai le droit de travailler pour financer mon voyage. Durant deux mois, je vais sillonner l'île du sud à vélo puis à l'automne, je ferai la saison des pommes.

– Combien gagnes-tu en ramassant des pommes ? s'enquiert Valérie.

– En fait, cela dépend de ton rendement. Avec une bonne cadence, tu es payé de 700 à 1000 euros par mois. La plupart du temps, tu es logé, parfois nourri. L'année prochaine, j'irai peut-être en Australie avec la même formule. Car ces pays ont un gros problème de main d'œuvre et font tout pour attirer de jeunes travailleurs.

Nous quittons Tim à l'intersection de la *SH1/SH46* et contournons par l'ouest le massif du Tongariro. Nous reprenons notre combat contre la gravité. Les forêts de pins offrent un peu de fraîcheur à nos corps en sueurs. Après le petit bourg de Papakaï, le panorama change brutalement. Les forêts ont disparu pour laisser place à une végétation rase. Devant nous sont alignés les majestueux cônes volcaniques du Tongariro : Ngauruhoe et Ruapehu. Ils sont les témoins les plus spectaculaires des gigantesques affrontements tectoniques qui se produisent un peu plus loin vers l'est, sous l'océan. Chaque année, la plaque Pacifique s'enfonce de six

---

[1] visa travail / vacances

centimètres sous la plaque australienne, créant un fossé de subduction à l'origine de cette activité volcanique. En 1996, le Ruapehu est entré en éruption semant la panique dans la région. Ce volcan actif est aussi le sommet culminant de l'île du nord.

Dans ce décor exceptionnel, nous atteignons enfin un col où un dernier coup de pédale nous fait basculer sur l'autre versant, vers une pente sans fin. La descente est un délice, ni trop rapide, ni trop lente. Nous avons l'impression de surfer sur nos vélos couchés. Les enfants, bercés par le cliquetis régulier de nos roues libres, dorment à poings fermés.

Ah ces vélos couchés ! Nous en sommes devenus fous amoureux tant nous leur trouvons des avantages : confort, puissance, vue panoramique, nous ne regrettons pas notre choix. Quel plaisir de s'arrêter après cinq heures d'étape, sans aucune douleur ni courbature et avec suffisamment d'énergie pour s'occuper de nos deux enfants !

Le lendemain matin, le ciel est devenu surprenant. Sombre et menaçant vers l'est, lumineux et accueillant vers l'ouest. Malgré ce mauvais augure, nous plions la tente et reprenons la route. Mais en fin de matinée, les choses se gâtent. Le vent de brise est devenu vent d'ouragan. Heureusement, nous avons Eole avec nous. La remorque, telle une grande voile, nous propulsent à des moyennes kilométriques jamais atteintes. Plus de 20 km/h ! Par moment, la violence des rafales est telle que nous devons utiliser nos freins. A Ohakune, nous déposons les armes. La bataille est devenue inégale. Dans le camping municipal, nous montons avec difficulté notre tente. Des trombes d'eau ne tardent pas à s'abattre sur nous. Durant la nuit, nous entendons grincer et craquer les arbres. Le ruisseau au bout du champ est devenu un torrent furieux, le terrain sur lequel nous dormons, une éponge gorgée d'eau. A 4 heures du matin, notre tapis de sol semble flotter. Chacun de nos mouvements le fait onduler comme un bouchon de liège dans une mare. L'eau commence à s'infiltrer par les coutures. Les enfants sont maintenant réveillés et se recroquevillent sur leur matelas restés secs. La pluie martèle tellement notre double toit que nous devons hurler pour nous comprendre. A l'aube naissante, nous abandonnons notre tente comme un navire en perdition et trouvons refuge dans un mobil home. La propriétaire, en robe de chambre, est aussi inquiète que nous.

– Je viens de regarder les infos et ils annoncent qu'il s'agit de la tempête du siècle ! Il y a beaucoup de dégâts. Wellington est coupée du monde !

Le surlendemain, en lisant l'édition du *New Zealand Herald* du 16 février 2004, nous découvrons les dégâts occasionnés par les pluies diluviennes : glissements de terrains, routes et ponts emportés, voie ferrée coupée, maisons détruites… Plus d'une dizaine de personnes périront, emportées par les inondations.

La dernière partie du parcours pour rejoindre Wellington traverse une zone très urbanisée où le trafic des véhicules nous semble trop dangereux. Nous effectuons les deux cents kilomètres qui nous séparent de la capitale en bus. Sur la route, nous sommes souvent ralentis par les nombreux chantiers destinés à consolider ou reconstruire les ouvrages d'art emportés par les inondations.

La capitale de la Nouvelle Zélande est enclavée dans une baie qui l'abrite partiellement des vents violents du détroit de Cook. Nous y visitons le célèbre musée *Te Papa* qui a acquis une réputation mondiale grâce à son approche innovante dans la présentation des trésors et histoires d'une nation.

Apres un mois et demi passé sur l'île du nord nous prenons le ferry pour l'île du sud. La météo est mauvaise le jour de la traversée et des creux de cinq mètres chahutent le ferry dans le détroit. La proue du navire disparaît sous les vagues monstrueuses et toute la famille est malade. Nous arrivons en fin d'après-midi sur Picton. Les portes du navire s'ouvrent. L'île du sud est devant nous !

Premiers instants, premières impressions : tout semble beaucoup moins agité. La circulation automobile est quasi nulle, le silence est roi et des milliers de moutons broutent paisiblement dans un paysage verdoyant. Avec un million d'habitants dont 80 % dans les quatre principales villes, l'île du sud connaît une pression démographique beaucoup plus faible que l'île du nord (trois millions d'habitants).

A Blenheim, nous décidons de rejoindre la côte ouest par la route des vins ! Des cépages familiers s'étirent devant nous à perte de vue : Merlot, Sirah, Chardonnay. Les raisins gonflés de soleil doivent êtres cueillis dans un mois et les viticulteurs redoublent d'ingéniosité pour éloigner les moineaux gourmands. Chacun a sa technique : quad équipé d'un drapeau qui passe à toute vitesse entre les vignes en klaxonnant, haut parleur censé imiter le cri d'un rapace, détonations à l'aide d'un tube à canon, épouvantails animés ou filets recouvrant entièrement les pieds de vigne. Mais la technique la plus efficace consiste à faire passer deux vélos couchés équipés chacun d'une remorque avec deux enfants qui s'amusent à crier ! Oiseaux, moutons, vaches, taureaux, chevaux, tous sont pris de panique à la vue de l'attelage « Terre d'éveil » !

Dans la vallée de Wairu, nous nous engageons en fin d'après midi sur un petit chemin menant à une ferme. Une personne, alertée par l'aboiement du chien, vient dans notre direction.

– Bonsoir, nous réalisons un tour du monde à vélo avec nos enfants. Pouvons-nous planter notre tente dans votre jardin ?

Veronika, une femme rondelette aux yeux pétillant de vie n'en revient pas.

– *Oh my god !* Vous voyagez avec deux enfants ! Je vous ai doublé tout à l'heure sur la route et je croyais que vous transportiez vos bagages dans les remorques !

Dubitative, elle s'approche aussitôt d'une remorque et distingue à travers le filet protecteur la silhouette de notre petit homme.

– Mais, c'est un bébé ! Quel âge a-t-il ?

– Dix-huit mois.

– Et l'autre enfant ?

– Bientôt trois ans.

– *Oh my goodness !*

Puis aussitôt elle prend son talkie-walkie et appelle son mari.

– Chéri viens voir, c'est incroyable ! Tu sais les deux vélos bizarres croisés tout à l'heure… Eh bien ils sont là, devant moi ! Il s'agit d'un couple qui fait le tour du monde avec leur deux petits enfants !

Quelques minutes plus tard, un beau visage buriné et une poigne ferme nous souhaitent la bienvenue. Roger est vêtu d'une blouse blanche et de bottes de laboratoire. Après les présentations, il enchaîne :

– Nous sommes vraiment désolés, mais notre maison est en travaux et nous vivons dans ce petit mobile home là-haut. Si vous le souhaitez, vous pouvez planter la tente dans notre grange. Il y a un ballon d'eau chaude et une petite cuisine. Cela vous conviendra-t-il ?

– C'est déjà trop ! répondons-nous.

Plus tard, Roger nous conduit vers sa fromagerie. Il nous raconte son histoire :

– J'ai passé ma vie à sillonner le monde sur des porte-containers en tant qu'ingénieur. l'idée d'être inactif à l'approche de la retraite me tracassait, je devais trouver une nouvelle activité. Il y a trois ans, alors que je naviguais en plein milieu du Pacifique, je suis tombé par hasard sur un magazine qui parlait des méthodes de fabrication du fromage de brebis. Ce fut le déclic. Avec Véronika, nous avons aussitôt décidé de nous lancer dans l'aventure en achetant deux cents brebis Fressones.

Avec fierté, il nous montre les installations.

– Ça, c'est mon petit bébé ! J'ai tout monté ici, de A jusqu'à Z : les rampes d'accès pour les brebis, la trayeuse, les tubulures en inox pour acheminer le lait au labo, les tapis roulants, les frigos.

Je lui fait remarquer la structure atypique du bâtiment, ce qui le fait éclater de rire :

– Déformation professionnelle ! s'exclame-t-il. J'ai gagné ma vie en transportant des containers. Je gagne désormais ma vie en travaillant dedans ! En fait j'ai pu construire ce laboratoire en assemblant six containers de quarante pieds qui m'ont été offerts par ma société. C'était mon cadeau de départ à la retraite !

A ma question sur d'éventuelles subventions gouvernementales, il répond cyniquement :

– Des subventions ! Il n'y en a que pour les *Maoris* ! La plupart des fermiers doivent avoir une autre activité pour survivre.

Cette affirmation, nous l'entendons régulièrement lorsque nous rencontrons des fermiers. Affairés le matin sur leur cheptel, ils travaillent souvent l'autre partie de la journée dans une entreprise privée. Etrange image du fermier néo-zélandais qui troque son bleu de travail poisseux pour un costume cravate !

Le lendemain, avant notre départ, Veronika et Roger nous offrent deux gros morceaux de fromage.

– Nous ferons de la publicité pour votre fromage en France ! lançons-nous en les remerciant une dernière fois.

Deux jours plus tard, lorsque nous franchissons la ligne de partage des eaux entre la côte est et la côte ouest, la végétation change brusquement. Les plaines arides laissent place à une forêt tropicale humide très dense. Les Alpes néo-zélandaises forment sur toute la longueur de l'île du sud une véritable barrière aux masses d'air humide venant de la mer de Tasmanie. Les précipitations sur la côte ouest atteignent huit mètres par an tandis que sur la côte est, elles dépassent rarement les deux mètres.

Nous suivons la rivière *Buller* à travers une végétation humide. Les odeurs de lichens se mêlent aux essences de bois dans un cocktail délicieux. Cette nature hostile tolère le ruban de goudron qui serpente le long de la côte, traversant des paysages qui n'ont guère changés depuis les premiers explorateurs européens.

Cette végétation luxuriante abrite cependant, des petites *sandflies*[1] qui nous causent bien des malheurs : équipées de puissantes mâchoires, elles déchiquettent l'épiderme pour y former de minuscules poches de sang qu'elles sucent avec leurs trompes. Pour faire durer le plaisir, ces bestioles secrètent un anticoagulant qui provoque des démangeaisons.

Yanis ne fait pas encore la relation entre la présence de ces insectes et ses irritations cutanées. Lors des pauses, nous chassons sans relâche les nuées de vampires qui tourbillonnent inlassablement devant son visage. Un jour, Valérie s'amuse à compter le nombre de piqûres : cent vingt-trois réparties entre la tête, les mains et les pieds !

Pour les repousser, on peut s'asperger de crème *repellent* à base de DDT. Mais la méthode la plus efficace consiste à se

[1] Petite mouche noire

déplacer au dessus de 10 km/h, vitesse à partir de laquelle le nuage d'insectes suceurs de sang abandonne ses proies. Cette nouvelle motivation nous permet de battre notre record d'étape sur la côte ouest : soixante-dix kilomètres en une journée !

Les enfants se plaisent bien dans leur remorque et regardent avec beaucoup de curiosité le paysage qui défile sous leurs yeux. Le choix des binômes s'est fait naturellement au départ du voyage par les enfants. Yanis voulait être accroché au vélo de maman et Léa au mien. Œdipe n'est peut-être pas innocent dans cet arbitrage ?

Sur la route, j'entends souvent Léa se raconter des histoires en faisant un amalgame des contes que nous lui lisons le soir. Ainsi, dès qu'elle voit une maison en bois se construire, elle nous demande où est Nouf Nouf ! (L'un des trois petits cochons).

Un jour, nous passons devant une maison endommagée par la tempête du siècle dont le toit repose quelques mètres plus loin. Nous saisissons l'occasion pour lui dire que c'est le grand méchant loup qui a soufflé sur la demeure. Stupeur et étonnement dans le regard de Léa qui cherche aussitôt une maison en pierre sensée abriter les trois cochonnets !

La période du « pourquoi » bat son plein pour notre fille qui va bientôt avoir trois ans.

– Dis Papa, pourquoi les mouches elles nous piquent ?
– Pourquoi elles boivent notre sang ?
– Pourquoi elles ont faim ?
– Pourquoi cha me gratte ?
– …

C'est un nouvel aspect dans le développement du langage. Chaque situation est une occasion de poser sa question favorite et chaque explication apporte de nouveaux « pourquoi ». C'est une spirale sans fin. Au début c'est marrant et je me prends au jeu en donnant des réponses très imagées. Mais lorsque les « pourquoi » fusent dans une côte à l'inclinaison délirante, je suis beaucoup plus laconique, la parole haletante !

Certaines explications nous valent parfois des reparties hilarantes. Un jour, je lui explique le cycle de l'eau pour répondre à ses nombreux « pourquoi » :

– Tu vois Léa, les nuages ont très soif, ils boivent l'eau de la mer puis ils montent tout en haut de la montagne et comme ils sont très tristes, ils pleurent. La pluie s'écoule dans les rivières, les arbres boivent l'eau de la rivière et le reste part dans la mer.

Après cet exposé, dont je suis très fier, Léa nous lance sous une pluie battante :

– Et bien en Nouvelle-Zélande les nuages ils pleurent beaucoup !

Eclats de rire…

La météo en Nouvelle Zélande, voilà un sujet qui fâche ! L'été 2004 est, aux dires de tous les néo-zélandais, le plus pourri qu'ils aient eu à subir depuis longtemps. Le ratio est simple et sans appel : un jour de beau temps pour un jour de pluie !

Baptisée également par les Maories « *pays au long nuage blanc* », nous savions cet archipel exposé aux dépressions qui naissent en mer de Tasmanie. Mais pas à ce point !

A vélo, la météo est primordiale pour notre moral. Combien de fois avons-nous dû stopper notre progression, victimes de pluies diluviennes ? Heureusement, la formidable hospitalité des kiwis nous apporte toujours chaleur et réconfort dans ces moments pénibles. C'est ainsi que nous faisons connaissance avec Judy et Bruce Mackenzie, un couple de fermier qui nous ouvrent leur maison et leur cœur durant deux jours d'averses drues. Plus tard, ce sont Michelle et Gérard O'Connor qui nous hébergent. Gérard a vécu un an au Rugby Club de Limoge dans sa jeunesse. Les anecdotes qu'il en a ramenées nous font encore sourire.

Mais aujourd'hui, nous sommes confinés dans l'anonymat du camping de Greymouth. Une nouvelle dépression ne nous a pas laissé le temps d'atteindre Haast, plus au sud.

Après plusieurs jours d'arrêt, c'est toujours la même tension qui revient. La route nous manque ; c'est comme un appel, une nécessité. Nous n'aimons rien tant qu'avancer.

Comme le dit si bien Sylvain Tesson[1], nous avons besoin d'un « effort prolongé pour procurer à nos cerveaux leur petite dose quotidienne de drogue douce, légale et bienfaisante », celle qui anesthésie les douleurs musculaires, inonde notre corps d'une joie extatique et nous fait plonger le soir dans les bras de Morphée avec le sentiment d'avoir vécu une journée exceptionnelle : « la récompense de l'épuisement ». Parfois, il nous arrive de philosopher : « *Nous pédalons donc nous existons !* »

Un couple de cyclotouristes bien avisé nous conseille vivement de monter en bus jusqu'au col *Arthur* situé 920 mètres plus haut. Et ils avaient bien raison ! La chaussée est très étroite et le trafic dense. Des panneaux interdisent l'accès aux véhicules articulés. L'inclinaison du dernier pont menant à la brèche est telle que notre chauffeur est obligé de rétrograder en première !

Au petit bourg *d'Arthur Pass,* nous réattelons vélos et remorques dans un froid vif. En l'espace de quelques kilomètres, nous laissons derrière nous la forêt tropicale humide pour de vastes vallées arides et rocailleuses, balayées par les vents. Nous évoluons désormais en plein milieu de la célèbre faille alpine qui cisaille l'île du sud sur toute sa longueur. Pendant plusieurs jours nous pédalons dans un livre de géologie à ciel ouvert : plissements, chevauchements, éboulis, barres rocheuses, affleurements discontinus, soulèvements… Nous nous sentons minuscules dans ce décor de géant.

Nous observons, accrochées aux sommets des montagnes, les énormes masses cotonneuses, chaudes et humides en provenance de la mer de Tasmanie, se désagréger et convertir leur énergie en de puissantes rafales de vent. L'effet de Fœhn baptisé à cette latitude *nor'wester* nous propulse vers la *Porters Pass* située à 945 mètres d'altitude.

S'ensuit une descente fabuleuse de quarante kilomètres le long de la rivière *Kowai* qui plonge vers les plates étendues agricoles de Canterbury. Nous sommes à nouveau sur le versant est de l'île.

---

[1] Petit traité sur l'immensité du monde. Editions des Equateurs

*

Rien ne va plus avec Yanis ! Notre petit homme si doux, si tendre, si sensible, est devenu un petit monstre. Il y a plusieurs jours, dans un supermarché de Christchurch, je lui demande de ranger son petit caddie pour prendre le bus qui doit nous ramener au camping. Aussitôt, il se roule par terre, la tête rouge de colère en criant « NON, NON, NON. »

– Pourquoi fait-il cela ? s'indigne Valérie.

– Je n'en sais rien. murmurai-je, intimidé par les nombreux regards.

Le lendemain matin, il veut mettre lui-même ses chaussures. Têtu et inflexible, il refuse l'aide de Valérie. Au bout de quelques minutes, réalisant qu'il ne peut réussir tout seul, il s'énerve, fait une scène et attend, sans décolérer, l'aide de ses parents !

L'autre soir, l'oubli malheureux d'un mot dans l'histoire des *trois petits cochons,* qu'il connaît par cœur, déclenche une crise de sanglots rageurs.

Hier, sur la route menant au haut pays de *MacKenzie,* il met à bout Valérie en répétant toujours le même mot dans sa remorque.

Enfin aujourd'hui, il nous fait l'affront de refuser une glace qu'il a pourtant choisie quelques secondes auparavant. Il la repousse et répète comme un disque rayé :

– J'veux lôôôôtrrre

Nous sommes à cran et perdons patience. Nous ne supportons plus ses attitudes extrêmes et contradictoires, ses fréquentes sautes d'humeur.

Jamais Léa ne s'est comportée de cette manière. Nous culpabilisons. Mais que lui arrive-t-il ? Sommes-nous trop sévères avec lui ? Nos réprimandes sont-elles justifiées ? Pourquoi réagit-il ainsi ?

Le soir après une étape éprouvante, nous nous offrons un camping. Ils sont toujours très bien aménagés avec des parties communes équipées de frigidaires, micro-ondes, plaques de cuisson. Tous ont également une aire de jeux avec bac à sable, trampoline, parcours favorisant la motricité. Bref ils sont une soupape que nous utilisons souvent ces derniers jours !

Mais patatras, ce soir, Léa prend le chemin de Yanis. Lorsque nous lui demandons de ne pas faire telle ou telle chose, elle nous assène un grand NON, bien appuyé, sec et sans appel. Avec Valérie, nous nous regardons, désemparés, soudainement incompétents.

Les enfants endormis, nous nous jetons sur un livre de poche que nous avions acheté en France quelques jours avant de partir : « *Tout se joue avant 6 ans* » du docteur Dodson[1]. En parents bien naïfs, nous découvrons toute la complexité de la première adolescence de nos deux garnements. Valérie, équipée de sa frontale me lit un passage de la page 88. « *...Si papa ou maman change un mot ou l'oublie dans une chanson ou une histoire connue, il proteste violemment...Durant la première adolescence, l'enfant est dominateur. Il aime donner des ordres. Il agit en petit roi, en maître de la maison. Il pourra essayer de faire quelque chose que manifestement il ne sait pas faire, comme de lacer ses chaussures tout seul, tout en refusant énergiquement qu'on l'aide. Puis s'apercevant qu'il ne peut réussir tout seul, il éclatera en sanglots et fera une scène violente, vous accusant même peut-être de ne pas l'aider...* ». Un peu plus loin sur la même page « *...c'est l'âge des extrêmes...l'enfant hésitera, ballotté entre ses sentiments les plus opposés...Rien que devoir décider s'il veut une glace et s'il faut s'arrêter dans une boutique pour la lui acheter peut provoquer chez lui un de ces violents accès d'indécision...* ».

Nous éclatons de rire. Valérie continue à haute voix :

« *Votre enfant est en train de découvrir son individualité en opposition au conformisme social. Pour en venir à bout, vous devrez vous transformer en une sorte de jongleur qui cultive des alternatives opposées* ».

– Jusqu'à jongleur je comprends, mais après je suis largué !

– Oui c'est vrai, c'est pas très clair !

– Ce qu'il faut retenir c'est qu'on doit se transformer en jongleur de fessés !

– Oh tout de suite les grands mots !

*

---

[1] Editions Marabout

Ce matin, nous sommes à Fairlie, un petit bourg planté dans une vallée généreuse. L'étape du jour doit nous amener sur la région des lacs, quarante-quatre kilomètres plus haut avec un dénivelé de 470 m et un col : la *Burker Pass*. Nous partons tôt comme pour chaque grand parcours. La route s'élève graduellement, dans un premier temps, le long d'une vallée. Puis le gradient s'envole quelques kilomètres avant le col. Aucun bruit à l'exception du ronronnement causé par le passage de nos chaînes dans le tube anti-graisse. La respiration entrecoupée, je lance à Valérie qui est, pour une fois, devant moi :

– Est-ce que tu te rends compte que nous ne poussons pratiquement plus nos vélos dans les côtes depuis quelques temps !

– Oui mais j'ai l'impression que mes jambes vont exploser tant elles sont musclées !

C'est un fait nouveau dans le voyage qui nous rend plus confiants dans l'avenir. Notre morphologie s'est adaptée à la masse que nous tractons. Nos quadriceps se sont développés, la ceinture abdominale s'est renforcée, nos mollets ont durci, les rondeurs ont fondu… Nous faisons corps avec notre attelage et connaissons mieux nos limites. Seuls nos bras restent inactifs, posés sur le guidon, prêts à diriger nos mains vers les manettes de freins.

Nous arrivons au col avec la jubilation de l'avoir grimpé à la seule force des pédales. Mais notre joie va être de courte durée. Après avoir contourné un petit massif, nous nous retrouvons sur une immense plaine aride, vide de tout obstacle avec un adversaire redoutable : le *nor'wester*. Et il est en pleine forme aujourd'hui ! Un déluge de rafales nous fait louvoyer. Par moment, nous sommes déséquilibrés et devons poser pied-à-terre. Notre vitesse chute à 3 km/h malgré des coups de pédales bien appuyés sur notre petit plateau. C'est une vitesse critique ou la force centrifuge de nos roues n'a plus d'effet. Nous pouvons être déséquilibrés à chaque instant. Devant nous, à l'horizon, nous découvrons les plus hauts sommets de la Nouvelle-Zélande qui sont empêtrés dans un cordon nuageux d'où partent les démons d'Eole. Nous n'avons malheureusement pas le loisir de contempler le paysage, tant nous sommes concentrés pour garder l'équilibre. Valérie est épuisée et tendue. Plusieurs fois, elle est projetée violemment de l'autre côté de la chaussée. Nous trouvons un bref répit, abrités derrière un arbre et réalisons dans ces moments-là, combien nous sommes vulnérables avec notre moyen de transport.

Les enfants, protégés dans leur remorque, dorment ou jouent sans réaliser les conditions de vent terrible que nous supportons. Ils veulent sortir de leur cocon protecteur. Nous les laissons faire. Le résultat est comique : Yanis s'aventure au delà de notre abri précaire et se retrouve aussitôt par terre poussé par une force invisible. Il revient très vite vers nous, le regard apeuré ! Quant à Léa, nous devrons lui changer son pantalon suite à un pipi rendu fou par les bourrasques !

En fin d'après-midi, le vent est toujours aussi violent et il reste encore cinq kilomètres à parcourir. Les enfants commencent à râler. Assis à l'abri derrière un rocher, Valérie m'interroge :

– Nous entrons dans la « zone rouge » avec les enfants et on en a encore pour plus d'une heure avant d'arriver au lac Pukaki. C'est toi qui a le *sac magique* ?

Ce sachet rempli de friandises est un petit stratagème très efficace mis au point durant nos longues étapes sur la côte ouest. Du sucre contre du calme ! C'est idéal lorsque plus aucun argument ne permet de raisonner nos enfants ! Ce n'est pas très bon pour notre conscience mais tellement reposant pour nos nerfs !

A chaque sucrerie correspond un temps durant lequel nous pouvons pédaler sans avoir à supporter leurs cris rageurs. Nous évitons les bonbons mous qui fondent trop vite et les M&M's qui disparaissent trop facilement dans les recoins de la remorque. Nous perdons alors trop de temps à réapprovisionner nos deux becs à sucre.

Non, la friandise que nous plaçons au hit parade des « retardateur de colère », c'est le *carambar.* Pas celui aux fruits qui est trop mou, mais celui au caramel qui est dur et souple à la fois. Quinze minutes de calme par bâtonnet pour Léa, un peu moins du double pour Yanis !

Nous bénissons l'inventeur de ce petit bâton marron qui n'est malheureusement pas distribué à ces latitudes. Nous puisons donc avec parcimonie dans notre stock importé de France !

Les jours suivants, nous évoluons dans le décor féerique du bassin Mackenzie. A notre droite se dresse le Mont Cook, point culminant de la Nouvelle Zélande avec 3754 mètres d'altitude. Il se reflète dans des lacs turquoise d'une exceptionnelle beauté. Nous plantons ainsi la tente plusieurs soirs de suite dans ces décors de rêve.

Dans ce cadre singulier, nous comprenons pourquoi l'île du sud est baptisée également *île de Jade*.

A Omarama, nous bifurquons à gauche vers la vallée de Waïtiki. Par un réseau complexe de canaux, la totalité des eaux du bassin Mackenzie est dirigée dans cette vallée où de nombreux ouvrages hydroélectriques assurent 25 % de la production totale d'électricité en Nouvelle-Zélande. Depuis plusieurs jours, cette région fait la une des informations nationales car les décideurs politiques doivent se prononcer sur un projet hydroélectrique permettant au pays d'augmenter sa capacité de production. Dans le petit bourg de Kurow, l'ambiance est chaude entre les protagonistes du projet et les habitants de la vallée. Il faut dire qu'ils attendent tous d'une minute à l'autre la décision de Wellington. Au bureau de tourisme, nous rencontrons Ralph, un habitant de la vallée et détracteur du projet.

– Depuis trois ans, la société *Meridian energy* tente de faire voter son projet *aqua.* Il consiste à construire un nouveau canal de dérivation près de la rivière Waïtiki qui alimentera six barrages. C'est une hérésie ! Depuis plusieurs années nous constatons que les réserves d'eau des lacs supérieurs diminuent et qu'elles ne sont plus compensées par la fonte des glaciers ou les chutes de pluie. En 2001, la situation fut si grave que la plupart des turbines ont dû être stoppées provoquant à Auckland des coupures électriques intempestives pendant plus d'un mois ! Vous vous rendez compte, la capitale économique de la Nouvelle Zélande sans courant ! En plus avec leurs nouveaux barrages, ils vont bousiller la seule partie de la vallée qui est restée sauvage.

Il reprend son souffle puis continue :

– Vous savez, la Nouvelle Zélande a bien changé depuis dix ans et nous sommes en voie d'américanisation rapide et profonde. Tout doit être rentable depuis que l'état s'est désengagé de tous les services publics en se lançant dans un vaste programme de privatisations. Je n'ai rien contre sauf que je constate aujourd'hui que ma facture d'électricité a augmenté de 30% en cinq ans et qu'une bonne partie de mon pays est privé de courant lorsqu'il n'y a plus assez d'eau !

Sur son veston, je remarque un petit pin's où il est écrit « *Pro' green*[1] ». Sur un ton un peu provocateur je lui demande :

– Pour un écologiste, je ne comprends pas votre position. Il vaut mieux avoir des barrages plutôt qu'une centrale électrique utilisant des combustibles fossiles ou l'énergie atomique ?

– Bien sûr mais il y a une autre solution plus intelligente qui consiste à utiliser le vent. La région Mackenzie possède plein d'atouts pour un vaste programme éolien. Son coût serait bien moindre comparé à la construction d'un canal de dérivation. Et puis avec la combinaison des barrages existants et des éoliennes, nous pouvons mieux gérer les réserves en eau.

Un silence envahit le bureau d'information. Nous écoutons avec intérêt la radio annoncer le verdict de Wellington. Chacun retient son souffle avant la phrase fatidique : « *Le projet Aqua est abandonné* ». Des cris de joie inondent le bâtiment. C'est la fête !

– On a gagné ! hurle Ralph soulagé.

A Pukeuri Junction, nous retrouvons la *SH1* hurlante de véhicules. L'absence de réseau secondaire nous oblige à l'emprunter pour rejoindre Dunedin un peu plus au sud. Une nuisance supplémentaire vient s'ajouter au bruit et à la pollution de ce principal axe routier : celle des camions à bestiaux.

La Nouvelle Zélande compte plus de 50 millions de moutons et l'île du sud en héberge une grande partie. Les énormes remorques qui les transportent sont une véritable plaie pour les humbles cyclistes que nous sommes. Chaque fois que nous voyons arriver ces mastodontes, nous retenons notre respiration, fermons la bouche et nous pinçons le nez ! Une bruine verdâtre nous enveloppe aussitôt le camion passé.

[1] Pro écolo

Nos vestes jaunes ressortent alors maculées de tâches vertes malodorantes et il faut nettoyer nos rétroviseurs.

*

Dans la matinée du lundi 5 avril 2004, nous installons Léa devant la webcam d'un cybercafé de Dunedin. La connexion établie, nous apercevons le visage de mes parents qui entonnent aussitôt un « joyeux anniversaire » à l'autre bout du monde ! Miracle de la technologie qui abolit les distances. Grâce à Internet, nous communiquons régulièrement par la voix et l'image avec nos familles. C'est une façon d'être avec elles en partageant un petit bout de notre quotidien malgré l'absence dû à l'éloignement. Nos parents peuvent ainsi dialoguer en direct avec les enfants, s'étonner de les entendre prononcer des mots anglais ou encore rire de les voir mimer leurs grimaces !

A midi, nous chargeons nos vélos et remorques à l'aide d'une rampe dans un train touristique qui monte vers les hauts plateaux de la région d'Otago. Aussitôt arrivés à Middlemarch, nous installons la tente et fêtons l'anniversaire de Léa. Un morceau de pain d'épice surmonté de trois bougies fait office de gâteau d'anniversaire. Elle reçoit une petite assiette, une petite poupée et un sac de friandises.

La température frôle le zéro degré ce matin et nous nous équipons chaudement pour parcourir les cent cinquante kilomètres de la « Otago *Central Rail Trail* », une ancienne voie ferrée reconvertie en piste cyclable. Elle traverse trois chaînes montagneuses et remonte jusqu'aux contreforts des alpes néo-zélandaises. Outre le fait d'évoluer dans des paysages saisissants, cette voie possède une inclinaison faible qui permet de s'affranchir des reliefs tourmentés de la région.

Mais les premiers kilomètres sont douloureux. Le ballast est recouvert par endroit de gros graviers qui freinent notre progression. La température, après avoir légèrement remonté en milieu de journée, chute brutalement en milieu d'après midi. Le ciel est sombre et chargé.

Les enfants se plaignent du froid. Nous nous arrêtons pour les envelopper dans nos duvets. Mais au moment de repartir, il se met à neiger. En quelques minutes, la piste se pare d'un manteau blanc. L'exiguïté de la voie à flanc de colline nous empêche de planter la tente. Les enfants, pourtant transis de froid, restent étonnement calmes. Ce qui ne nous rassurent pas. Régulièrement, nous nous arrêtons pour vérifier la température de leurs mains. Les remorques sont méconnaissables, toutes crottées de boue. On ne distingue plus les enfants tant il y a de buée sur les fenêtres plastifiées.

A chaque fois que nous nous rasseyons, nous frissonnons, le dos saisi par la neige qui s'est accumulée sur nos selles.

La visibilité diminue et aucune maison à l'horizon ou d'endroit plat pour bivouaquer. Nous ne sommes pas fiers.

Après deux heures de progression pénible, le chemin s'enfonce dans une gorge étroite. A son extrémité, nous découvrons avec soulagement la dizaine de maisons qui forment le village de Hyde.

Remplis d'appréhension, nous frappons à la porte de la première maison. Une dame d'une cinquantaine d'années, à la silhouette longiligne, nous ouvre. Ses cheveux roux encadrent un visage chaleureux où rayonnent deux yeux malicieux d'un bleu électrique. Nous remercions notre bonne étoile car elle accepte sans hésiter de nous accueillir sous son toit.

A peine les présentations faites, Ngaire est aux petits soins avec nous. Pendant que nous rentrons les sacoches pour changer nos habits trempés, elle fait couler un bain bouillant, ravive le foyer de sa cheminée et s'active dans la cuisine à nous mijoter un petit plat. Sa maison est un vaste chantier. Un couloir est en cours d'aménagement qui dessert une dizaine de chambres en construction.

Les enfants sont collés à la vitre du poêle en quête de calories bienfaitrices. Valérie s'est rapprochée d'eux, frigorifiée elle aussi.

Ngaire arrive avec quatre chocolats chauds. Valérie, saisissant le verre des enfants, s'adresse à elle :

– Nous ne savons pas comment vous remercier.

– Ne me remerciez pas, je n'ai même pas de chambre à vous proposer ! Je suis en train de transformer ma maison en hôtel pour accueillir l'été prochain des gens comme vous !

Puis elle ajoute :

– Je n'ai aucune expérience dans ce nouveau métier aussi vous allez être mes premiers clients. J'espère que vous ne serez pas déçus !

Nous éclatons de rire et poursuivons notre discussion avec cette femme débordant d'énergie.

– Mon mari est décédé il y a deux ans d'un cancer et j'avais besoin, après sa disparition, de changer d'air. J'ai revendu notre maison de Dunedin, plaqué mon boulot et me suis lancée, avec l'aide de mes enfants, dans ce projet d'hôtel. Le *Central Otago Railway Trail* est ouvert depuis seulement trois ans et chaque année, de plus en plus de personnes l'empruntent au moment des vacances.

Lorsque nous étalons nos duvets sur le sol d'une chambre nettoyée au préalable, un épais manteau neigeux recouvre la cours extérieure.

Le lendemain, un soleil radieux a fait partiellement fondre la neige. Nous pouvons continuer notre chemin. Ngaire a préparé un petit déjeuner copieux : des céréales, des œufs au bacon et des *weet beex* qui sont des petits pains d'avoine déshydratés. Avant de partir, elle embrasse les enfants et leur laisse un petit paquet de friandises.

– *Bye bye* Ngaire et merci pour ton accueil providentiel !

Nous traversons des paysages remarquables dans cette partie de la Nouvelle Zélande : vallées vertes très évasées qui contrastent avec les sommets enneigés des chaînes montagneuses ; rivières cristallines qui s'écoulent paisiblement vers l'océan Pacifique ; lacs aux reflets miroitants qui enjolivent le tout.

Entre Rainfurly et Oturehua, nous connaissons notre première crevaison. Il s'agit d'une agrafe qui s'est logée dans mon pneu arrière. Les enfants découvrent alors avec beaucoup d'intérêt notre petite trousse à outils. Rustines, tube de colle, toile émeri, pince à épiler, chambre à air neuve, câbles de frein… Ils sont fascinés par ces nouveaux objets et passent de longues minutes à les disperser au sol. Depuis notre départ, nous n'avions eu à déplorer que quatre rayons cassés sur la roue arrière de Valérie, suite à un blocage de la chaîne.

L'absence de trafic permet à Léa de courir à côté de nous. C'est une grande première pour notre petite globe trotteuse et elle est très fière de suivre maman et papa par ses propres moyens. Léa a beaucoup changé depuis plusieurs jours. Peut-être se sent-elle devenue une grande depuis son anniversaire ? Quoiqu'il en soit, elle est beaucoup plus coopérative qu'avant. Elle cherche à nous faire plaisir et obéit plus facilement Nous pouvons aussi commencer à raisonner avec elle.

Son sens de la répartie est toujours aussi vif et s'adapte à toutes les situations ! Mais avant de continuer, il me faut expliquer le contexte : pour nous protéger du froid nous adoptons la stratégie des multicouches qui consiste à enfiler tous nos habits, même les plus sales… Un matin au réveil, nous lisons « Léa au soleil ». Je lui demande :

– Qu'est ce qui chauffe Léa le matin dans sa chambre ?

Et Léa répond :

– C'est le soleil.

– Qu'est ce qui dore la peau de Léa sur la plage ?

– C'est le soleil.

– A la fin des nombreuses questions, Léa me regarde et me demande :

– Qui est ce qui chent mauvais ?

Etonnement de notre part, suivi d'un silence brisé par Léa:

– C'est papaaaaa !

Fou rire général !

A proximité d'une borne indiquant le quarante-cinquième parallèle sud, nous déposons des bonbons au chocolat sur une herbe rase battue par les vents. Eh oui, même à cette latitude, les cloches de pâques passent ! Les enfants s'en donnent à cœur joie.

Nous quittons le *Central Otago Railway Trail* dans la ville de Clyde et regrettons aussitôt le calme qui l'accompagnait. Des hordes d'automobilistes se ruent vers Queenstown pour y passer le long week-end de Pâques. La ville est plantée dans un cadre spectaculaire, coincée entre un lac et une chaîne montagneuse abrupte. Dans ses rues, nous sommes harcelés par des réclames sur des activités outdoors :

bungyjumping (saut à l'élastique), *fly by wire* (vol en fusée accroché à un câble qui pendule !), *jetboating* (remontée de rapides dans des hors-bords surpuissants), *zorbing* (descente d'un vallon dans un ballon gonflé d'air), etc... Toutes ces activités sont impossibles à faire avec nos enfants et c'est tant mieux pour notre porte monnaie car chaque dose d'adrénaline coûte en moyenne une centaine d'euros !

Après plus de 2500 km pédalés depuis Auckland et trois mois et demi de tribulations, Queenstown marque la fin de notre périple à vélo en Nouvelle-Zélande.

Sur un promontoire rocheux dominant le lac Wakatipu, nous nous asseyons sur un banc à proximité d'une aire de jeux, aussitôt prise d'assaut par les enfants. Un regard lancé à Valérie confirme l'émotion que je ressens. Nous avons réussi ! Le plus dur est fait ! Nous savons que nous pouvons continuer notre voyage avec nos deux enfants sur ce mode de transport.

Pourtant, nous n'en menions pas large au début du parcours : relief tourmenté, météo capricieuse, circulation insupportable, manque d'entraînement, poids des remorques excessif, colères des enfants... Par moments nous étions complètement désemparés, perplexes et sceptiques. Le stress généré par nos mésaventures étaient alors bien supérieur aux moments de plénitudes imaginés. Une question revenait sans cesse dans nos têtes : « *Pourquoi continuer ?* ».

Aujourd'hui devant ce panorama merveilleux, nous avons du mal à croire que nous ayons pu penser, un jour, abandonner !

Dans le bus filant vers Chrischurch, nous observons une dernière fois les magnifiques paysages de l'île de jade. Avec les enfants, nous nous amusons à compter les moutons dans les prairies traversées. Il y en a tant que nous tombons aussitôt dans un profond sommeil en rêvant à notre prochaine destination : l'Australie.

AUSTRALIE

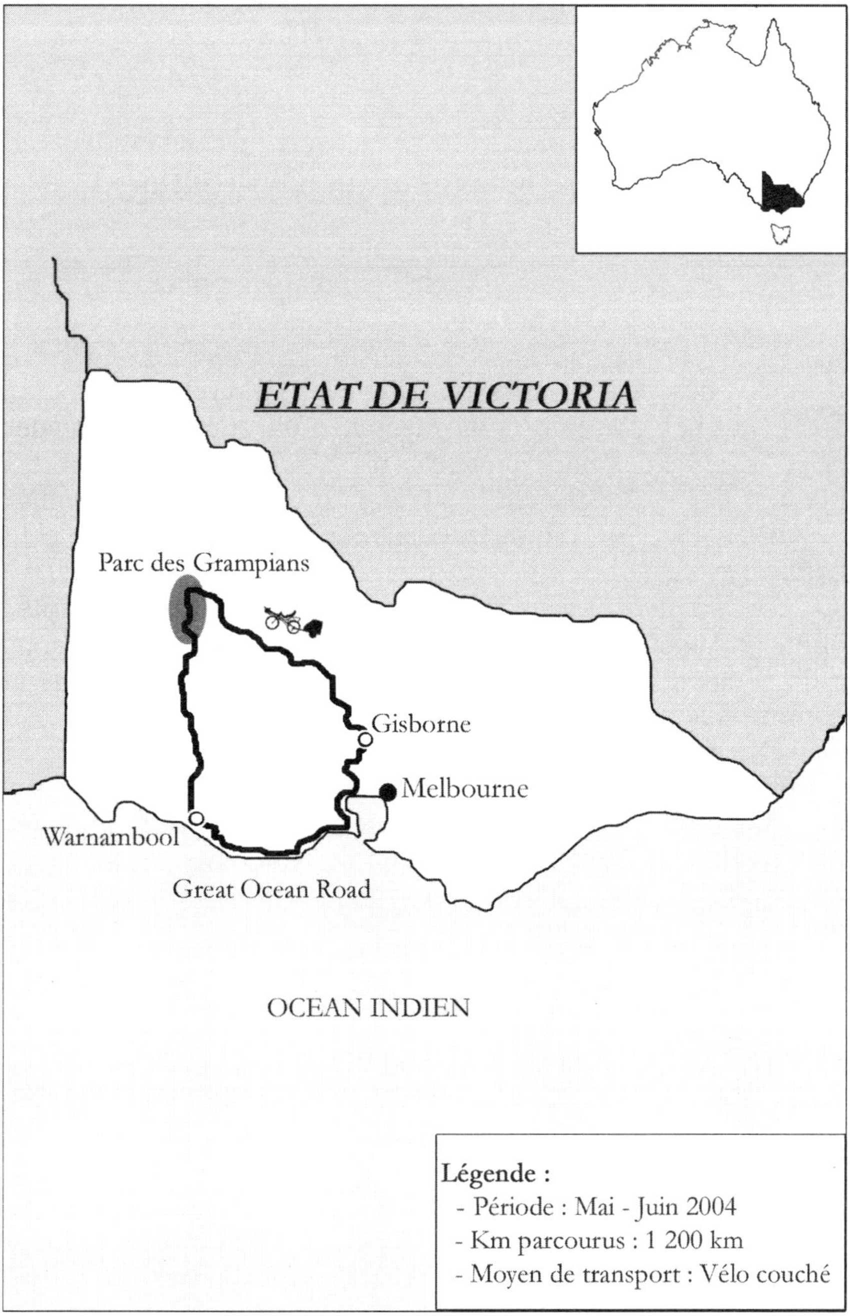
ETAT DE VICTORIA
Parc des Grampians
Gisborne
Melbourne
Warnambool
Great Ocean Road
OCEAN INDIEN
Légende :
- Période : Mai - Juin 2004
- Km parcourus : 1 200 km
- Moyen de transport : Vélo couché

5 - Une petite boucle sur un pays continent

(Valérie)

A l'aéroport international de Christchurch, le 30 avril 2004, le chef d'escale nous regarde d'un air surpris lorsque nous arrivons devant le comptoir d'embarquement. Il faut dire que nos bagages diffèrent beaucoup de ceux qu'il a l'habitude de voir ! Après un rapide contrôle sur son ordinateur, il nous demande :

– Je ne vois qu'un aller simple. Avez-vous un billet pour quitter l'Australie ?

– Non, nous faisons le tour du monde à vélo et nous comptons acheter notre billet sur place.

Nous avions été informés par l'agence de voyage à Christchurch que pour pénétrer le territoire des kangourous, il nous faudrait soit détenir un billet aller-retour pour l'Australie, soit justifier de notre solvabilité. Fabien rajoute :

– Regardez, j'ai ici une copie de notre relevé de compte bancaire. Nous pourrons à tout moment acheter un billet pour sortir du territoire.

Pourtant, malgré nos justificatifs, le contrôleur ne veut rien entendre.

– Désolé, vous ne pouvez pas embarquer, les consignes sont strictes.

Agacés par son entêtement, nous décidons de faire appel à sa hiérarchie. Pendant que je reste avec les enfants et nos bagages, Fabien va taper à plusieurs portes et finit par rencontrer le responsable des vols d'*Air New Zealand.* Impressionné par nos articles de presse, il quitte son bureau pour venir voir nos bagages et rencontrer le reste de la famille.

Il appelle personnellement le service d'immigration à Canberra. Une demi-heure plus tard nous obtenons nos autorisations d'entrée sur le territoire australien. Tout en regardant les enfants, il demande :

– Votre équipement doit peser bien lourd ?

Un peu embarrassés, nous lui avouons dépasser de soixante kilos le poids autorisé. Il s'absente quelques instants et revient, le sourire aux lèvres :

– *Air New Zealand* a le plaisir de vous offrir un container aérien pour le transport de vos effets personnels. Nous vous souhaitons un agréable voyage !

Dans la zone de transit, un panneau nous rappelle que l'Australie est un des pays les plus sévères en matière de normes phytosanitaires. Aucun aliment ne peut y être importé, ce qui explique la présence de nombreuses poubelles autour de nous. Nous regardons nos seize kiwis un peu désemparés. Nous aimons trop ce fruit pour le jeter et décidons de manger notre stock avant de passer le service des douanes. Léa et Yanis vont s'en donner à cœur joie. Cette overdose provoquera, quelques heures après, de belles éruptions cutanées, nous rappelant les propriétés urticantes de ce fruit !

Nous atterrissons à Melbourne, après trois heures de vol au-dessus de la mer de Tasmanie. Nos bagages intriguent également les autorités australiennes qui nous demandent de passer dans la file de «*something to declare*[1]». Je me retrouve alors face à une douanière un peu embarrassée devant mon chariot. Yanis est assis sur nos sacoches, elles-mêmes posées sur la remorque qui est pliée et emballée dans un plastique transparent. Elle jette un coup d'œil sur mon passeport et me demande :

– Madame, avez-vous quelque chose à déclarer ?

– Non. Juste du lait en poudre pour mes enfants.

Dubitative, elle quitte son guichet et s'approche de mon chargement pour vérifier, dans un premier temps, qu'il n'y a pas de terre sur les roues des vélos. Sait-on jamais, que des petits parasites mortels inconnus y soient incrustés, nous

---

[1] Quelque chose à déclarer

serions alors responsables d'une pandémie nationale ! Puis elle regarde de plus près les bagages.

– C'est quoi cette caisse dessous ?

– C'est la remorque pour un de mes enfants. Mon mari qui est derrière en a une également.

Au terme de nombreuses circonvolutions, elle finit par succomber au charme de Yanis et nous dit gentiment :

– Bienvenue en Australie et bonne route !

Aussitôt franchies les portes de la zone de contrôle, nous voyons des bras s'agiter dans tous les sens. C'est Kevin et Angela, un couple australien que nous avions rencontré en Nouvelle-Zélande dans la ville de Taupo. Nous avions très vite sympathisé et ils nous avaient fait promettre de les contacter si nous poursuivions par l'Australie.

Grand moment d'émotion à l'aéroport. Les enfants reconnaissent Kevin, un petit homme trapu toujours optimiste et Angela, une vraie pipelette au visage rond et souriant.

Ils ont tout prévu pour nous accueillir et en tout premier lieu un pick-up pour nos bagages. Leur maison est située dans la campagne, à une heure de voiture au Nord de Melbourne. Nous faisons la connaissance de leurs trois filles adolescentes, Jenifer, Morgan et Rebecca, qui adoptent vite nos enfants. Léa et Yanis sont traités comme des rois : du savon spécial enfant pour le bain, un grand pot de Nutella, des jouets, un lit douillet. Quant à nous, nous sommes surpris de voir, posés au beau milieu de la table, une baguette de pain moulée à la française, un camembert et une bouteille de vin ! Nous passons la soirée à parler de cyclotourisme, des kiwis et de nos parcours respectifs pour arriver tous les quatre à la même conclusion : il pleut très souvent en Nouvelle-Zélande !

Angela lève un verre pour fêter nos retrouvailles et pour annoncer qu'elle vient d'être promue au poste de responsable comptable, au sein de l'entreprise qui l'emploie : *Robert Walters*, un cabinet de recrutement dans le secteur industriel. Kevin, depuis un an, retourne sur les bancs de l'université pour devenir consultant qualité tout en restant pompier volontaire dans l'état de Victoria. Il attend les résultats de ses partiels dans les semaines à venir et reste confiant. Une reconversion voulue par eux, après avoir été propriétaires d'un garage. Angéla s'occupait de la comptabilité et Kevin travaillait dans l'atelier. Après nous avoir resservi un verre de vin, Angéla avoue :

– Nous avons bossé comme des fous pendant quinze ans et partions rarement en congés. C'était beaucoup de contraintes et de soucis. Un jour, nous avons reçu une proposition d'achat pour le fond de commerce et nous l'avons acceptée !

– Depuis nous sommes beaucoup moins stressés et pouvons faire du vélo plus souvent ! rajoute Kevin.

Notre projet initial de rejoindre Sydney est vite abandonné car incompatible avec nos six semaines de séjour. Kevin et Angela nous conseillent de parcourir le parc des *Grampians* au centre de l'état de Victoria et de revenir sur Melbourne par la « *Great Ocean Road* » qui longe l'Océan indien.

Avant de nous séparer, nous profitons des connaissances de Kevin sur la faune et la flore. Il nous prodigue ainsi quelques consignes de prudence et de sécurité.

– Une des règles de base est de secouer ses chaussures le matin avant de les mettre. C'est absolument impératif si vous campez

Il nous présente alors un livre sur les dangers de la faune australienne.

– Regardez, celle-là, nous l'appelons l'araignée à dos rouge et celle-là c'est l'araignée de Sydney. D'apparence, elles sont belles mais il faut savoir que leurs morsures sont mortelles pour l'homme. Soyez vigilants avec les enfants, quand ils jouent à proximité de souches d'arbres. Tapez bien le sol des pieds. Cela éloignera également les serpents.

– Kevin, ne les angoisse pas trop, nous rentrons dans l'hiver ! dit Angela qui nous avoue sa peur des reptiles.

– Oui, tu as raison, mais je préfère les avertir.

– Faites aussi attention avec les grands kangourous mâles. Ils peuvent avoir un comportement agressif si un homme s'approche d'une femelle qu'ils convoitent.

Cette dernière remarque nous amuse. Fabien demande alors :

– Mais de quelle manière peuvent-ils être dangereux ?

– En prenant appui sur leur queue puissante, ils sont capables de donner des coups de pattes arrière d'une grande violence, d'ailleurs, il suffit de regarder leur musculature pour s'en douter ! Il y a plusieurs années, notre chien fut tué dans le jardin par un grand mâle qui l'éventra d'un puissant coup de patte !

– Il n'est pas très cool votre pays ! plaisante Fabien.

– Rassurez-vous, les accidents sont rares. C'est ma déformation professionnelle. Je préfère prévenir que guérir !

Notre vision préconçue d'une Australie aux paysages arides et au soleil intense ne correspond pas à celle que nous découvrons à notre arrivée sur Melbourne. Au mois de mai, dans l'hémisphère sud, nous sommes au tout début de l'hiver, les températures ne dépassent pas quinze degrés Celsius et le soleil n'est pas toujours au rendez-vous. Les premiers jours nous avons le sentiment de ne pas avoir quitté la Nouvelle-Zélande. La pluie est omniprésente.

Voilà quatre mois que nous voyageons à vélo et nous commençons à être un peu aigris par le temps froid et humide. Je m'évade quelques temps en rêvant que je pédale sur une île ensoleillée, sous les Tropiques. L'odeur d'une *bakery*[1] me fait atterrir en douceur. Nous prenons plaisir à acheter du pain de mie tout chaud, quelques croissants et muffins pour notre goûter et le dessert du soir. En me voyant trempée, la boulangère me confie :

– Vous savez, ce temps n'est pas habituel !

J'esquisse un sourire. J'ai déjà entendu cela quelque part !

Léa et Yanis ont remis leurs tenues hivernales : collants, écharpes, gants et pyjamas polaires. Dans leurs remorques, ils sont bien protégés du vent, de la pluie et du froid. Chacun joue à ses activités préférées du moment. Léa adore découper du papier journal en petits bouts. La sieste du matin ou de l'après-midi est remplacée par des histoires qu'elle raconte à son papa. Yanis gribouille avec un crayon sur un petit cahier et sait se faire comprendre quand sa couche est pleine :

– Maman, pipi.

– Ok, nous allons nous arrêter bientôt.

J'utilise ma sonnette et fais de grands signes à Fabien, qui est parfois loin devant moi. Le faible trafic nous permet

[1] Boulangerie pâtisserie

généralement de nous arrêter sur le bord de la route. Nous nous écartons de quelques mètres. L'initiation à la propreté pour Yanis, quand il fait 10°C, n'est pas toujours facile. Notre jeune homme n'est pas très disposé à mettre ses fesses à l'air ! Bien souvent nous essayons dans la journée, quand le soleil est là, ou après son biberon chaud. Il a dix-huit mois, laissons-lui le temps de grandir et de se préparer à son rythme. D'autant plus que sa volonté de ressembler à sa sœur est si forte que ce sujet ne nous inquiète pas .

Depuis notre départ vers le parc national de Grampians, nous évoluons dans un paysage bien différent de ceux déjà traversés. Les champs jaunis par le manque d'eau ont laissé place à des forêts de *red gums*, ces eucalyptus d'où pendent de longues fibres d'écorces mortes. A notre grande déception, nous ne voyons pour l'instant aucun koala ou kangourou malgré de nombreux panneaux de signalisation destinés à prévenir les automobilistes du danger. En revanche nous sommes étourdis par les cris incessants des cacatoès à huppe jaune, des loriquets arc-en-ciel et des pies. Le rire extraordinaire des oiseaux Kookaburras nous surprennent plus d'une fois ! Peut-être se moquent-ils, par leurs « ho, ha, haa, haaa, haaa ! », de notre équipée singulière ? L'Australie nous offre une palette d'émotions et de sensations que nous aimons.

Peu après Clunes, nous progressons à travers une route parsemée de monticules de sédiments rouges de quelques mètres de hauteur, seuls témoins d'une incroyable ruée vers l'or dans cette région de Victoria, qui connut son apogée au 19ème siècle.

Lors d'une pause déjeuner à proximité d'une de ces buttes artificielles, Fabien lit dans notre guide qu'on découvrit dans la région, en 1875, une pépite d'or de quatre-vingt-cinq kilos !

– Tu imagines, Valérie, quatre-vingt-cinq kilos d'or trouvés là, quelque part sous nos pieds ! Ça me donne envie de creuser.

– A quoi bon. Tu as déjà une pépite de soixante kilos en face de toi. Cela ne te suffit pas ?

Nous continuons notre chemin. Les reliefs de la région sont délicieux à parcourir. Petites côtes de quelques degrés sur plusieurs kilomètres suivies de descentes tout aussi longues où nous nous laissons surfer sur nos vélos couchettes.

Même si les conditions climatiques ne sont pas toujours très clémentes, je ne regrette pas d'avoir choisi cette aventure. Quelle chance nous avons d'être en contact direct avec la nature et libres qui plus est !.

Dix jours après notre départ de Gisborne, nous arrivons sur un site abritant une peinture rupestre aborigène. C'est un bon prétexte pour faire une pause.

Je me baisse vers Yanis pour le détacher quand ce dernier me dit sur un ton déterminé :

– Non maman, ch'est moi, je sais.

Il veut désormais copier sa sœur dans les moindres faits et gestes mais ses petits doigts n'ont pas encore la force nécessaire pour défaire le harnais. Il se trouve en position d'échec et s'énerve.

– Mais enfin Yanis, nous n'allons pas rester plantés là une heure parce que tu n'arrives pas à te détacher. Laisse-moi t'aider !

Il refuse énergiquement. Cette attitude caractéristique de la *première adolescence* est usante pour les nerfs ! Je suis surprise par l'énergie qu'il dépense à s'entêter ainsi. Exaspérée, j'avoue à Fabien :

– Léa ne nous a jamais fait des crises pareilles ! Je ne vais quand même pas lui mettre une fessée à chaque fois !

Fabien tente alors de l'aider et explique à quel endroit il doit appuyer pour défaire le clip. Yanis essaye de toutes ses forces, en vain. Son papa dirige alors sa main vers le harnais ce qui déclenche à nouveau des cris rageurs :

– NON, j'veux pas, ché moi !

Résignés, nous nous asseyons face à lui. Nous pestons contre son entêtement et lui contre son harnais.

La dernière fois que nous l'avons forcé à sortir de la remorque, nous avons dû abandonner notre balade, écœurés par ses jérémiades. Nous réfléchissons à une stratégie.

– Tu fais diversion sur le côté et j'en profite pour le détacher discrètement, me chuchote Fabien à l'oreille.

Nous essayons, en vain ! Dès qu'il s'aperçoit de la supercherie, Yanis se ré-attache aussitôt.

– Tu es *chiant* Yanis. Y en a ras le bol maintenant !

Nous fulminons, tempêtons. Léa qui se dégourdit les jambes autour de nous, ressent notre tension. Elle se dirige vers Yanis et avec ses petits doigts, libère celui-ci comme si de rien n'était. Yanis éclate aussitôt d'un rire plein d'innocence, amusé par le geste de sa sœur. Il sort de sa remorque et part courir derrière Léa. Nous les regardons pantois !

– Faites des gosses ! lance Fabien excédé.

Nous allons tout de même voir la peinture rupestre, à quelques centaines de mètres de là, dans une grotte. Léa ne manque pas de nous faire un commentaire :

– Regarde maman, on dirait un gros bonhomme patate ! En fait de « bonhomme patate », cette peinture représente un « *benjil»,* dieu aborigène, entouré de chiens.

Nous sommes contents de pouvoir nous détendre quelques minutes dans cet endroit calme et paisible. Yanis a mis nos nerfs à l'épreuve !

Il est seize heures et le soleil commence à faiblir. A la sortie du petit bourg de Pomonal, nous saluons d'un signe de la main un couple qui travaille dans un champ de lavande. Fabien s'arrête pour demander l'hospitalité. Graham et Jocelyne sont émus face aux deux petites têtes blondes qui sortent chacune de leur remorque. Nous nous présentons rapidement. Quelques minutes après, nous sommes invités à camper derrière leur maison. Pendant que Fabien finit de ranger les affaires, j'investis, en compagnie des enfants, la salle de bain que Jocelyne a mise à notre disposition. Une heure plus tard, nos hôtes nous convient à partager leur dîner.

Ce couple à la retraite possède trois cents pieds de lavande qu'ils exploitent pour confectionner biscuits, savons et huiles douces. Les revenus qu'ils en retirent viennent compenser leur maigre retraite. Graham a les yeux mis-clos surmontés d'épais sourcils. Il parle posément, dégageant une impression de sagesse et de tempérance.

Je lui fais part de mon étonnement à voir s'abattre autant d'eau sur ce continent que nous croyions sec et aride.

– Ces pluies sont exceptionnelles et nous en voudrions beaucoup plus ! Le sud de l'Australie connaît depuis six ans une terrible sécheresse. Vous avez pu remarquer combien l'herbe est jaune, or à cette période de l'année, ce n'est pas normal. Les niveaux des lacs et des réservoirs sont très bas. Les autorités disent que s'il ne pleut pas cet hiver, cela aura de sérieuses conséquences sur notre vie au quotidien. Et c'est vrai qu'il est déjà interdit de laver sa voiture, de remplir sa piscine. Quant à arroser son jardin, n'en parlons pas. En ce qui nous concerne, nous avons beaucoup de chance car une source passe sous notre terrain. Elle nous approvisionne en eau pour notre activité. Vous avez dû remarquer notre panneau « bore water » installé devant notre propriété.

– Ah oui et justement qu'est ce qu'il signifie ?

– Que l'eau vient d'un puits. Il est exigé par le syndicat des eaux.

Pendant notre conversation avec son mari, Jocelyne est au téléphone. Le visage épanoui, elle revient tout excitée :

– Etes-vous intéressés par une petite intervention demain dans notre école ?

– Oui, volontiers, ce sera une très bonne expérience pour Léa et Yanis de rencontrer d'autres enfants de leur âge.

Elle raccroche quelques instants plus tard et revient vers nous :

– Bien, mon amie la directrice vous attend demain pour neuf heures. Elle a hâte de faire votre connaissance.

Le lendemain matin nous rangeons tout notre matériel, prenons le petit déjeuner avec nos hôtes et partons à la rencontre de cette école primaire où nous attendent une vingtaine d'enfants âgés de huit à dix ans et la directrice qui nous salue.

– Bonjour, nous sommes impatients de faire votre connaissance. Suivez-moi.

Nous rentrons dans un bâtiment neuf peint en blanc, très bien équipé. Une grande bibliothèque occupe tout un mur tandis qu'à l'opposé trône un grand tableau noir. La directrice commente :

– Nous avons trois classes comme celle-ci qui nous permettent d'enseigner les cours primaires à un soixantaine d'élèves.

Chaque enfant est habillé en uniforme : un tee-shirt jaune avec le blason de l'école, un pantalon et un pull vert foncé. Dans la classe, je me poste devant la carte du monde et pendant quelques minutes remplace la maîtresse. Yanis et Léa sont assis à côté d'autres enfants et dessinent, indifférents à mon exposé. Dans un premier temps, j'explique aux enfants le trajet que nous avons parcourus en camping-car. La maîtresse en profite pour leurs demander le nom des capitales. Quelques mains se lèvent et les réponses sont la plupart du temps correctes. Vient ensuite notre parcours en Nouvelle Zélande et celui que nous comptons réaliser en Australie. Les enfants me posent plein de questions :

- Vous dormez-où ?
- Combien de tentes avez-vous ?
- Comment faites-vous la cuisine ?
- Vous faites combien de kilomètres par jour ?
- Combien coûtent vos vélos ?

Nous leur répondons à tour de rôle puis Fabien sort des sacoches réchaud, tente, gamelles, matelas gonflable, etc. Les enfants ouvrent grand les yeux et sont impressionnés par notre équipement. Les explications se poursuivent à l'extérieur devant nos vélos. Leur position de pédalage laisse les élèves perplexes. Certains demandent à monter dessus pour mieux se rendre compte !

A mon grand étonnement, je me rends compte que les questions posées portent toutes sur l'organisation matérielle, l'argent nécessaire, les aspects pratiques. Comme si chacun d'eux préparait un voyage au long cours ! Une vision plus pragmatique que celle des adultes qui eux s'interrogent sur la gestion de Léa et Yanis, les difficultés que nous rencontrons, les raisons du voyage.

Nous faisons une série de photos avant de nous quitter. C'est l'excitation générale et Léa et Yanis sont les stars du moment.

Notre arrivée dans le parc des *Grampians* est un moment magique pour toute la famille. Depuis le temps que nous parlions aux enfants de ces étranges animaux qui bondissent comme aucun autre, de ces mamans qui gardent leur bébé dans une poche sous le ventre… Ca y est ! Léa et Yanis ont le loisir de les observer, de les approcher et même de les toucher ces fameux kangourous ! Les enfants ont les yeux écarquillés devant la dizaine de kangourous qui bondissent paisiblement devant eux. Ils ont une petite tête qui ressemble à celle d'un lapin. Elle repose sur un corps massif et musclé. Ils se servent de leur puissante queue comme d'un balancier pour sauter mais aussi comme appui lorsqu'ils broutent l'herbe. Quand certains sont proches de nous, nos deux zoologistes en herbe s'accroupissent pour mieux les observer. Le silence est roi.

Nous en profitons pour monter la tente en surveillant d'un œil Yanis qui est souvent tenté de considérer ces marsupiaux comme de nouvelles peluches. Il ne peut s'empêcher de les imiter et s'amuse à avancer par petits bonds. Je me remémore les quelques recommandations de Kevin données avant de partir. Là encore nous fixons des règles aux enfants.

– Léa et Yanis, ne vous approchez pas trop des kangourous.

– Pourquoi maman ?

– Si vous êtes trop près de la maman et que le papa n'est pas content, il peut vous foncer dessus et vous faire un gros bobo.

Nous restons malgré tout vigilants. Un soir nous le serons moins concernant le barbecue. Léa voulant nous aider, effleure la grille de sa main. Elle se brûle la paume légèrement et se met à hurler. N'ayant pas vraiment vu la scène, je m'approche d'elle, inquiète :

– Que se passe-t-il ma puce ?

– Je me suis brûlée avec le feu.

La peau intérieure de ses doigts est rosée et commence à cloquer. Je lui fais des compresses de « biafine » et de petits bandages. Bien que ces brûlures aient été superficielles, elle s'en souvient encore aujourd'hui !

Le lendemain, nous assistons à une scène insolite ou Léa fait pipi sur son pot avec un wallaby situé à quelques mètres d'elle. Elle engage aussitôt la conversation et lui fait signe de venir. Incroyable ! L'animal s'approche. Léa n'est pas intimidée. Le jeu continue pendant plusieurs minutes. Les postures sont tellement similaires que nous sommes pris de fou rires silencieux.

Léa change beaucoup ces derniers temps. Elle cherche à devenir autonome. Elle est de plus en plus calme pour s'habiller, pour positionner ses cartes d'animaux sur l'image correspondante. Elle accepte de partager ses jeux avec Yanis, elle est plus patiente et attend son tour au cours des repas. Ces changements nous incitent à la responsabiliser davantage : aller chercher la thermos d'eau chaude dans la poche arrière de la remorque, apporter la pompe et la trousse à outils pour réparer un pneu crevé, amener une couche propre sont ses nouvelles missions. Elle va même jusqu'à changer son petit frère, le matin, dans la tente. Il se laisse faire et éclate de rire quand Léa essaie de faire comme maman et papa.

Enfin, elle s'intéresse de plus au plus au monde qui l'entoure :

– Papa, regarde un kangourou là !

– Où çà ?

– Sur le panneau jaune.

– Bravo Léa ! Essaie d'en voir un vrai maintenant !

Elle est très réceptive et avide d'apprendre et de découvrir.

Mais la plus formidable manifestation de ces progrès arrive le 16 mai 2004, lorsqu'elle se retrouve devant une flaque d'eau. Nous nous attendons à ce qu'elle y mette ses deux pieds pour y faire un grand « splash » comme tous les enfants. Mais non. Au lieu de cela, elle nous demande naturellement :

– Papa, maman, est-ce que je peux mettre les pieds dans l'eau ?

Nous restons sans voix. Pouvez-vous imaginer, l'onde de choc d'une telle question dans nos esprits ? Voilà que notre petit bout de femme devient raisonnable et veut faire plaisir à ses parents. C'est une première ! Ce n'est malheureusement pas encore le cas pour Yanis !

Enchaînement de montagnes qui enclavent d'étroites vallées, le parc des Grampians est surtout connu pour ses chemins de randonnées. Nous nous laissons donc tenter et abandonnons quelques heures nos vélos, sacoches et remorques pour partir à l'assaut de parois abruptes.. Pendant quatre kilomètres nous grimpons à travers des canyons, escaladons des bric-à-brac de rochers. Les enfants adorent jouer aux grands explorateurs. Quand nous sentons qu'ils sont fatigués, nous nous asseyons pour mieux apprécier notre montée. Sur la fin du parcours nous les portons sur nos épaules et arrivons à un promontoire naturel qui domine la vallée. Léa et Yanis, impressionnés, ne nous lâchent pas la main. Quant à moi, je suis dans mes petits souliers, mes mains tremblent et j'ai du mal à respirer. En fait j'ai le vertige ! C'est avec Fabien que les enfants s'approchent du bord pendant que je vais m'asseoir sur un rocher plus en retrait. Les enfants reviennent tout fiers de leur grande aventure et jusqu'au coucher ils nous reparleront de cette marche, des efforts qu'elle leur a coûtés et de leur satisfaction d'être arrivés au sommet.

Nous suivons une route qui nous dirige vers la sortie du parc. Les effluves d'eucalyptus sont entrecoupés parfois d'odeurs insoutenables. Ce sont des cadavres de kangourous en décomposition qui ont vraisemblablement été heurtés par des automobilistes. Nous sommes surpris d'en voir autant, notamment à l'intérieur d'un parc. Un si grand nombre de charognes ne peut résulter uniquement d'accidents fortuits et nous soupçonnons les autochtones de jouer à les viser. Il faut dire que pour se prémunir de ces marsupiaux parfois tête en l'air, certaines voitures sont équipées de pare-chocs monstrueux. La taille des tubes est disproportionnée et donne aux véhicules l'allure d'engins sortis tout droit de Mad Max. Enfin, pour une poignée d'automobilistes (souvent des jeunes), cet appendice frontal sert surtout à se positionner, épater et frimer. Chrome, forme spéciale, design adapté aux lignes du véhicule :certains pare kangourous ressemblent parfois à de véritables œuvres d'art.

Nous sommes partis depuis cinq mois et nous réalisons que nous commençons tout juste à vivre complètement notre voyage. Nous avons pris nos marques et, avec les enfants, créé un nouveau mode de vie en famille. Il faut souligner que nos tout-petits nous imposent un rythme pas toujours facile à tenir. Il faut apprendre à gérer leurs caprices, leurs entêtements, leurs impatiences.

Désormais, nous privilégions le camping sauvage. Nous retrouvons des sensations éprouvées lors de notre précédent tour du monde, le bonheur d'être libre, en pleine nature. Le fait d'avoir une poche d'eau de quinze litres en plus de nos gourdes nous garantit une autonomie suffisante pour le soir. Quel plaisir de fureter pour gagner un coin à l'abri des regards pour bivouaquer ! Léa et Yanis participent, bien sûr, au choix et à l'orientation de la tente.

– Alors les enfants, nous l'installons où ?

– Ici, papa, il n'y a pas de cailloux. dit Léa tout en regardant le sol.

– Oui papa, là. Maman, le shac sh'il te plait ! dit Yanis qui ne veut pas quitter une seconde sa tétine.

Depuis le début ils prennent plaisir à gonfler leurs matelas, disposer avec moi les duvets et sortir les affaires pour la nuit. Souvent nous faisons une marche avant le repas. Quand le temps ne s'y prête pas, nous sortons la sacoche de jouets dans la tente. De temps à autre, Fabien endosse « la casquette du maître d'école » et fait la classe. Il prend le livre des animaux et c'est à celui qui répond le premier alors que sous l'abside je prépare le repas composé de soupe et pâtes.

Contrastant avec l'intérieur des terres, la côte est verdoyante et son relief nous rappelle la Normandie et ses impressionnantes falaises de calcaire. Nous sentons la végétation revivre, reprendre le dessus. Nous avons un temps splendide et décidons de flâner sur la *Great Ocean Road*, baptisée aussi côte des « naufragés ». Au 19ème siècle, ce littoral était longé par les navires venus d'Angleterre avec, à leurs bords, les premiers colons européens. Les méconnaissances cartographiques de l'époque et les conditions météorologiques firent payer un lourd tribu à ces nombreux pionniers. Plus de cent soixante bateaux se sont échoués et ont donné ainsi leurs noms à certaines baies : « Childrens cove », « Lord Ard Gorge »…. Sur un monument érigé en souvenir des nombreuses victimes, nous pouvons lire l'extrait du carnet de bord d'un capitaine de navire de l'époque, qui résume bien l'ambiance à bord des bateaux. « *Après trois mois de navigation depuis l'Angleterre, l'équipage est épuisé. Mais le plus dur reste à venir avec l'arrivée sur la baie de Melbourne. Mes calculs sont-ils bons ? Passer entre le cap Otway et l'île du Roi revient à viser le chas d'une aiguille. J'ai beau reprendre ma longitude tous les midis, j'ai à chaque fois une peur bleue d'entendre le fracas des brisants au réveil* ».

Nous ralentissons notre allure et parcourons en moyenne trente kilomètres par jour pour admirer les sites et profiter des plages. Les enfants adorent courir dans le sable et narguer les vagues. Nous inventons un nouveau jeu qui remporte un succès fou : la course avec un départ annoncé. Nous traçons une ligne sur le sable, Fabien se met avec eux au départ :

– Vous mettez vos mains sur la ligne et levez bien les fesses.

– A vos marques, prêt … 1, 2, 3 partez !

– Allez les enfants, le premier qui vient taper la main de maman.

Léa se met à courir comme *Kirikou,* au grand désespoir de Yanis. Nous le réconfortons en lui assurant qu'il fera mieux la prochaine fois. Léa est une battante et n'aime pas perdre. Avec elle, Yanis a bien peu de chance de goûter à l'euphorie d'une victoire !

Ils adorent courir sur le sable pieds nus , ils peuvent tomber sans se faire mal ! Pour Yanis c'est l'occasion également de faire le diablotin en voulant mettre ses pieds dans l'eau. Cela se termine avec un pantalon mouillé ! Léa, plus raisonnable , enlève tout de suite son pantalon. Ils adorent marcher dans l'écume blanche et mousseuse.

Yanis, depuis quelques semaines, se montre plus prudent dans ses jeux. Là où il fonçait tête baissée sans aucune notion du risque, il se montre désormais hésitant. C'est un grand soulagement pour les parents car nous ne sommes plus obligés de rester en permanence derrière lui dans les aires de jeux. Lorsqu'il ne peut pas monter sur une structure, il nous appelle et si nous tardons à venir, il change d'activité. Son autonomie s'accroît chaque jour un peu plus, et nous procure des minutes de répit, bien agréables, à partager en couple. Contrairement à Léa, son aptitude à partager, à patienter est très réduite. Nous devons être vigilants : ne pas céder et rappeler les règles d'équité pour que Léa ait sa place également.

Un jour, un ballet incessant d'hélicoptères nous signale un site touristique important à quelques kilomètres. Notre carte nous confirme que nous nous rapprochons des *Twelve Apostles*[1], aiguilles de calcaires dépassant de l'eau en bord de mer et constamment battues par les vagues. Ces pics ont été formés par l'érosion et l'avancée de la mer sur la falaise

---

[1] Les Douze Apôtres

calcaire et varient en taille et en diamètre. Seuls sept subsistent aujourd'hui. Nous allons faire une petite randonnée pour profiter de cet endroit exceptionnel. Nous attachons nos vélos à côté du centre d'information et empruntons le chemin banalisé qui longe la côte et nous permet d' admirer le travail fait par la mer. Sur le chemin du retour Yanis quémande :

– Papa, porter, porter.

– Non mon chéri j'ai trop mal au dos.

Yanis ne baisse pas les bras et demande aux touristes :

– Porter, porter.

Aucune réaction, quand tout à coup, notre Roméo arrive à charmer une jeune Malaisienne qui lui donne la main jusqu'à la fin. Il marche devant nous , fier, comme un grand garçon.

*

Pendant cinquante kilomètres la route quitte les bords de mer pour s'enfoncer dans les terres. Des panneaux indiquent la ville de Lavers Hill. Quelque chose tarabuste Fabien :

– Lavers Hill, Laver Hill, ça me dit quelque chose, pas toi ?

– Oui tu as raison, attends, je regarde dans mon carnet d'adresse.

En effet, je retrouve les coordonnées d'Alistair et Julie un couple rencontré près de Clunes sur le site de la peinture rupestre aborigène. Ils nous avaient laissé leur adresse et nous avaient fait promettre de les contacter si nous passions dans les parages. A notre appel, ils nous proposent chaleureusement le lit et le couvert !:

– Pas de problème. Nous vous attendons ce soir. Bon courage pour la montée !

Après avoir suivi le parcours sinueux de la rivière Gellibrand, et grimpé un dénivelé de six cents mètres sous une pluie diluvienne, nous arrivons fourbus et complètement trempés devant la maison tant attendue. Un formidable fumet de bœuf bourguignon nous chatouille les narines dès le hall d'entrée.

Malgré un français à l'accent marqué, Julie s'exclame en ouvrant les bras :

– Bienvenue à Lavers Hill !

Nous sommes émus quand elle ouvre la porte de notre chambre. Sur le lit, un ours en peluche, juché sur une pile de livres écrits dans la langue de Molière, tient notre drapeau tricolore. Pour nous réchauffer, Alistair allume le poêle à bois. Léa et Yanis jouent pendant que nous bavardons avec nos hôtes. Fabien sourit :

– Nous vous connaissons à peine et vous nous ouvrez votre maison et votre cœur d'une belle manière. Merci encore !

– Ne nous remerciez pas. C'est un honneur de vous avoir auprès de nous. Nous sommes si admiratifs de ce que vous faites.

Allister est écossais et Julie anglaise. Dans les années 60, le gouvernement australien avait lancé une campagne d'immigration en offrant un billet d'avion à dix dollars pour toute personne qui souhaitait rallier l'Australie. En 1969, nos hôtes sautent le pas et quittent leur pays natal. Elle, petite femme rondelette et pleine de vie, devient professeur de géographie et lui, homme discret aux cheveux bouclés poivre et sel, ébéniste. Ils vont alors exercer leurs professions pendant une quinzaine d'années à Geelong, la seconde ville de l'état de Victoria après Melbourne. Très proches de la nature, ils décident, dans les années 80 de s'installer à la campagne et construisent eux-même leur maison. Influencés par le mouvement des années 68, ils ont élevé sur trois hectares cochons, poules et vaches. De cette période, ils n'ont gardé qu'un potager, avouent-ils en riant.

Attablés autour du plat en fonte d'où s'échappent des arômes d'une douce France, Allistair complète le tableau en débouchant une excellente bouteille de Bourgogne. En nous servant, il se dévoile encore davantage :

– Aujourd'hui je suis à la retraite et je me passionne pour la botanique. Je voyage régulièrement en Nouvelle Calédonie avec une association pour y étudier sa formidable biodiversité.

Le lendemain, nous visitons leur domaine qui arbore plus de deux milles arbres regroupés selon leur région ou leur pays d'origine. Sur ses trois hectares de terrain, Allistair est très fier de nous présenter les dix neuf espèces d'araucarias répertoriées dans le monde. Arbres voisins des pins, aux feuilles en forme d'aiguilles, leurs branches sont recouvertes de centaines d'épines très pointues qui donnent à Allistair l'occasion de nous faire rire :

– Nous appelons ces arbres *le désespoir des singes !*

Leur bibliothèque révèle un grand intérêt pour la culture française. Histoire, gastronomie, architecture, art de vivre… Nous rougissons de leur érudition. Une belle leçon pour nous autres voyageurs qui venons découvrir l'histoire de pays étrangers sans même connaître la nôtre !

*

Dans la forêt d'eucalyptus d'Otway, près du cap du même nom, nous réduisons notre vitesse.

– Les enfants, le premier qui voit un koala[1] !

– Où ça papa ? demande Léa tout excitée.

– Regarde en haut, dans les arbres.

Quelques minutes plus tard, Fabien lève le bras et freine. Il pointe la cime d'un eucalyptus. Tout doucement nous nous arrêtons et demandons aux enfants de sortir sans faire de bruit. Nous marchons quelques mètres et découvrons un koala blotti à la jonction de deux branches. De temps en temps, il se gratte la tête avec sa patte arrière. Nous avons la chance de le voir bouger et évoluer sur le tronc. Avec ses longues griffes il se déplace lentement vers la cime. Léa et Yanis l'observent la tête en l'air et ne pipent pas mot. Quelques instants plus tard nous retrouvons Yanis en train de vouloir grimper sur l'arbre pour l'imiter. En ce moment, pour lui, tout est prétexte à imitation Aussi se lance t'il à l'assaut du tronc avec détermination, sûr de pouvoir égaler les performances de son parangon. Il se rendra vite compte qu'il lui manque de quoi s'agripper efficacement pour hisser ses fesses.

– Léa, Yanis, venez sentir ces feuilles.

– Hum, c'est fort, c'est quoi ?

– Ce sont les feuilles de ces arbres, tout autour de nous : Ils s'appellent eucalyptus. Le koala se nourrit de ça et rien d'autre.

---

[1] Signifie « pas d'eau » en aborigène car se contente de l'humidité des feuilles d'eucalyptus

Nous bivouaquons à quelques mètres de la côte, derrière un fourré, à l'abri de tout regard. Le crachin nous amène à terminer notre repas sous la tente. Les enfants sont fatigués et vont vite s'endormir après le biberon et l'histoire. C'est le rituel depuis que nous sommes partis en voyage.

Depuis quelques jours, une autre petite routine s'est instaurée le matin après le petit-déjeuner. Léa a décidé de s'habiller toute seule. Nous utilisons les étiquettes comme repère.

– Regarde, elle doit toujours être derrière.

– D'accord, derrière.

– Moi auchi maman.

Evidemment, Yanis veut suivre l'exemple de sa sœur. Nous devons nous armer de patience avec lui. Il a sa couche, il est encore un peu maladroit dans ses gestes et si ce n'est pas bon du premier coup, il s'énerve. Dès le matin il faut, dans la mesure du possible, rester zen !

*

Pendant deux jours nous essuyons des rafales de vent. La mer est tellement agitée qu'elle est recouverte d'écume blanche. Entre les nuages se dessine un arc-en-ciel. Nous sommes saisis par la beauté de ces paysages.

Le calme revenu, c'est au tour des surfeurs de jouer avec les vagues. Nous sommes sur l'une des côtes les plus prisées de l'Australie. Vers dix-sept heures, le spot est pris d'assaut et nous assistons, stupéfaits, au rush. Ecolier, planche fixée à l'arrière du vélo, *business men* en costard-cravate aussitôt troqué contre la dernière combinaison *Rip curl,* seniors venus se remémorer le bon vieux temps. Le surf est une véritable religion trans-générationnelle !

Du haut d'une falaise, un après midi, nous assistons à une compétition internationale. A mes yeux, se dresser sur un surf relève d'un véritable exercice d'équilibriste. Des frissons me parcourent le dos quand je vois un surfeur disparaître sous une immense vague. Ouf, il ressort et surfe de plus belle sur la crête d'une nouvelle déferlante. Je suis impressionnée. Léa et Yanis grignotent leur goûter sans perdre une miette du spectacle.

Depuis le début de notre odyssée, nous avons eu la chance d'être accueillis par des personnes qui s'intéressent à notre voyage au point de nous suivre via Internet et de nous indiquer des adresses d'amis ou membres de leur famille prêts à nous accueillir. C'est ainsi qu'un jour nous nous retrouvons chez Peter et Karen, amis de Michelle et Gérard, nos hôtes d'un soir en Nouvelle-Zélande. Ce jeune couple, d'une trentaine d'année, vit dans une maison très tendance : meubles modernes couleur bois naturel, cuisine américaine, murs blancs ornés de quelques tableaux contemporains. Lui est charpentier et elle esthéticienne. Ils nous mettent vite à l'aise en nous faisant visiter leur maison et nous proposent un confort qui nous faisait défaut depuis quelques jours : la salle de bain. Ils voyagent souvent en Indonésie. Un vrai coup de cœur puisqu'ils se sont mariés à Bali l'an dernier. Pendant que nous discutons, les enfants ont sorti leur sac de jouets et s'amusent tranquillement sur un large tapis bien moelleux. Léa vient nous voir pour demander :

– C'est quoi ça ? en désignant un long morceau de bois orné de motifs aborigènes.

Peter explique en anglais :

– Cela s'appelle un *didgeridoo*. C'est un instrument de musique à vent, sacré pour les aborigènes. Il est confectionné à l'aide d'une branche d'eucalyptus dont l'intérieur a été livré à l'appétit vorace des termites.

Elle ne perd pas une miette de ma traduction et elle s'exclame :

– Mais, Maman, c'est l'arbre du koala !

– Voulez-vous entendre le son de cet instrument ?

– Oui, oui, crie Yanis en sautant comme un kangourou.

Peter porte l'instrument à ses lèvres et joue la mélodie d'une musique étrange, captivante et apaisante qui nous transporte aux origines de l'humanité. Nous essayons chacun notre tour sans grand succès. La technique de la « respiration circulaire », permettant d'inspirer tout en continuant à émettre le son, ne s'acquiert pas si facilement !

*

Notre boucle dans l'état de Victoria touche bientôt à sa fin et nous proposons à Angela et Kevin de venir nous rejoindre pour parcourir ensemble les quelques kilomètres qui nous séparent de leur maison.

Lorsque nous traçons notre parcours sur la carte de l'Australie, située dans leur salon, nous sommes pris de vertige. Notre petit trait rouge, qui représente pourtant plus de mille kilomètres et un peu moins de deux mois de tribulations, est insignifiant à l'échelle de ce pays continent. De quoi réaliser d'autres projets de voyage !

Celui à venir va être de taille puisqu'il représente l'étape la plus longue de notre voyage à vélo : plus de dix mille kilomètres sur les deux Amériques.

ETATS-UNIS

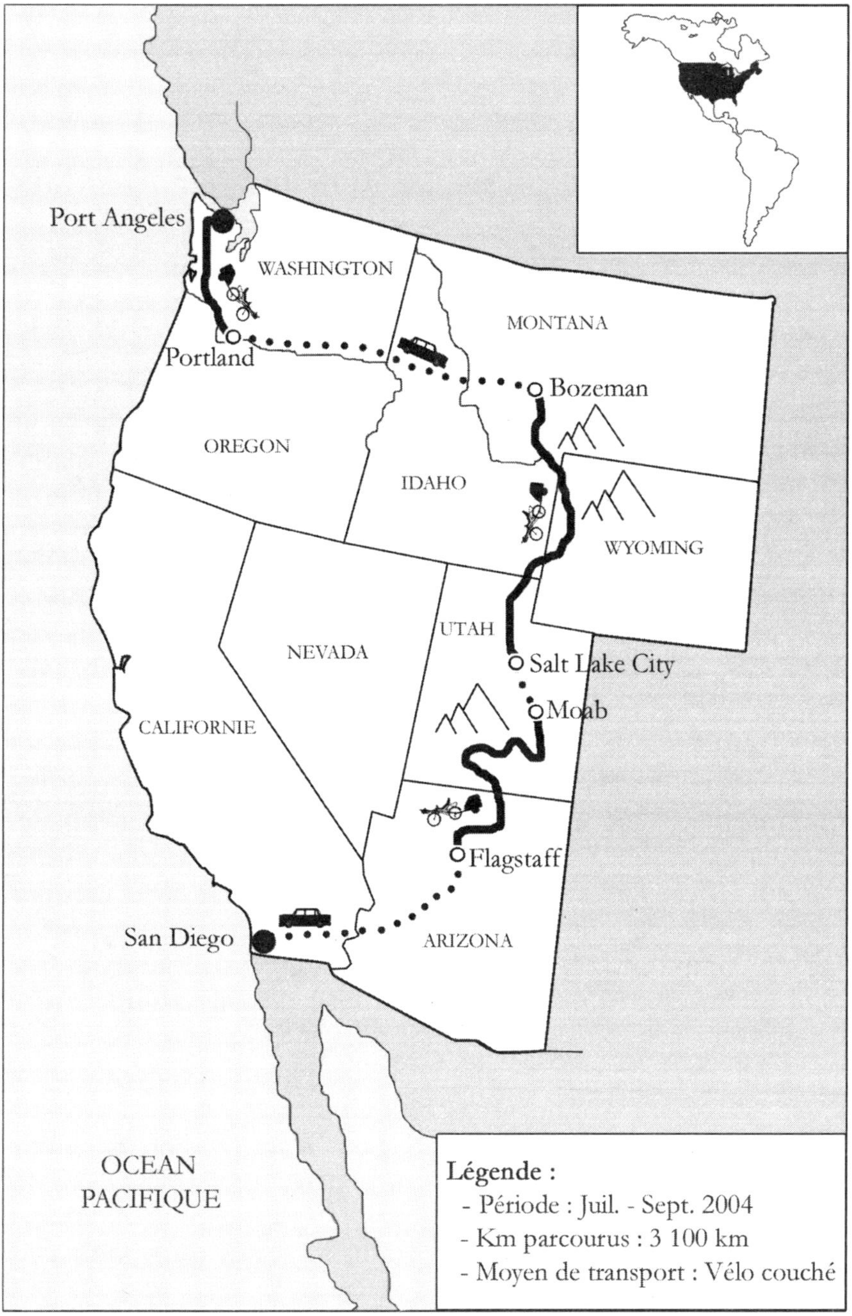
Port Angeles
WASHINGTON
MONTANA
Portland
Bozeman
OREGON
IDAHO
WYOMING
UTAH
NEVADA
Salt Lake City
Moab
CALIFORNIE
Flagstaff
San Diego
ARIZONA
OCEAN
PACIFIQUE
Légende :
- Période : Juil. - Sept. 2004
- Km parcourus : 3 100 km
- Moyen de transport : Vélo couché

6 - L'île de Devon et l'exploration de la planète Mars

(Fabien)

Nous avons trouvé la machine à remonter le temps ! Partis de Melbourne le dimanche 13 juin 2004 au matin, nous arrivons dans l'après-midi du même jour à Vancouver malgré dix-neuf heures de vol ! La raison : nous franchissons la ligne de changement de date en plein Pacifique.

Le vol s'est très bien déroulé grâce à la compassion d'un steward qui a fait déplacer un passager pour que Yanis occupe, gratuitement, un siège mitoyen du mien. Pour économiser un billet, nous avions accepté le risque de le prendre sur nos genoux, au cas où l'avion était complet.

Magie de la vitesse, magie de l'avion. Nous quittons l'hémisphère Sud qui rentre dans l'hiver et retrouvons en quelques heures l'hémisphère Nord baigné par une douce chaleur. Sitôt débarqués dans le hall d'arrivée de l'aéroport international de Vancouver, nous nous dirigeons, impatients, vers le comptoir de la Lufthansa et interrogeons l'hôtesse :

– Bonjour. Le vol en provenance de Düsseldorf est-il à l'heure ?

Elle pianote sur son clavier d'ordinateur et répond :

– Oui, il est annoncé à 16h35, porte 4.

Quelques instants plus tard, nous retrouvons mes parents avec beaucoup d'émotion. Cris de joie, embrassades, étreintes chaleureuses. Les enfants n'en croient pas leurs yeux. Il faut dire que malgré notre propre excitation, nous avions réussi à garder le secret jusqu'au dernier moment !

Nous adorons ces rencontres familiales organisées aux quatre coins du monde. Bien que les moyens de communiquer par l'écrit et l'image aient considérablement évolués avec Internet, ils ne remplacent jamais les émotions ressenties par la proximité physique. Un regard, un geste, une attitude, un sourire et le message transmis devient alors beaucoup plus riche car chargé d'une sensibilité. C'est ce qui différencie le monde virtuel du monde réel ! Nous écoutons ainsi avec beaucoup d'attention les dernières nouvelles de nos proches restés en France. Mes parents sont aussi porteurs de multiples petits cadeaux surprises cachés dans leurs valises. Leur venue est aussi pour nous l'occasion de renouveler notre stock de carambars aux vertus « anti-colériques » reconnues !

Nous nous installons à Port Alberni, dans l'île de Vancouver, chez le cousin d'Angela, notre amie de Melbourne. Nous plantons notre tente dans le jardin d'un petit chalet qui est occupé par mes parents.

Les enfants s'enivrent de l'amour de leurs grands-parents et passent beaucoup de temps à jouer avec eux. Les premiers jours, ce changement de rythme plonge Valérie et moi-même dans une profonde léthargie. Plus besoin de prévoir le bivouac, plus besoin de surveiller les agissements de nos enfants, plus besoin d'être aux aguets. Notre responsabilité de parents est dévolue. Nous décompressons et réalisons dans ces moments-là, combien notre vie de couple s'efface devant notre vie de famille !

Yanis choisit le premier jour de l'été pour devenir propre la journée ! Sous l'œil exercé des grands-parents, les pauses pipi sont anticipées et le réflexe de demander avant qu'il ne soit trop tard est acquis en quelques jours. Quel soulagement pour la suite du voyage ! Un paquet de couches nous assure désormais un mois d'autonomie !

Trois semaines se sont écoulées et il faut déjà penser à se quitter. La séparation est douloureuse. Tout le monde pleure à chaudes larmes, exceptés les enfants qui continuent de jouer, indifférents à l'émotion du moment. Lorsque leur voiture disparaît au premier virage, nous reprenons nos vélos et peinons pour avancer, le cœur alourdi de tristesse.

A Victoria, nous embarquons sur le ferry assurant la liaison avec la ville de Port Angeles. Sur le pont, au milieu du détroit venté de *Juan de Fuca,* nous observons les reliefs enneigés du parc national Olympic vers lequel la proue du navire est pointée. Les Etats-Unis sont devant nous.

Il y a six ans, nous avons adoré ce pays lors de notre précédent tour du monde à vélo. Partis des chutes du Niagara à l'Est, nous avions rejoins, en un peu plus de quatre mois et demi, San Francisco et la côte Pacifique. Nous étions avides d'espaces et de paysages grandioses et l'Ouest américain nous avait conquis. Un véritable « coup de cœur » qui nous incitait à revenir sur nos traces.

Notre projet de parcours dans ce vaste pays est simple. Il s'agit de rejoindre la frontière mexicaine en passant par les parcs nationaux de l'Utah.

Mais voilà, à quelques minutes de débarquer sur le sol américain, une appréhension nous envahit. La position ferme de la France contre la guerre en Irak ne va-t-elle pas nous être préjudiciable ? Comment serons-nous accueillis par la population ? La politique de « guerre contre la terreur » orchestrée par l'administration Bush n'a-t-elle pas rendu fous ses administrés ?

La sirène du bateau retentit pour annoncer qu'il a abordé. Port Angeles est plongée dans un profond sommeil. Tout est calme. Des centaines de drapeaux à la bannière étoilée se déploient au gré du vent pour nous rappeler que nous sommes le 4 juillet, jour de la fête nationale.

Notre préoccupation immédiate en foulant le sol américain est de retrouver Fabrice et Marilyne, des amis partis avec leur deux enfants, pour un long voyage en 4x4.

– Ca y est, je vois leur Land Rover là-bas à droite ! s'exclame Valérie.

Nous nous approchons du véhicule mais personne à proximité. Les portes sont fermées à clé. Je regarde à l'intérieur et distingue, noyées au milieu d'un tas de vêtements, deux petites têtes blondes.

– Regardez, c'est Leslie (3 ans) et Nicolas (1 an), ils font la sieste !

– Mais où sont Fabrice et Marilyne ? s'inquiète Valérie.

– Si les enfants sont là c'est qu'il ne doivent pas être très loin. A tous les coups, ils n'ont pas lu notre mail, indiquant que nous avons loupé le premier ferry !

En effet, quelques minutes plus tard, nous les retrouvons devant la capitainerie. Après de chaleureuses embrassades, Fabrice avoue :

– Nous étions en train de demander la liste des passagers pour savoir dans quel ferry vous étiez. Mais avec les attentats du 11 septembre, il est compliqué d'obtenir des informations !

Après avoir chargé vélos et remorques sur la galerie du 4x4, nous rejoignons un endroit calme et tranquille, déjà repéré par nos amis, au milieu du parc national Olympic. Nous installons le bivouac dans un océan de verdure à proximité d'une petite rivière qui s'écoule paisiblement autour de gros rochers gris.

Grand, blond, les yeux bleu, Fabrice s'active déjà à ramasser du bois pour les grillades du soir. Pendant ce temps là, Marilyne, brune aux yeux bleus, prépare un thé.

Nous les avons rencontrés par hasard en France, quelques mois après être rentrés de notre tour du monde, chez un réalisateur de diaporama. Ils revenaient, eux aussi, d'un tour du monde de trois ans en Land Rover. Très rapidement, nous avons sympathisé. Même passion des voyages, même état d'esprit, beaucoup de points communs nous rapprochent et une solide amitié est née entre nous.. Pendant que nous préparions notre projet actuel, eux faisaient de même. Ils sont repartis un an avant nous, vers le bassin méditerranéen en 4x4, avec Leslie qui avait quelques mois. Puis, ils ont continué vers l'Afrique sub-saharienne où Nicolas fut conçu, puis enfin en Amérique centrale qu'ils ont rejoint six mois plus tôt.

Au bivouac, les enfants sont ravis d'être ensemble et chaque couple y va de son répertoire de jeux pour les divertir : parcours du combattant improvisé avec des planches, jeu du chat perché, comptines, balades en forêt à la recherche d'animaux, etc.... Nos journées sont bien remplies et nous avons hâte le soir venu, de coucher les enfants pour nous retrouver entre adultes et échanger nos impressions de voyage.

Assis autour d'un feu généreux, nous questionnons nos amis sur le Mexique et le Guatemala qu'ils viennent de parcourir. Eux sont avides de réponses sur la Nouvelle-Zélande qu'ils comptent traverser également à vélo.

Nous parlons aussi longuement de nos expériences parentales respectives, des soucis inhérents à nos choix de vie, de nos doutes, de nos incompétences face à certaines réactions des enfants. Nous échangeons aussi de nombreux conseils sur l'apprentissage de la propreté, la discipline, la façon de réagir aux grandes colères. Nos discussions sont tellement passionnées que les soirées se finissent souvent à l'aube du jour suivant !

Notre aventure familiale est bien singulière et cela fait du bien de la partager avec une autre famille animée par la même passion du voyage. Quel soulagement de constater qu'au fil des discussions, nos amis sont confrontés aux même difficultés que nous sur l'éducation des enfants !

Le temps est venu de poursuivre notre voyage. Après de chaleureuses embrassades, Fabrice et Marilyne continuent vers le grand Nord, nous vers le grand Sud.

Nous reprenons la route sous un petit crachin. De petits drapeaux rouges sont plantés ça et là dans les jardins des maisons. Nous pouvons lire dessus « *We support our troops*[1] ». En cette période de fête nationale, il est important de montrer son patriotisme.

La route débouche soudain sur l'océan Pacifique que nous longeons plein sud. Les rouleaux lancent de gigantesques draps d'écume blanche sur des plages encombrées de bois morts. Régulièrement, des panneaux nous informent qu'en cas de tremblement de terre, nous devons immédiatement nous diriger vers l'intérieur des terres et gagner les hauteurs naturelles. Cette zone est exposée à des phénomènes de raz-de-marée.

Mais pour l'instant, le plus gros danger que nous ayons à craindre, ce sont les camions qui transportent le bois exploité par les nombreuses sociétés forestières. Nous longeons le fossé de près pour ne pas subir les appels d'air et les embruns des mastodontes.

Notre moyenne kilométrique a considérablement augmenté depuis nos premiers mois en Nouvelle-Zélande.

---

[1] Nous soutenons nos troupes (en Irak)

Notre compteur indique régulièrement plus de soixante kilomètres au bout de quatre à cinq heures passées sur le vélo. Nous nous arrêtons aussi plus souvent, généralement toutes les heures, pour anticiper les pauses pipi de Yanis. Cela n'empêche malheureusement pas les accidents, surtout pendant les siestes ! Or avec seulement trois changes, notre marge de manœuvre est limitée !

Ce matin, en quittant le petit bourg d'Amanda Park, je suis fatigué. Une énorme bulle d'air s'est formée au milieu de mon matelas gonflable. Impossible de dormir dessus. J'ai dû le dégonfler au beau milieu de la nuit au grand désespoir de mon dos. Qui plus est, Yanis, dont le nez s'est mis à couler la veille, n'a pas arrêté de tousser.

Avant de partir, nous décidons d'acheter un sirop dans une pharmacie. Valérie qui était partie lire nos mails, revient le sourire aux lèvres :

– Tu ne devineras jamais !

– Quoi ?

– Nous avons reçu un mail de David et Eileen, ils nous donnent rendez-vous aujourd'hui.

– Où ça ?

– Quelque part sur le chemin ! Ils nous ont juste demandé de ne pas nous écarter de la route 109. Ils sont au-dessus de Portland et remontent avec leur camping-car vers Seattle.

– Super.

– Nous avons reçu un autre mail.

– Ah oui !

– C'est Jeff. Il nous attend avec impatience à Portland !

– Décidément cette région du monde est le coin des rendez-vous !

En effet, quelques heures plus tard, au détour d'un virage, nous croisons une vielle camionnette General Motors surmonté d'une cellule de camping car. Appels de phares, grands signes de la main. Ce sont bien nos amis. Ils font demi-tour et reviennent à notre niveau. Nous nous jetons dans les bras de l'un et de l'autre. Eileen, se précipite aussitôt vers les remorques et s'exclame :

– *Oh my goodness ! Look at them! They are so cute!* [1]

Léa et Yanis intimidés par tant d'agitation se demandent bien qui sont ces deux étrangers que nous serrons dans nos bras !

David et Eileen sont un couple d'américains de Seattle que nous avons rencontrés dans une petite bourgade en Birmanie lors de notre premier grand voyage à vélo en 1998. Ils avaient débuté l'année suivante un tour de France en tandem depuis notre domicile dans la région parisienne. Les années ont passé et nous nous sommes perdus de vue. En Australie, nous retrouvons par hasard leur adresse postale dans nos papiers. Aussitôt, nous envoyons une lettre précisant notre passage dans leur région mais celle-ci restera sans réponse jusqu'au mail d'Eileen, il y a quatre jours : *« Nous avons déménagé au Mexique mais remontons sur Seattle pour vendre notre maison. Nous sommes à Bend en Oregon. Où êtes-vous actuellement ? Pouvons-nous convenir d'un rendez-vous ? »*.

Une heure plus tard, nous plantons la tente à côté de leur véhicule sur une plage bordant le Pacifique.

Les yeux pétillants et le visage fin, Eileen nous explique :

– Nous avons reçu votre lettre par notre locataire de Seattle qui a eu la présence d'esprit de la scanner et de nous l'envoyer par mail ! Sans lui, nous ne serions pas ensemble aujourd'hui !

Elle poursuit sur les différents voyages qu'ils ont réalisés depuis notre dernière rencontre en France et les raisons qui les ont poussés à s'installer au Mexique.

– Nous en avions assez de l'hiver froid et humide de Seattle. Lors de notre dernier voyage en Amérique Centrale, nous sommes tombés sous le charme d'un petit village près de Guadalajara. Une maison était à vendre. Nous l'avons achetée !

David, qui joue avec les enfants, enchaîne :

– Ce qu'oublie de dire ma femme, c'est que je ne supporte plus mon pays depuis que Bush est au pouvoir !

La soixantaine, les cheveux bouclés poivre et sel, l'esprit très cartésien, David ne mâche pas ses mots :

---

[1] Oh mon Dieu ! Regarde les ! Ils sont si mignons !

– Je hais Bush et j'en veux beaucoup à Al Gore de n'avoir pas plus défendu son bifteck aux dernières élections. Les gens ne réalisent pas que les attentats du 11 septembre sont un formidable prétexte au clan Bush pour faire ce qu'il veut et en premier lieu s'enrichir sur le dos du pays. Ils n'ont pas envoyé l'armée en Irak pour combattre le terrorisme islamique mais pour récupérer une partie de la manne engloutie dans le conflit par les sociétés qu'ils détiennent. C'est dégueulasse et par leur faute nous envoyons au reste du monde une image déplorable des Etats-Unis.

David reprend son souffle et continue son discours enflammé tout en regardant les enfants :

– J'aurais tant souhaité que le 21ème siècle commence autrement pour eux ! Car le plus grave dans tout ça, c'est que cet enfoiré de Bush joue au cow-boy dans une région déjà instable. Si cela tourne mal, même avec la plus puissante des armées, nous ne pourrons jamais contenir l'embrasement du Moyen-Orient. Il y a trop d'intérêts, trop d'enjeux. Je croise les doigts pour que les démocrates repassent au pouvoir en novembre, mais les américains ont peur et n'arrivent plus à raisonner. Il faut dire qu'avec les messages alarmants savamment distillés par l'administration Bush, le climat n'est pas prêt de se détendre.

– Vous comprenez maintenant pourquoi nous préférons vivre au Mexique ! dit en plaisantant Eileen.

Puis elle lance sur le feu une série de côtelettes d'agneaux qui s'avèreront savoureuses..

Le lendemain, avant de nous quitter, nos amis nous donnent rendez-vous dans leur maison à Ajijic au Mexique. Pour nous encourager, Eileen annonce :

– Il n'y a que 4 500 kilomètres à parcourir !

En les regardant s'éloigner, nous avons le moral dans les pédales. Est-ce dû au fait de voir tous nos amis partir en véhicules motorisés ? Nous nous demandons parfois si nous ne sommes pas un peu maso !

Nous reprenons notre dialogue avec le goudron et traversons des kilomètres de pinèdes fumantes qui viennent ajouter de la chaleur au soleil. Les enfants sont étonnamment calmes dans leur remorque. Yanis se repose d'une nuit encore agitée malgré le sirop antitussif. Léa est accaparée par une nouvelle activité apprise avec sa grand-mère : elle s'amuse à découper à l'aide de ciseaux en plastique tout ce qui peut l'être. Journaux, revues, brouillons. Une vraie entreprise à faire des confettis. Ensuite elle colorie chaque petit morceau de papier avec des crayons en cire. Je dois alors veiller à éviter les irrégularités de la chaussée sous peine d'entendre « *doucement papa, je dessine !* ».

Parfois, elle se lance dans de grandes discussions. Aujourd'hui elle parle souvent de l'ami chez qui nous avons rendez-vous dans quelques jours.

« *Jeff, il parle français ou anglais ?* »

« *Jeff, il a un petit vélo ?* »

« *Jeff, il a des jouets ?* »

Mais dans une descente elle n'hésite pas à me dire aussi :

« *Papa, ne va pas trop vite sinon je vais avoir un bobo !* ».

Ces questions et affirmations nous surprennent car elles sont nouvelles. Prend-elle conscience de son individualité par rapport au monde qui l'entoure pour se projeter ainsi ? Ses progrès langagiers lui permettent-ils de mieux nous comprendre et d'appréhender son environnement ? A-t-elle atteint un nouveau stade de développement ?

*

Voyager à vélo aux Etats-Unis est un vrai plaisir. Tout y est facile. L'eau est accessible partout et toujours potable. Les magasins alimentaires sont nombreux et bien achalandés. Nous y trouvons sans aucune difficulté de quoi nous réapprovisionner en couches et lait en poudre. La plupart des routes possèdent une bande d'arrêt d'urgence très large qui permet de circuler en toute sécurité. Les automobilistes sont courtois et toujours attentifs à notre convoi. Les petits villages sont souvent équipés de parcs immenses où nous pouvons planter discrètement notre tente.

Mais en cette fin d'après midi, nous décidons d'innover et nous dirigeons vers la *High School* du petit bourg de Naselle. L'endroit est désert. Normal, ce sont les vacances d'été ! Il n'y a personne à qui demander l'autorisation pour camper. Le gazon moelleux d'un vaste terrain de base-ball situé à proximité nous fait craquer. Par discrétion, nous décidons de monter la tente une fois la nuit tombée. Valérie trouve un robinet d'eau et en profite pour y faire une toilette sommaire tandis que je joue avec les enfants.

Une heure plus tard, un couple accompagné d'une petite fille vient vers nous. Charmé par les enfants et notre aventure, Kyle nous avertit :

– Ce n'est pas très sain de rester ici avec les enfants car le gazon vient d'être traité avec du *Roundup*.

Sur ce, il saisit son portable et compose un numéro. Après avoir raccroché, il se retourne vers nous :

– Notre appartement est trop petit pour vous accueillir mais je vous amène chez mes parents. Ils habitent juste à côté.

Lorsque nous rencontrons Mike et Diane, les parents de Kyle, le courant passe immédiatement. Il faut dire que nous avons de bons arguments pour nous entendre : ils reviennent de deux semaines de cyclotourisme dans l'Utah !

Diane, quinquagénaire rondelette au visage épanouie, s'avère être une vraie mère poule. Elle emmène immédiatement les enfants découvrir la chambre qu'elle leur a déjà préparée. Au milieu trône un énorme sac de jouets. Léa et Yanis sont aux anges. Ensuite elle montre à Valérie le bain bouillant rempli de mousse qu'elle est en train de faire couler. Après avoir échangé un regard complice. Diane ajoute :

– Tu y restes le temps que tu veux. Ce soir, je m'occupe de tout !

Pendant ce temps là, Mike, un grand sec, aux jambes rasées comme un cycliste professionnel me fait visiter son garage. Le visage empreint de sagesse, il lance tout fier :

– Nous avons un vélo pour chaque activité. Celui-là c'est pour la course, l'autre c'est pour la descente de montagne, ceux à ta droite avec les porte-bagages, nous les avions en Utah. Là-haut, c'est notre tandem.

Amusé, je conclus :

– Il ne te manque plus qu'un vélo couché pour compléter ta collection !

Mike rigole et m'emmène un peu plus loin vers son atelier qui regorge d'outils professionnels. Poste à souder, tubes en acier de différentes sections, ribambelles de clés, pinces, tournevis, compresseur à air, pistolet à peinture... Il saisit un mètre et un bloc de papier puis se retourne vers moi :

– Justement, cela ne te dérange pas si je prends quelques mesures sur ton vélo ?

Car côté cycle, Mike en connaît un rayon. Depuis qu'il est à la retraite, il les fabrique lui-même.

Après avoir relevé les dimensions, nos belles montures se retrouvent dans son atelier pour une cure de jouvence. Il remplace trois câbles effilochés, ajuste nos platines de frein, graisse les chaînes, rectifie le léger voilage de ma roue arrière et regonfle nos pneus à la bonne pression. Il m'apprend également à régler le dérailleur arrière pour éviter les sauts de chaînes intempestifs que nous subissons depuis quelques jours.

Mais la bonté de nos hôtes ne s'arrête pas là. Durant le repas, ils nous invitent à prolonger notre séjour chez eux. Et bien leur en a pris car le rhume de Yanis se complique durant la nuit. Il hurle de douleur en se tenant l'oreille gauche avec sa main. Le lendemain, Diane nous conduit dans une clinique.

L'examen ne dure que quelque minutes. Diagnostic : otite aiguë et cent dix dollars pour la consultation à laquelle il faut rajouter trente dollars de médicaments. Nous voilà bien soulagés au sens propre comme au figuré !

– Cent quarante dollars. C'est ce que nous dépensons en une semaine de voyage ! dit Valérie étonnée.

Avant de partir, nous avons contracté une assurance couvrant uniquement le rapatriement en cas d'accident grave. Pour ce qui est des frais médicaux, les majorations appliquées par les compagnie d'assurance aux enfants en bas-âge étaient excessives pour notre budget. Nous avons donc décidé de les assumer en mettant de côté une réserve d'argent disponible à tout moment.

De retour à la maison, nous laissons notre petit homme récupérer de sa nuit blanche et regardons avec les commentaires avisés de Mike l'étape « Carcassonne-Avignon » du tour de France 2004 qu'il a enregistré la veille sur son magnétoscope.

Sacré Mike ! Pas le temps de parler de politique ni de l'Irak avec un passionné qui ne lâche jamais le guidon !

Le lendemain, les séparations sont difficiles. De chaudes larmes coulent sur nos joues après tant de bonté et d'amour. Yanis, dont le rétablissement est spectaculaire, s'amuse à crier « *bye bye bye* »

Nous longeons le puissant fleuve Columbia qu'empruntent de nombreux navires marchands pour se rendre à Portland. Petit à petit l'environnement devient de plus en plus urbanisé. Les petites routes calmes bordées de sapins deviennent des boulevards bruyants hérissés de panneaux publicitaires. La bande d'arrêt d'urgence disparaît et nous sommes noyés au milieu d'un trafic de voitures qui rend notre progression pénible. Nous entrons dans Longview. Comme beaucoup d'autres villes américaines, elle est bâtie sur le même plan d'urbanisme : un quadrillage rigoureux transformant chaque carré en *blocs*, une numérotation simple des avenues. Il est vrai que ce système est très efficace pour se repérer mais les villes y perdent leur âme et leur charme.

Nous y observons tous les clichés de la société américaine : des gens obèses qui sortent des fast-food, des voitures sur les parkings avec des plateaux repas accrochés à leurs vitres, des guichets de banque « *drive in* », des énormes pick-up *Chevrolet* très gloutons en énergie fossile, de l'opulence qui côtoie brutalement la misère et les laissés-pour-compte.

Nous faisons le point sur notre progression et arrivons à la même conclusion : les grands espaces nous manquent ! Certes la côte Pacifique ne manque pas de charme mais la densité de propriétés privées est trop importante à notre goût. Les terrains sont hérissés de pancartes dissuasives : *« Keep out », « Private property », « Community is watching you », « Beware of the dog », « No trespassing »,* etc…

Si la majorité des Américains rencontrés dans les campagnes nous accueillent chaleureusement, nous essuyons souvent des refus dans les grandes villes comme ce soir à Longview. Nous frappons à plusieurs portes et essayons de jouer sur la corde sensible des gens avec les enfants. Peine perdue. A chaque fois c'est un échec. Les citadins ont d'autres préoccupations que d'accueillir des hurluberlus de notre espèce !

Nous terminons notre étape dans le parc *Ray Morse,* et plantons, à la faveur d'un crépuscule avancé, la tente derrière une haie d'arbres. Les enfants couchés, nous échangeons quelques mots.

– A ce rythme, nous ne pourrons jamais faire tout le circuit prévu. Notre visa n'est valable que trois mois !

Rapidement, une décision est prise. Après Portland, nous irons directement vers les vastes étendues du Montana au pied du parc Yellowstone.

Le lendemain après midi après une étape abrutissante le long de l'autoroute numéro cinq, nous arrivons au point de rendez-vous convenu avec notre ami. Je l'appelle d'une cabine téléphonique.

– *Hi* Jeff ! Ca y est, nous sommes arrivés à Woodland. Tu avais raison. Cela aurait été un enfer de rejoindre Portland à vélo.

– *Crazy french !* Vous êtes sains et saufs ! Dieu soit loué ! Laissez-moi le temps de fermer mon bureau et rendez-vous à la sortie de l'autoroute d'ici une petite heure.

Une demi-heure plus tard, notre ami arrive au volant d'un gros pick-up. Après nous être chaleureusement embrassés, je lui fais part de mon étonnement qu'il nous ait rejoint si rapidement. Il répond:

– *I broke the law*[1]*!*

Lorsque Jeff découvre nos deux petites têtes blondes qui font la sieste dans les remorques, il ne peut s'empêcher de cacher son émotion en versant une larme.

Grand, sec, les cheveux blancs posés sur un visage tout en longueur, Jeff est un ami de mes parents. Lui et sa femme nous avait accueillis dans leur maison de Washington DC alors que nous débutions notre premier tour du monde, il y a sept ans. Lorsque nous leur avons annoncé que nous partions sur les routes avec nos enfants, ils ne nous avaient pas cru !

Arrivés à Camas dans la banlieue Est de Portland, nous découvrons la superbe maison qu'ils viennent d'acheter. Plus de trois cent mètres carrés entièrement climatisés, des espaces

---

[1] J'ai enfreins la loi !

et des volumes francs s'ouvrant sur d'immenses baies vitrées. La villa, située au sommet d'un petit mont, offre une vue panoramique à couper le souffle. A l'horizon, nous devinons la silhouette scalpée du volcan Saint Helen.

Les enfants jouent déjà sur l'épaisse moquette qui tapisse le salon.

Valérie s'étonne de ne pas voir Louise. Jeff répond confus :

– Oh oui, excusez-moi mais avec l'émotion, j'ai oublié de vous dire que Louise ne sera malheureusement pas avec nous ce soir ni les autres soirs d'ailleurs.

Voyant nos mines surprises, il enchaîne avec un petit sourire au coin de la bouche :

– En fait elle est en mission sur la planète Mars !

– ?!

Il éclate de rire.

– Non ce n'est pas une blague ! Elle a été sélectionnée parmi mille candidats pour participer à une simulation de mission habitée sur Mars.

– Incroyable ! Mais où est-elle actuellement ?

– Sur l'île de Devon dans le Grand Nord Canadien par soixante quinze degrés de latitude nord.

– Dans le Grand Nord ! s'exclame Valérie. Mais il doit y faire froid.

– Comme sur Mars ! De plus la base est installée près d'un cratère de météorite de vingt kilomètres de diamètre pour simuler un environnement géologique semblable à celui que connaîtront les premiers hommes qui débarqueront sur la planète rouge.

Nous le suivons vers son bureau et découvrons sur Internet les photos du cylindre de dix mètres de diamètre qui abrite Louise et six autres scientifiques bénévoles. Le site retenu pour cette expérience est une morne plaine caillouteuse auréolée de plaques de neige. Sur une photo prise d'un avion, nous distinguons la petite forme cylindrique blanche qui jouxte une vaste dépression formée par le cratère d'impact. Autour, tout n'est que désolation.

– Mais combien de temps va-t-elle rester là ? s'inquiète aussitôt Valérie.

– Quatre semaines pour cette mission. Mais à terme, les équipes devront y rester plusieurs mois voire plusieurs années pour simuler un séjour complet vers notre planète voisine.

Jeff imprime ensuite le mail envoyé par sa femme ce matin à notre attention et part allumer le barbecue.

« Bonjour aux pédaleurs fous ! J'espère que vous allez bien. Comme Jeff a dû vous le raconter, je vis une expérience palpitante dans le Grand Nord...Aujourd'hui, j'ai appris à tirer à la carabine dans l'éventualité d'une rencontre avec un ours. C'est la seule fois où nous avons pu sortir de la station sans notre combinaison... Soyez les bienvenus à la maison et faites comme chez vous. Gros bisous aux enfants ».

Au dîner, nous sommes gâtés : sushi, saumon d'Alaska au barbecue et glace maison aux framboises du jardin.

Les enfants couchés, nous reprenons notre discussion passionnante.

– Mais qui est derrière cette expérience ?

– Un homme, Robert Zubrin, qui fut à l'origine du programme *Mars direct* lancé par la NASA. Il pense que Mars peut être conquise avec les technologies existantes d'ici dix ans. La clé résiderait dans l'exploitation des ressources locales une fois sur Mars, ce qui éviterait de transporter le carburant nécessaire au voyage du retour. Mais ce projet fut rejeté par la NASA pour des raisons principalement politiques. En 1998, Robert Zubrin fonde alors la *Mars Society*, une organisation internationale, financée par des fonds privés. Son approche est beaucoup plus pragmatique que la NASA. Elle se concentre pour l'instant sur des simulations de missions à partir de bases construites dans des environnements géologiques semblables à ceux de la planète rouge. Il existe une autre base située en Utah et un projet de construction est en cours avec l'Europe en Islande.

– Mais les conditions de ces simulations sur Terre sont loin d'être identiques aux conditions réelles sur Mars ?

– Bien sûr ! L'atmosphère de Mars est irrespirable, la gravité y est trois fois moindre, les rayonnements solaires intenses, la pression atmosphérique est mille fois plus faible et les températures beaucoup plus basses. En fait, ce qui intéresse réellement les scientifiques de la *Mars Society*, c'est le facteur humain. Ces expériences sont menées pour répondre à de nombreuses questions : un groupe d'êtres humains peut-il résister à une cohabitation prolongée dans un espace si confiné ? Quels sont les traits de caractères à privilégier dans chaque individu pour garantir une cohésion du groupe et la réussite de la mission ? Comment gérer les petites frictions au quotidien ? Louise comme le reste de l'équipe a signé un protocole contraignant avant de partir. Elle n'a pas le droit de sortir de la station sans revêtir une encombrante combinaison spatiale, l'eau pour la toilette est rationnée, les communications avec l'équipe de soutien technique sont différées de quarante minutes pour simuler le délai entre la Terre et Mars, les échanges avec la famille ne se font que par mail, une fois par jour. Cela fait deux semaines que l'équipe est en place et Louise vient de m'avouer que des tensions apparaissent déjà ! Avec nos fusées actuelles, il faut six mois pour aller sur Mars et autant pour en revenir ! Vous imaginez les soucis si le facteur humain n'est pas maîtrisé.

Valérie pouffe de rire :

– Eh moi qui pensais faire quelque chose de difficile !

J'ajoute :

– Et que fait-elle dans l'équipe ?

– Elle est géologue et prélève des échantillons de roches dans le cratère avec son encombrante combinaison. Puis elle procède à des analyses dans le petit laboratoire au sein de la station.

Après une nuit en apesanteur à rêver de conquête spatiale, nous sommes brutalement réveillés, au petit matin, par les sauts joyeux de nos petits loups.

– J'veux voir le Roi Lion ! s'exclame Léa.

– Z'veux mon biberon ! enchaîne Yanis.

Nous avons le droit à un petit déjeuner pantagruélique. Jeff nous annonce qu'il a pris des jours de congé pour nous aider à organiser notre transfert vers le Montana et faire quelques achats sur Portland.

Il nous emmène dans un magasin de sport pour acheter un nouveau matelas . Nous apprenons qu'il est garanti à vie par le fabricant et procédons à son échange. Nous en profitons pour remplacer ceux des enfants, à bout de course. Ils dorment sur des matelas dégonflés depuis l'Australie !

Plus tard, nous validons avec un loueur de voitures le modèle capable d'emporter notre chargement dans de bonnes conditions. La réservation faite, nous allons dans une grande surface acheter de quoi faire un petit repas français à Jeff : rôti de porc aux olives à la mode provençale. Sur la route du retour, Valérie constate :

– Sans voiture, tu n'es rien aux USA !

Jeff rigole.

– Tu as raison, sans bagnole, nous deviendrions fous ! D'ailleurs, j'avoue que ce matin, lorsque tu m'as dit que vous vouliez allez sur Portland par les transports en commun, je n'ai pas bien compris ce que cela signifiait !

En effet, Portland comme beaucoup d'autres villes américaines, est très étalée. Les transports collectifs sont peu développés, mal organisés, donc impopulaires. Entre chaque endroit visité, pourtant situé au centre ville, il nous faut parcourir des distances impressionnantes et traverser des échangeurs autoroutiers larges de quatre à six voies. Une ville anti-piétons et anti-vélo par excellence mais un royaume pour l'automobile !

Jeff est géophysicien et il vient d'être muté au poste de chef scientifique du département des risques liés au volcanisme, une branche de l'USGS[1]. Le lendemain matin, il nous emmène sur son lieu de travail. A l'entrée des locaux, trône un énorme pin Douglas de deux mètres de diamètre, soufflé par l'explosion du Mont Saint Helen en 1980. Le tronc, intact à sa base est ensuite plié à quatre vingt dix degrés comme une vulgaire allumette.

Devant nos têtes ahuries, Jeff commente :

– C'est le meilleur exemple que nous ayons trouvé pour expliquer aux visiteurs la violence des phénomènes étudiés ! Ce sont des coulées pyroclastiques dévalant à plus de quatre cent kilomètres à l'heure, qui ont provoquées la destruction de milliers d'arbre comme celui-là.

Nous entrons ensuite dans une salle remplie de sismographes.

– C'est ici que nous écoutons nos petits monstres. Nous avons des capteurs placés sur les volcans de la chaîne des Cascades qui alimentent en temps réel toutes nos stations sismiques. Grâce à nos balises GPS, nous pouvons aussi

[1] United States Geological Survey

mesurer précisément si l'un d'eux se soulève suite à une montée du magma.

Jeff est alors interrompu par une petite alarme provenant d'un sismographe portant l'étiquette « ST. HELENS LAVA DOME ». Un scientifique s'approche du gros rouleau de papier que l'aiguille vient de noircir par de grandes amplitudes. Après l'avoir observé quelques secondes, il lance à Jeff sur un ton amusé :

– C'est encore un caillou qui vient de dévaler à l'intérieur du cratère !

Jeff reprend sa discussion :

– Le Mont Saint Helen, c'est notre petit enfant terrible celui-là. Depuis quelques mois, il nous lance des petits signes, comme si il voulait reprendre de l'activité !

Information qui se confirmera deux mois plus tard par une nouvelle éruption, heureusement beaucoup moins importante que celle de 1980.

Notre ami continue :

– Nous sommes reliés à d'autres observatoires de l'USGS en Alaska, à Hawaï, en Californie, au Yellowstone. Notre rôle est d'alerter les autorités en cas de menace imminente d'éruptions. Nous collectons aussi, dans le monde entier, des données sur les volcans du type explosif pour améliorer notre compréhension sur la façon dont ils fonctionnent. Nous sommes par exemple à l'origine de la théorie des supers volcans et notre objectif est de valider nos modèles théoriques pour prévoir où et quand aura lieu la prochaine éruption.

Après lui avoir résumé notre rencontre avec un vulcanologue amateur néo-zélandais au fait de cette nouvelle théorie, je ne peux pas m'empêcher de lui demander :

– Et vos modèles, ils prédisent où et quand aura lieu la prochaine *méga* éruption ?

Jeff nous regarde et dit en souriant :

– Quand ? Nous ne savons pas trop mais en revanche on a de bonnes raisons de croire que cela arrivera là où vous vous rendez bientôt… au Yellowstone !

Il est temps de partir ! Le lendemain, nous sommes sur le perron de la maison.

– Salut Jeff et merci pour ton accueil. N'oublie pas d'embrasser Louise pour nous lorsqu'elle reviendra de Mars !

– Je n'y manquerai pas. Salut les voyageurs. Profitez-en bien !

Installés confortablement dans un monospace *Gran Caravan*, nous filons plein est le long de la rivière *Columbia*. Les enfants, bercés par la souplesse des amortisseurs et le souffle de la climatisation, ne tardent pas à s'endormir.

Ils sont entourés par nos bagages qui forment un fouillis inextricable d'objets hétéroclites. Roues, fourches, pédaliers, remorques, sacoches se partagent le moindre espace vide.

Très rapidement, nous nous retrouvons dans un paysage désertique qui occupe une bonne partie de l'état de Washington et de l'Idaho. Valérie qui observe cette longue étendue sans vie ne peut s'empêcher de me lancer avec un air soulagé :

– Nous avons bien fait de louer une voiture ! Je préfère prendre mon temps dans les Rocheuses plutôt que de le perdre dans cette région sans intérêt.

C'est le grand privilège de notre voyage que d'avoir choisi un programme ni trop précis ni trop flou pour découvrir les pays visités. Nous accélérons la cadence ou la ralentissons au gré des rencontres et de l'intérêt des lieux traversés. Seules les saisons dictent notre progression.

Le vélo est un atout pour chaque transbordement. Son encombrement est largement compensé par la liberté qu'il nous procure. Pas besoin de carnet de passage en douane ou autres paperasses pour changer de pays.

Lorsque nous prenons l'avion ou le bus, il suffit d'emballer nos vélos pour qu'ils soient considérés comme de simples bagages accompagnés.

Les problèmes mécaniques sont simples à résoudre et le budget d'entretien est limité : quelques rustines, un pneu de temps à autre et de la graisse pour lubrifier les chaînes. Nous aimons cette simplicité.

7 - Les Mormons et le plateau du Colorado

(Fabien)

Le lendemain après-midi, après avoir rendu la voiture à l'aéroport de Bozeman dans le Montana et ré équipés nos attelages, nous reprenons notre lente progression plein sud vers le parc du Yellowstone. Les grands espaces sont enfin devant nous et c'est avec une certaine jubilation que nous remontons la vallée formée par la rivière *Gallatin*. Le relief est doux, la route serpente tranquillement le long de reflets cristallins. Des canoës jouent avec le courant et les rochers en contrebas. Plus loin, une étendue d'herbe généreuse nous invite à planter la tente.

Nous retrouvons avec plaisir les joies du bivouac, les baignades dans la rivière, la quête du bois, le repas frugal et le feu qui crépite sous un ciel constellé d'étoiles. Nous nous sentons biens, immensément libres.

Le 31 juillet 2004, nous entrons par la porte Ouest du Yellowstone. Nous sommes fatigués par une nuit trop courte. Il faut dire que nous avons bivouaqué la veille en pleine forêt à quelques mètres d'une borne signalant la limite du parc. Nous avions beau nous dire que les ours ont tout le parc pour s'amuser et qu'avec notre sac de nourriture accroché en hauteur, nous ne risquions rien, notre imagination en a décidé autrement et nous sursautions au moindre bruit… toujours imaginaire !

Valérie qui vient encore de se faire klaxonner ne peut s'empêcher de pester :

– Ce ne sont pas les ours les plus dangereux !

Visiter le Yellowstone au début des vacances estivales n'est pas un bon choix lorsque l'on se déplace à vélo équipé d'une remorque ! La route est étroite et sinueuse. La bande d'arrêt d'urgence est inexistante afin d'éviter tout arrêt intempestif des automobilistes. Le trafic est infernal : une voiture toutes les vingt-cinq secondes !

Nos attelages intriguent beaucoup les touristes et nous devinons sur leurs visages perplexes la question qu'ils se posent : « *mais comment font-ils pour avancer sur leurs drôles de vélos ?* ». Nous nous amusons à les observer nous photographier en cachette derrière leurs vitres teintées. Parfois le nombre de flashs est tellement important que nous nous demandons si nous ne volons pas la vedette aux bisons ! Le simple fait de s'arrêter leurs permettraient d'en savoir un peu plus sur notre projet et de réussir leurs photos !

Au camping de Madison, je suis excédé par l'affluence touristique du parc. Avec trois millions de visiteurs par an dont la moitié viennent en juillet et août, les axes principaux sont saturés de véhicules. Dès qu'un animal s'approche de la route, un immense bouchon se crée aussitôt. Je fais part de mon sentiment à Valérie :

– On se croirait dans un vrai parc d'attraction !

Convaincus qu'au-delà des belvédères et circuits organisés, il est possible de sortir des sentiers battus, nous étudions la carte et repérons tout un réseau de pistes dont certaines sont praticables à vélos.

Nous découvrons alors un parc du Yellowstone insolite, merveilleux, surprenant, comme ce réseau de fumerolles inconnu du public et pourtant situé à quelques encablures de la route. Notre progression dans cette immense caldeira est rythmée par des geysers, des bains bouillants, des jets de vapeur, des sifflements, des marmites siliceuses. Nous surprenons aussi, cachés dans les frondaisons ou broutant paisiblement au milieu d'espaces dégagés, élans, bisons, castors et coyotes. Une description de ce que nous voyons ne pourrait traduire l'émotion ressentie. Nous sommes tout simplement émerveillés.

D'après notre ami Jeff, le Yellowstone est un volcan bien singulier. Sa particularité réside dans la taille très importante de sa chambre magmatique qui contient un type de lave remarquable, chargé de gaz. Si la bulle de magma se remplit, le cocktail devient explosif. Des études sont menées depuis plusieurs années pour tenter de déterminer le « taux de remplissage » de cette fameuse chambre mais à chaque fois les résultats sont contradictoires. Entre 1997 et 2003, des relevés GPS ont montré que le sol s'était soulevé de douze centimètres ! *« Il se passe des choses bizarres sous cette caldeira et nous avons encore beaucoup à apprendre »,* indiquait Jeff dans son bureau de l'USGS à Portland.

Un autre jour, alors que nous roulons sur une piste, je remarque à la droite de Valérie un bison solitaire qui se dirige vers nous. Aussitôt je lui crie sur un ton sec et sans appel :

– Arrête-toi et laisse le passer !

Le vieux bison, indifférent à notre présence, traverse la piste cinq mètres devant Valérie. Sa silhouette massive, son cou trapu et ses cornes proéminentes sont impressionnants.

Valérie, se retourne vers moi, inquiète, et chuchote :

– Un bison, ça charge ?

J'attends qu'il soit à une distance respectable pour lui répondre par l'affirmative.

Pour notre dernier jour dans le Yellowstone, nous franchissons la ligne de partage des eaux du continent nord américain et plus loin la porte sud du parc.

En 1988, un gigantesque incendie déclenché par un éclair a dévasté plus d'un tiers du parc. Pour les rangers c'est un phénomène naturel qui permet à la forêt de se régénérer. Au pied des silhouettes sombres de pins calcinés, d'innombrables jeunes pousses, assurent déjà la relève.

Nous continuons notre route dans un décor grandiose avec, sur notre droite, la chaîne montagneuse du Grand Téton dont le point culminant dépasse les quatre mille mètres. A la base de ces imposantes montagnes, le bleu du lac Jackson ajoute une touche magique à la féerie du lieu. Plus loin, là où le lac s'est retiré, nous observons des tourbillons parcourir l'étendue sablonneuse en tortillant leurs colonnes de poussières. Il fait chaud. Nous transpirons abondamment. Mes avants bras, non protégés, cuisent à feux doux sous un soleil de plomb.

A Bozeman, nous avons découvert une boisson qui nous réussi beaucoup mieux que le *coca-cola* : le *gatorade*. Savant mélange de sodium, potassium et autres éléments nutritifs, il assure à nos corps assoiffés, une réhydratation en sels minéraux qui est optimale. A chaque gorgée, nous sentons le fluide se répandre en nous et revitaliser nos muscles douloureux. Le petit coup de pompe disparaît instantanément. Nous pouvons repartir abattre du kilomètre. Cette boisson sera désormais notre carburant !

Trois jours plus tard, sur la route menant à Jackson Hole, nous voyons soudain surgir d'une frondaison de bouleaux un jeune ours noir. Il traverse rapidement la chaussée devant Valérie puis continue son chemin sur un rythme plus tranquille vers le versant opposé. Il porte autour du cou un encombrant collier. Au même instant, une voiture de ranger déboule d'un virage et s'arrête à notre hauteur. Deux officiers en sortent avec une petite antenne ressemblant à celle de nos télévisions et balayent l'horizon en quête d'un bip.

– C'est un ours que vous cherchez ? demande Valérie

– Oui, vous l'avez aperçu ?

– Il est là-haut, à gauche du petit arbuste.

Le plantigrade s'est éloigné et n'est plus qu'une petite boule noire.

Léa et Yanis pressés de voir à quoi ressemble un vrai *petit ours brun*, réclament de sortir de leur remorque. Les rangers médusés par nos deux petites têtes blondes n'en croient pas leur yeux. L'un d'eux part chercher une paire de jumelles et l'ajuste au visage de nos enfants. Yanis est impatient et bouge sans arrêt. Léa, par contre, observe, silencieuse, concentrée. Elle ne rate pas une miette du spectacle.

Pendant ce temps, l'autre ranger nous confie :

– Nous l'avons relâché ce matin après lui avoir posé un collier émetteur pour suivre sa progression. Le problème c'est qu'il est parti dans une direction opposée au parc. Alors on le surveille pour s'assurer qu'il ne se dirige pas vers des zones urbanisées.

En quelques minutes, un gigantesque embouteillage s'est formé autour de nous. « *Bear, bear !* » entendons-nous crier. Chaque touriste dégaine son appareil photo, son portable et déclenche une frénésie de flashs. Les rangers doivent rappeler à l'ordre les plus téméraires qui escaladent déjà le talus en direction de la star au poil noir. Il est temps de partir ! Nous nous faufilons entre les voitures et reprenons notre route, fuyant cette agitation.

Le lendemain matin, après avoir quitté un bivouac proche de Jenny lake, nous empruntons un chemin bordé de hautes herbes pour rejoindre la route. Des milliers de sauterelles dérangées par notre convoi sautent autour de nous. Soudain j'entends Léa hurler d'effroi. Je bondis du vélo et enlève le filet de protection pour voir ce qu'il se passe. Je découvre notre fille perchée sur son petit siège, le visage apeuré. Elle me désigne de son doigt une petite sauterelle qui s'est malencontreusement introduite, semant la zizanie dans la remorque. Nous chassons le passager clandestin et réconfortons Léa. Quelques secondes après être repartis, nous entendons de nouveaux cris d'effroi, encore plus intenses. J'ouvre le filet prêt à chasser un nouvel intrus et découvre notre fille secouée de tremblements effrayants :

– Papa, j'ai une sauterelle dans mon pantalon ! Elle me mange !

Puis elle se met à hurler de peur en gesticulant frénétiquement les jambes. Je la sors de la remorque et lui enlève son pantalon. Nous découvrons un petit scarabée accroché à sa cuisse que j'éjecte aussitôt avec mon index. Nous mettons plusieurs minutes à calmer notre petite pomme d'amour. Elle ne remettra son pantalon qu'en fin de journée.

A Jackson Hole, je profite d'un marché aux puces pour acheter une chemise en coton à manche longue. Elle me permettra de limiter l'exposition de mes avant-bras au soleil. Nous faisons également le plein de couches et de lait en poudre dans un supermarché puis nous nous dirigeons, les remorques chargées, vers la bibliothèque municipale pour lire nos mails.

C'est un lieu que nous apprécions pour reprendre contact avec le monde extérieur. On y trouve un accès Internet gratuit, une pièce équipée de jouets et une collection de revues mensuelles pour suivre l'actualité internationale.

Nous profitons des installations pour confectionner à Léa son premier livre de voyage. A l'annonce de cette nouvelle, notre petit bout de femme écarquille les yeux.

– Ca va être mon livre ?

– Oui ! Et tu vas nous aider à le faire. Tiens voilà une photo de toi. Tu la découpe et tu la colle sur la couverture de ce cahier.

Aussitôt, elle se lance à l'assaut des contours de sa photo munie de sa paire de ciseaux en plastique. Ses petites mains s'appliquent à découper sans déchirer la feuille. Elle maîtrise désormais parfaitement le geste. Après avoir collé son portrait sur le petit cahier à spirale, je lui demande :

– Pour faire un livre, on raconte et on écrit ce qu'on a dit. Es-tu d'accord pour que papa écrive ce que tu veux raconter ?

– Oui.

– On commence par quoi ?

J'ai à peine fini de poser ma question qu'elle enchaîne en se mâchouillant les doigts :

– Léa a vu un bison.

– Très bien ensuite qu'est ce que j'écris ?

– Léa a vu un ours.

Je prends le temps de bien former mes lettres.

– Et maintenant ?

– Léa a peur des petites bêtes qui ont été dans son pantalon bleu.

– D'accord.

– Léa ne veut pas prêter le caddie à Yanis.

Par ce jeu, nous découvrons tous les événements, parfois anodins, qui ont marqués la mémoire de notre fille. Nous réalisons à ce moment combien notre représentation des faits est éloignée du monde des enfants. C'est peut être l'une des raisons pour lesquelles nous avons tant de mal à les comprendre ?

Au bout d'un quart d'heure, son intérêt pour ce nouveau jeu commence à faiblir. Je lui demande :

– Et maintenant, qu'est ce qu'on écrit pour terminer l'histoire ?

Elle réfléchit un court instant et m'annonce avec sa petite voix aiguë :

– Papa, c'est mon chéri d'amour.

Et paf ! Une vague d'émotion me submerge et je ne peux retenir deux petites larmes qui se mettent à couler sur mes joues. Si nous avons du mal à comprendre nos enfants, eux n'ont aucune difficulté à savoir comment nous fonctionnons !

Nous quittons Jackson Hole le lendemain après-midi. Notre compteur indique seulement dix-sept kilomètres lorsque nous décidons de suivre un chemin qui rejoint, huit cent mètres plus loin, la grève d'une rivière. Nous y découvrons toutes les composantes d'un bivouac d'exception : un terre plein herbeux dégagé à l'Ouest pour profiter des derniers rayons du soleil et protégé à l'Est pour éviter l'étuve dès l'aurore ; des buissons pour faire sécher notre lessive ; une plage de sable à quelques mètres qui plonge dans une eau limpide et délicieuse ; une rivière peu profonde avec un faible courant pour la sécurité des enfants ; du bois mort à profusion pour un feu généreux ; des cailloux plats en guise de table de cuisson et même des petits rondins de bois pour s'asseoir !

La tente montée, nous jouons jusqu'au crépuscule avec les enfants. Nous construisons des châteaux de sable, suivons des morceaux de bois devenus de gros bateaux affrontant une tempête, observons des canetons suivre leur maman, jouons à imiter le terrible crocodile qui a mangé la main du capitaine Crochet. Sur la plage, nous dessinons les lettres de l'alphabet que Léa s'amuse à copier à l'aide d'un petit bâton. A trois ans et demi, elle sait reproduire les trois lettres de son prénom mais n'arrive pas encore à les aligner dans le bon ordre. Lorsqu'elle dessine la lettre E, la petite barre du milieu est tracée plusieurs fois. Yanis s'amuse à remplir et vider son petit seau ou suit le petit trait dessiné sur la plage par Valérie en faisant le petit train.

Dans le jour déclinant, nous jetons sur les pierres brûlantes une énorme côte de bœuf, achetée le matin au supermarché, que nous accompagnons d'un délicieux merlot californien pour les grands et d'un verre de coca pour les petits. Repus, nous lançons plusieurs bûches dans le brasier et entamons une danse avec nos deux petits anges dans les bras sur l'air du livre de la jungle : *Il en faut peu pour être heureux, vraiment très peu pour être heureux...*

Nous rions tous de joie, nous sommes heureux. Nous dansons sur un nuage, un nuage de grand bonheur.

Le lendemain, nous nous laissons porter par l'inclinaison de la Snake river[1] qui découpe le relief en gorges encaissées. Bien que son nom pourrait le laisser croire, nous n'observons aucun serpent le long de cette rivière. Peut-être vient-il de sa forme serpentine ?

Au petit bourg d'Alpine, nous bifurquons à gauche sur la route 89. Une vaste vallée s'offre à nous. Ça et là, des tuyaux d'irrigation fixés à des roues avancent lentement en déversant un nuage d'eau sur des champs de maïs d'un vert éclatant. A la faveur d'une rafale de vent, nous profitons de cette bruine bienfaisante qui rafraîchit, un temps, nos corps ruisselant de sueur.

Devant chaque propriété, aucune clôture mais un gazon vert toujours parfaitement tondu et la traditionnelle boîte aux lettres équipée du petit drapeau rouge. Au milieu du jardin, trône la maison. Elle est souvent vaste, de plain-pied et construite en bois. Accolé ou séparé, il y a toujours un garage pour abriter les voitures de la famille. Parfois, des molosses viennent aboyer dans les roues. Mais ils insistent rarement et repartent aussitôt, fiers d'avoir défendu leur territoire.

Ce midi, nous trouvons dans la petite supérette d'Afton du *gatorade* en poudre. C'est tout bête, mais avec un petit pot de cinq cent grammes, nous avons l'équivalent de vingt litres de boisson tonique disponible à tout moment.

Nous reprenons la route et arrivons au fond de la vallée. Le serpent de goudron s'envole vers l'un des versants. Ce n'est pas de l'espace que nous voyons alors, mais le temps qu'il faut pour le parcourir. Ce petit col là haut. Dans trois heures…

Pédaler en montée est une vraie école de patience.

A chaque tour de manivelle, ce sont quelques centimètres arrachés au sommet. Le moindre relâchement et aussitôt, la pesanteur reprend le dessus, implacable.

Nous chassons de la main les mouches qui viennent se repaître sur nos visages dégoulinant de sueur. Ensuite, il faut essuyer les yeux qui piquent puis la goutte qui perle sous le

---

[1] littéralement « rivière aux serpents »

nez. Quand je me retourne, j'ai l'impression de ne pas avoir avancé. Je râle de voir si proche la maison que nous avons pourtant dépassé il y a si longtemps. Quelques secondes plus tard, les mouches sont de retour, les yeux picotent encore, une autre goutte reprend sa terrible danse chatouilleuse et nous n'avons progressé que de quelques mètres…

Au sommet, nous crions notre joie d'avoir supporté toutes ces épreuves. Les enfants se dégourdissent les jambes pendant que nous croquons une barre vitaminée.

Avant chaque descente, nous vérifions les fixations des remorques comme un rituel en trois gestes : nous agitons avec la main le bras de liaison pour nous assurer que la rotule est en place, appuyons sur la goupille qui maintient la rotule et contrôlons la sangle de sécurité.

Il est dix-sept heures lorsque nous nous élançons dans la pente douce. La lumière est belle et je décide de faire quelques plans vidéos. Caméra à la main, je dépasse doucement Valérie avant de lui dire :

– Maintenant, on va faire le plan inverse. Tu me doubles par la gauche !

J'attends quelques secondes mais Valérie reste derrière moi. Je m'énerve :

– Mais vas plus vite bon sang ! T'es toujours en train de freiner dans les descentes !

Piquée à vif, elle me renvoie la balle :

– On est déjà à 30km/h. Combien de fois t'ai-je dis que tu allais trop vite dans les descentes ! Freine bon sang de bonsoir !

Agacé, je ralentis. Elle s'écarte et passe un peu trop à gauche.

– Reviens vers moi, tu es hors cadre !

Valérie, frustrée, me répond sur un ton acerbe :

– Tu m'énerves avec ton film !

Puis elle continue son chemin.

Depuis quelques temps, nous nous disputons souvent pour des problèmes liés à l'image. Pointilleux et exigeant, je la brusque pour des histoires de cadrage, d'entrée de champ ratée, de retardateur mal enclenché, de mise en scène loupée…

Irrité par ce nouveau plan raté, je la laisse partir quand j'entends soudain un sifflement s'échapper sous mes pieds.

Immédiatement, je ressens les vibrations de ma roue avant. Instinctivement j'actionne les freins ce qui a pour effet de me faire louvoyer. Je rattrape plusieurs embardées et évite une voiture venant en sens inverse. Léa, confortablement installée dans sa remorque devenue folle, ne se rend compte de rien. J'ai beau serrer le frein arrière de toute mes forces, je ne fais que ralentir la masse de l'attelage qui semble aspiré par la pente.

Maintenant plus de doute, mon pneu avant est à plat. Je n'arrive plus à maintenir ma trajectoire. Je hurle à Léa de s'accrocher au fauteuil. Valérie, loin devant, n'a rien remarqué. Je tente, par de petites actions sur mon frein avant, de diminuer ma vitesse au maximum avant la chute que je redoute. En rattrapant une embardée, mon pneu avant se déboîte. Je roule désormais sur la jante. Quelle sensation horrible d'être allongé sur un vélo devenu fou ! La chute est brutale.

En me relevant, je me précipite vers la remorque. Léa est saine et sauve. Ouf ! Puis je l'entends me dire sur un ton paniqué :

– Papa ton genou !

Baissant la tête, j'observe, au niveau de la rotule gauche, une zone limée, d'où s'échappe un filet de sang.

Je m'en sors plutôt bien : quelques contusions au bras droit et une plaie au genou qui après les soins, s'avère être bénigne.

Aucun dégât sur le vélo à l'exception d'une chambre à air qu'il faut changer. C'est la valve qui a cédé. Ce sera ma seule chute du voyage mais sans l'avertissement de Valérie, dans quel état aurai-je fini ma folle course ? Je n'ose imaginer le résultat !

Le soir dans la tente, je suis penaud de ma bêtise, de mon orgueil, de ma connerie. Je ressens cette mésaventure comme un signe, un avertissement. Je m'en veux terriblement et pour atténuer la douleur de ma plaie, je chuchote à l'oreille de Valérie quelques phrases qui résonnent comme un couplet :

– Je limiterai désormais ma vitesse dans les descentes. Je ne te prendrai plus la tête pour mes plans vidéos foireux. J'ai beaucoup de chance de t'avoir avec moi. Je t'aime.

Elle me regarde l'œil complice puis dit en rigolant :

– C'est noté !

Le lendemain, nous profitons de l'ombre reposante de la petite école du bourg de Geneva pour la pause déjeuner. Les enfants s'amusent sur les balançoires, les tourniquets et les toboggans désertés durant les vacances scolaires. J'épluche les carottes pendant que Valérie prépare les sandwichs au thon. Les enfants revenus, nous commençons le repas et c'est toujours à ce moment là que Yanis nous demande :

– Je veux faire pipi !

Je me relève et l'accompagne un peu plus loin pour l'assister dans la manœuvre. Quelques minutes plus tard, nous voyons arriver un vieil homme coiffé d'une casquette blanche. Je glisse aussitôt à Valérie :

– J'aurai pas dû faire pisser Yanis sur le gazon. On va se faire engueuler !

Il s'approche à notre hauteur et annonce à notre grande surprise :

– Bonjour. Je vous ai vu arriver tout à l'heure de ma fenêtre. Est-ce que cela vous dirait de prendre une douche à la maison et d'y dormir cette nuit car une grande côte vous attend demain ?

Russel, quatre-vingt-deux ans, a un cœur en or. Son visage est doux. Sa voix est calme et mesurée. Son attitude est empreinte de sagesse et de tempérance. Seuls ses petits yeux vifs, surmontés de lunettes, trahissent l'énergie débordante qui l'anime encore à son âge. Il nous ouvre la porte de sa maison et nous met tout de suite à l'aise en nous servant un grand verre de lait savoureux.

– Ce lait est sorti du pie de la vache à cinq heures ce matin. Goûtez moi çà ! C'est 100 % naturel ! Il n'y a rien de meilleur pour les enfants !

Léa boit son verre d'une traite. Ses yeux s'écarquillent, surprise par ce goût bien différent de celui de la stérilisation U.H.T qui est plus doux et atténué. Elle repose son verre laissant apparaître une petite moustache blanche puis dit :

– C'est bon ! J'en veux encore.

Yanis n'est pas emballé. Peut-être manque-t-il le goût du chocolat pour lui rappeler son biberon ?

Russel nous emmène ensuite visiter sa ferme qu'il a cédé à son fils il y a 12 ans. En montrant une petite bicoque, il nous dit :

– Je suis né là. Cela fait quatre-vingt-deux ans que je vis ici dans ce petit bourg de Geneva. J'y ai connu des joies et des peines, des succès et des échecs, des moments plein d'espoirs et des moments remplis de doute.

Plus tard, nous partons avec sa voiture sur une piste poussiéreuse, rejoindre le sommet d'une colline voisine. Un rayon de soleil rasant inonde de couleurs pastel les champs de blé appartenant à Russel. Il nous dit avec fierté :

– Je viens ici tous les jours. Je n'ai jamais quitté cette vallée et j'y suis heureux.

Il a de la chance, Russel ! Il n'a pas besoin de vivre ailleurs pour savourer sa vie de tous les jours, pas plus qu'il n'a besoin de voyager pour se changer les idées. Le sourire joyeux qu'il nous adresse nous rend heureux. Russel n'a pas besoin de faire le tour du monde, un tour dans sa vallée lui suffit. Il l'a connaît tellement bien qu'il y observe mille fois plus de choses que nous ne savons le faire.

Le soir, nous mangeons les produits de son potager au goût si exquis et en guise de dessert, pour le plus grand plaisir des enfants, une glace à la vanille faite maison.

Il est temps de repartir. Nous sommes émus au moment de nous quitter. Russel nous lance :

– *Have a wonderful trip and take care* ! dit-il en agitant sa casquette.

La fameuse côte dont il nous parlait s'avère être une douce colline que nous grimpons sans difficulté. Un stratagème de vieil homme rusé pour nous garder !

Quelle ne fut pas notre surprise, cinquante-six kilomètres plus tard, de découvrir la ville de Paris, coincée plus au sud de l'Idaho. Petit bourg de cinq cent habitants, elle marque le début de l'influence de la religion Mormon avec un tabernacle imposant construit en pierre de grés rouge.

Après sa visite, le guide avec lequel nous parlons de notre voyage part chercher sa femme au guichet ; ils échangent quelques mots puis reviennent vers nous :

– Nous serions heureux de vous accueillir chez nous ce soir !

Notre rencontre avec Dean et Maxime, celle de Russel hier marquent le début d'une longue série. Jusqu'à Salt Lake City, nous dormirons presque tous les soirs chez l'habitant. La religion mormone y est pour quelque chose. Elle place la famille au cœur de toutes ses priorités et avec nos deux petites têtes blondes comme sésames, nous sommes particulièrement bien accueillis.

Dean et Maxime habitent une modeste maison près d'un étang rempli de canards et de moustiques. Ils sont à la retraite tous les deux. Dean est un chasseur de cerfs. Maxime, une experte de layettes en crochet.. Aujourd'hui, elle réalise un gilet pour son douzième petit enfant.

– Je tricote pour la sixième génération depuis que nos ancêtres, venus d'Allemagne, se sont installés dans cette vallée ! dit-elle avec beaucoup de fierté.

Nous faisons la prière avant le repas. Chez Dean et Maxime, comme chez la plupart des mormons, ce moment de recueillement a lieu autour de la table, mais dans certaines familles plus radicales, l'action de grâce a lieu…un genou posé sur le sol.

C'est un rituel nouveau pour Léa et Yanis, qui sont habitués à manger dès leur assiette servie. Malgré nos explications, ils ont dû mal à rester calme durant la bénédiction du dîner.

L'histoire des mormons commence en 1823 lorsque leur prophète Joseph Smith reçut la révélation, par laquelle l'ange Moroni lui intimait, de retrouver des tablettes d'or contenant la transcription d'un livre sacré, vieux de deux millénaires, qui narrait l'histoire du peuple de Dieu en Amérique, le *Livre de Mormon*. Cette organisation religieuse chrétienne possède une église : *l'église de Jésus-Christ des saints des derniers jours*. Ses membres, les *saints des derniers jours* sont populairement appelés *mormons*. Ils sont treize millions de fidèles dans le monde dont la moitié aux Etats-Unis, principalement en Utah.

A chaque rencontre, nous en apprenons un peu plus sur cette religion comme dans le petit bourg de Paradise, atteint après une montée épuisante de dix kilomètres suivi d'une descente vertigineuse de soixante kilomètres.

Paul et Karla, un couple de quinquagénaires, nous expliquent que leur fils de vingt et un an est en « mission » au Mexique, pour y prêcher l'Evangile pendant deux ans. Ces missionnaires aisément identifiables à leur tenue classique (costume foncé, chemise blanche, cravate), à leur badge avec le nom de l'Église et au fait qu'ils vont deux par deux, consacrent leur temps au prosélytisme à leurs propres frais ou grâce au soutien de leur famille.

Autre trait distinctif : la consommation d'alcool, de tabac, de thé, de café ou encore de chocolat n'est pas recommandée. Nous le constatons chez toutes les familles visitées. Heureusement pour Yanis, nous ne tombons jamais en rupture de chocolat pour son biberon du matin !

En quittant Paradise, Paul nous accompagne quelques kilomètres avec sa moto pour nous indiquer un raccourci menant à Salt Lake City. La capitale de l'Utah se trouve juste de l'autre côté du massif montagneux. Une côte de vingt kilomètres sous un soleil de plomb et au milieu d'une circulation abrutissante nous fait basculer vers un paysage beaucoup plus aride. A l'horizon, nous devinons la blancheur des surfaces évaporées du grand lac salé de Bonneville, dont la platitude permet aux voitures « fusées » de faire tonner le bang du mur du son. Pour ma part, devenu beaucoup plus prudent, je ne tente plus de battre un record de vitesse dans la descente et freine régulièrement.

Depuis hier, les crevaisons s'accumulent. Deux pour Valérie, trois pour moi. Elle se vante de savoir éviter les épines diaboliques, jusqu'à ce que je l'entende proférer un juron. Deux épines d'un coup ! Je prends l'avantage. Etourdis par ces crevaisons à répétition, nous demandons l'hospitalité à la première maison.

Une femme d'une trentaine d'année entourée de ses cinq enfants vient nous ouvrir. Deux minutes plus tard, nous montons la tente dans leur jardin près d'un trampoline aussitôt pris d'assaut par Léa et Yanis.

Quand vous aurez fini, venez à la maison. Je vous prépare une citronnade ! lance Joanna.

Une demi-heure plus tard arrive Clay, son mari. Il travaille comme policier à Ogden. Nous sommes vite acceptés par la famille. Valérie part avec Joanna cueillir des légumes pour le repas du soir. Clay m'initie au tir à la carabine sur une cible placée à cinquante mètres. Je fais mouche du premier coup, à ma grande surprise. Chance du débutant ? Ensuite, il me montre le produit miracle qu'il utilise pour s'affranchir de ces petites épines robustes qui infestent la région. Il s'agit d'un liquide vert qu'il vide dans les chambres à air. A la moindre fuite, la mixture s'engouffre dans le trou et l'obture.

Durant le repas, Léa et Yanis s'en donnent à cœur joie avec les enfants de nos hôtes. Yanis découvre le maïs sucré sur lequel glisse une noisette de beurre. Il en raffole tellement qu'il finit celui de sa sœur.

Le hasard de ces rencontres sont le sel de notre voyage. Elles nous permettent de sentir et d'arpenter le pays visité au delà des clichés réducteurs véhiculés par nos médias.

Le sujet d'actualité brûlant qu'est la guerre en Irak revient souvent dans les conversations et nous nous rendons compte combien la société américaine est divisée sur ce conflit. Beaucoup d'américains nous surprennent par la satire violente à l'égard de leur président qu'ils traitent de « marionnette mal éduquée à la solde des lobbies pétroliers ». D'autres utilisent l'humour et regrettent que le « Grand Père Bush n'ait jamais appris à se servir de préservatifs ! ». Certains encore, comme Joanna et Clay, sont encore traumatisés par les évènements du onze septembre et promettent une réponse plus dure si un autre attentat survenait sur leur territoire.

Nous ressentons à travers leurs discours la marque d'une propagande très active. A la télévision, à la radio, dans les journaux, les mots *« weapons of mass destruction », « Al-Qaida », « terrorist », « high probability of a new attack »,* fusent chaque jour pour attiser la peur dans tous les foyers. Tout est prétexte au bourrage de crâne et parfois cela frise l'irrationnel. Ainsi, Clay nous apprend, d'un air très sérieux, que « le virus du Nil[1] a été élaboré par Saddam Hussein et envoyé a Fidel Castro pour être diffusé en Floride » ! Rester

---

[1] Le virus du Nil est apparu en Floride en 1999. Transmis par les moustiques, il provoque de fortes fièvres. A la différence de la malaria, cette maladie se guérit.

froid devant un tel discours obscurantiste réclame beaucoup d'énergie…

Mais comment leur en vouloir ?

Sans leur jeter la pierre, Joanna et Clay, comme beaucoup de familles rencontrées dans notre traversée des Etats-Unis, n'ont jamais quitté leur pays et nous devons les aider à situer la France sur un atlas.

Pour bon nombre d'américains, leur excessive fierté nationale à se croire les bienfaiteurs et les gardiens du monde fut ébranlée le jour ou retentit le fracas de l'effondrement des tours jumelles. Lorsque le rideau de fumée s'est peu à peu dissipé, ils ont découvert, par média interposé, la violence d'un monde rempli de fanatiques barbus, prêts à se faire exploser sur toutes les bannières étoilées. De quoi devenir paranoïaque.

Le lendemain, Joanna et Clay nous préparent un petit déjeuner copieux : céréales, fruits, yaourts et œufs sur le plat. Avant de partir au travail, Clay nous offre son produit miracle anti-crevaison et note sur un papier son numéro de portable.

– Appelez-moi à n'importe quelle heure si vous avez besoin de quoi que ce soit ou si vous êtes en danger. Je peux faire intervenir mes collègues dans tout l'Utah.

Après avoir chaleureusement remercié Joanna pour son accueil, nos enfourchons nos montures et continuons notre route. La journée est rude. Trois crevaisons sur les remorques. Nous n'avions pas assez de liquide vert pour remplir toutes nos chambres à air. A chaque fois, nous réparons sur la bande d'arrêt d'urgence. Valérie surveille les enfants tandis que je m'escrime à râper, enduire, découper, coller, presser puis gonfler le petit boyau d'air. A la fin, je suis en nage, les mains maculées de gomme noire.

En fin d'après-midi, la série d'invitations continue alors que nous nous trouvons devant un Wallmart.

– Venez chez nous. Nous habitons juste à côté ! s'exclament Gloria et Richard sur le parking du magasin.

Ils habitent une maison cossue dans la banlieue d'Ogden. Gloria est proviseur du collège local.

Après nous avoir montré la chambre, elle lance :

– Ce soir, je fais des pizzas ! Vous aimez ça ?

Richard est un grand chauve bien joyeux. Il travaille en tant que civil sur la base aérienne militaire toute proche. Il aime plaisanter sur sa calvitie :

– Grâce à elle, je n'ai jamais eu de problème avec la coupe de cheveux réglementaire !

Le soir, ils invitent un ami voisin qui parle français et dont la passion est de construire des télescopes. Je me retrouve rapidement perché sur une échelle, le long d'un tube de cinq mètres de long, à observer le ciel comme je ne l'avais jamais vu. Je découvre une étoile double dans celles qui composent la Grande Ourse, suis surpris par des éclats bleus, rouges, verts d'objets célestes et admire la spirale de notre galaxie la plus proche : Andromède.

Le lendemain matin, Richard est endimanché. C'est jour de messe. Il nous apprend qu'il est *Bishop*[1] à l'église et nous explique :

– Nous exerçons le rôle de *Bishop* bénévolement à tour de rôle avec d'autres membres de ma congrégation. Mon service consiste à organiser la messe, puis aider les personnes qui le souhaitent à prendre la parole en public. Ensuite viennent les travaux pratiques.

– C'est-à-dire ?

– Nous nous réunissons par petits groupes et travaillons sur le Livre de Mormon.

– Faut-il être baptisé pour être un « saint des derniers jours » ?

– Oui. Le baptême se fait à partir de huit ans. A cet age l'enfant comprend les premiers principes et ordonnances de l'Evangile.

– Est-ce vrai que les Mormons sont polygames ?

Richard rigole.

– Beaucoup de gens qui ne connaissent rien à notre religion n'ont retenu que ça ! C'était vrai à la fin du 19ème siècle pour accroître la population de l'église naissante mais cette pratique est maintenant interdite depuis plus d'un siècle.

– Réclamez-vous de l'argent aux membres de votre église ?

---

[1] Pasteur

– Oui. Chaque mormon doit verser 10% de son salaire. Cet argent sert à entretenir nos églises et Temples, soutenir l'œuvre missionnaire, financer l'aide humanitaire et surtout aider les membres qui sont en difficultés. Nous finançons par exemple dans ma congrégation, les loyers et études de plusieurs familles en situation précaire.

Il finit de boire un verre d'eau et continue.

– Depuis peu, nous réalisons aussi avec cet argent des campagnes de publicité pour faire connaître notre église aux américains.

Aussi surprenant que cela puisse paraître, la religion aux Etats-Unis est un véritable marché. Ce pays profondément religieux abrite une multitude de confessions chrétiennes qui se livrent une concurrence acharnée par panneaux publicitaires et spot télés interposés. Eglises catholique, baptiste, épiscopalienne, anglicane, luthérienne, méthodiste, témoins de Jéhovah… La diversité est telle que nous en perdons parfois notre latin ! Chacune y va de son slogan « Je t'attends, dépêche-toi ! » illustré par un Jésus pointant un doigt culpabilisant dans notre direction. L'objectif est de convertir. Un « marché de l'âme » lucratif puisqu'on estime qu'un américain sur deux se rend au moins une fois par semaine à l'église où au temple.

Nous continuons notre route dans la mégapole de Salt Lake City et subissons à nouveau une avalanche de crevaisons. Toujours ces maudites épines en forme de tête de bélier qui se plantent dans le pneu, progressent tour après tour dans la gomme puis finissent par perforer la chambre à air. Valérie s'amuse à les retirer avec une pince à épiler. Mon stock de rustines s'épuise à vue d'œil, m'obligeant à les découper pour en multiplier le nombre.

Le soir, nous arrivons, fourbus, après une étape de soixante-dix-huit kilomètres, devant une belle maison. Valérie sonne à la porte. Nous patientons. Elle s'ouvre.

– Bienvenue à Salt Lake City ! nous lance Kathleen Ivey.

Nous l'avons rencontrée deux semaines auparavant sur la route, alors qu'elle revenait d'un trek dans le parc du Grand Téton. Elle nous avait doublés en voiture puis s'était arrêtée cinq cent mètres plus loin, intriguée par les panneaux fixés à l'arrière des remorques indiquant « *WORLD TOUR* ». Elle trouva fantastique notre projet de faire le tour du monde à deux, mais se demandait pourquoi nous avions autant de bagages. Lorsqu'elle découvrit nos deux petites têtes blondes paisiblement endormies dans les remorques, elle faillit tomber à la renverse ! Entre Kathleen et nous, ce fut le coup de foudre. A peine avions-nous fait connaissance que nous étions invités chez elle.

C'est une petite brune, toujours souriante, au front carré souligné par des yeux d'un bleu intense. Nous la suivons dans la salle à manger et découvrons Ben, son mari, assis avec d'autres invités autour d'un énorme gâteau d'anniversaire. Grand, fin, retenu, les yeux mi-clos du rêveur, il s'adresse à nous :

– Bienvenue à la maison. Ma femme m'a beaucoup parlé de vous et nous vous attendions pour souffler les bougies !

Surpris, nous demandons :

– C'est votre anniversaire ?

– Non, nous fêtons les cinquante ans de Kathleen !

Je me retourne vers elle et dit en plaisantant :

– Tu aurais pu nous le dire, nous n'avons que des chambres à air remplies d'épines à t'offrir !

Tout le monde rit mais Kathleen s'empresse de répondre :

– Mon plus beau cadeau, c'est de vous avoir à la maison !

Et ce ne sont pas que des mots. Pendant cinq jours, nous sommes reçus comme des princes. Dans sa plus belle vaisselle, Kathleen nous prépare des petits déjeuners gargantuesques, des petits plats en sauce savoureux accompagnés de légumes et fruits frais, des desserts glacés dont les enfants se délectent…

– Il faut que vous repreniez des forces, il vous reste encore de la route à faire ! dit-elle en nous resservant une copieuse assiette.

Le soir Ben et Kathleen jouent chacun leur tour sur le piano qui trône dans la pièce. Car en plus d'être des hôtes remarquables, ils sont aussi de talentueux musiciens. Ben, avant d'opérer une reconversion dans la banque, travailla plusieurs années à l'orchestre philharmonique de Salt Lake City. Kathleen, de son côté, continue de donner des cours de piano au conservatoire de la ville.

Nous profitons de l'atelier de Ben pour détordre nos piquets de tente, bricoler un pied photo fixé sur les remorques pour filmer les enfants pendant que nous roulons, remplacer le rétroviseur cassé dans ma chute. Nos pneus, qui totalisent déjà six mille kilomètres, sont changés ainsi que les chambres à air truffées de rustines. Nous confectionnons également un système de gourde positionnée à l'arrière de la remorque et relié à l'enfant par un petit tuyau en plastique faisant office de paille. Boire deviendra un jeu. Ainsi il n'y aura plus de gourde ouverte par inadvertance, ou laissée tombée au sol. Ce procédé fonctionnera à merveille jusqu'à la fin du voyage.

La veille du départ, nous sommes interviewés par la chaîne de télé locale et effectuons sous les yeux amusés de Kathleen des allées et venues dans la rue pour les besoins du tournage.

Le lendemain, les séparations sont difficiles. Kathleen et Ben voudraient nous voir rester une semaine de plus et souffrent de nous voir les quitter si vite. Nous pleurons tous à chaudes larmes. Kathleen, dans un dernier élan de générosité, offre à Léa et Yanis deux peluches.

– *Thank-you !* répondent-ils en cœur.

Quitter nos hôtes est sans conteste la chose la plus éprouvantes de notre voyage.

Nous choisissons de rejoindre directement le *Arches National Park* en bus pour éviter la traversée pénible des villes de Salt Lake City et Provo. Lorsque le chauffeur nous laisse à l'intérieur du parc, quatre heures plus tard, le paysage s'est transformé. Nous venons d'entrer sur un territoire légèrement plus petit que la France et qui abrite plus de la moitié des parcs nationaux américains : le plateau du Colorado.

Certains nous avaient prédit « vous serez déçus de refaire les circuits classiques de l'ouest américain ! ». Mais comment être déçus par ce qui fut déjà un « coup de cœur » lors de notre voyage précédent ? Comment qualifier de « circuits classiques » ces exagérations de la nature dont chacune est un

1

1 - Hospitalité à la porte du parc des Grampians (Mai 2004 - Australie)
2 et 3 - Des pâtes, des pâtes, oui mais des…
4 - Elmer, l'éléphant bariolé, aime aussi voyager ! (Février 2004 - N. Zélande)
5 - Surprise gluante au réveil (Sept. 2004 - USA)

2

3

4

5

1 - Le ciel va nous tomber sur la tête ! (Sept. 2004 - USA)
2 - Toilette sommaire (Août 2004 - USA)
3 - Tortillas au petit déjeuner (Oct. 2004 - Mexique)
4 - Espace, silence, sérénité (Sept. 2004 - USA)

1 - Plage paradisiaque en Basse-Californie (Nov. 2004 - Mexique)
2 - Bivouac dans un jardin de cactus (Oct. 2004 - Mexique)
3 - Coucher les impressions du jour : une nécessité ! (Sept. 2004 - USA)

1 - La *Morning Glory Pool* intrigue les enfants (Août 2004 - USA)
2 - Pause pipi originale (Mai 2004 - Australie)
3 - On apprend à suivre les traits (Sept. 2004 - USA)
4 - Stupeurs et tremblements devant cette tarentule (Nov. 2004 - Mexique)

1

2

3

4

1 - Ecole d'un jour (Nov. 2004 - Mexique)
2 - En plein dans le mille (Oct. 2004 - Mexique)
3 - Des smarties pour compter (Sept. 2004 - USA)
4 - Ecole dans la tente (Avril 2005 - Pérou)
5 et 6 - On apprend les chiffres (Nov. 2004 - Mexique)
7 - Séquence motricité (Oct. 2004 - Mexique)

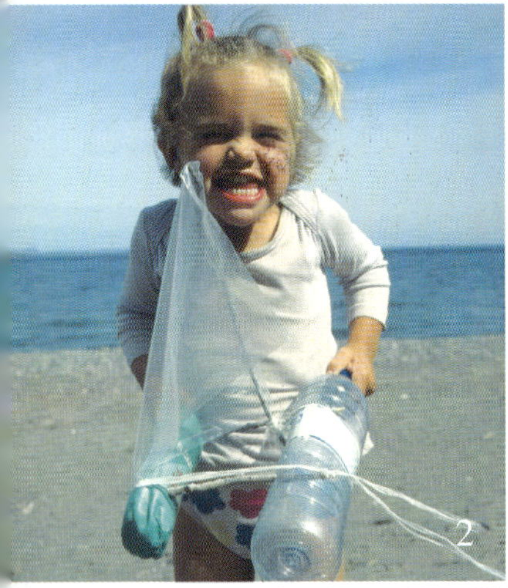

1 - Abécédaire improvisé sur l'altiplano (Avril 2005 - Pérou)
2 - Bateau pirate avec de la récup ! (Oct. 2004 - Mexique)
3 - Le jeu de la marchande (Janvier 2005 - Guatemala)
4 - Ecole en plein air (Nov. 2004 - Mexique)

1 - Chaque arrêt suscite curiosité et admiration (Avril 2005 - Pérou)
2 - Une petite tête blonde qui ne passe pas inaperçue (Avril 2005 - Pérou)
3 - Hanna, Léo, Constitution (Nov. 2004 - Mexique)
4 - Léa et Yanis ont du succès avec les écoliers de l'altiplano (Avril 2005 - Pérou)

1

2

3

4

1 - Familles et amis ont fait le voyage pour notre mariage (Fév. 2005 - Guatemala)
2 - Préparation avec le maire (Fév. 2005 - Guatemala)
3 - Baiser du bâton sacré des Mayas (Fév. 2005 - Guatemala)
4 - Vive les mariés ! (Fév. 2005 - Lac Atitlan - Guat.)

petit bijou. Les ponts majestueux *d'Arches National Park,* les sables pétrifiés multicolores de *Capitol Reef,* les cheminées féeriques de *Bryce Canyon,* les falaises rouges se jetant dans les eaux légèrement turquoise du lac *Powell*, le surprenant *Grand Canyon*… Nos sens sont en émois à chaque coup de pédale. Les couleurs, les lumières, le ciel. Tout est divinement beau.

Mais le plateau du Colorado se mérite, surtout à vélo. Températures pouvant dépasser les quarante degrés, orages violents, reliefs tourmentés, étapes de plus de cent cinquante kilomètres sans possibilité de ravitaillement. Nous transportons régulièrement une autonomie en eau et nourriture de trois jours ce qui représente vingt kilos supplémentaires par attelage.

Aujourd'hui 3 septembre 2004, notre chargement s'est encore alourdi pour une bonne raison : c'est l'anniversaire de Yanis. Nous fêtons ses deux ans entre *Arches national Park* et *Capitol Reef,* dans un véritable décor de western. La tente posée à l'ombre d'un arbre, nous préparons l'événement pendant que les enfants jouent dans le lit d'une rivière à sec. Valérie ouvre un paquet de gâteaux et dispose des smarties sur la partie chocolatée. De mon côté, je fixe deux bougies sur un petit tupperware. A l'ouverture des cadeaux, Léa écarquille les yeux.

– Le sac à dos d'Elmer !

A l'intérieur : une ardoise, des voitures et un petit hélicoptère. Nous nous retournons alors vers Léa et lui tendons un paquet. Après l'avoir ouvert, elle s'exclame :

– Regarde Yanis, j'ai aussi le sac à dos d'Elmer !

Ils sont fous de joie. Il faut dire que depuis plusieurs mois, nous les berçons tous les soirs avec les farces de cet éléphant multicolore et de son cousin Walter. Elmer est devenu une vedette et un compagnon de route bien utile pour apprendre les couleurs, par exemple.

Quelques instants plus tard, Léa revient vers nous. Elle nous embrasse très fort puis nous dit avec une petite voix de souris :

– Merci d'avoir pensé à moi. Je suis très contente.

La façon dont elle nous enlace, le ton de sa voix, son regard, ses gestes… Tout est merveilleux, innocent, sincère.

Son sentiment est exprimé avec une telle émotion, une telle force que nous en restons bouche bée ! Ce moment bref, intense et précieux en rejoindra d'autres dans notre mémoire familiale, renforçant encore les liens indéfectibles qui nous unissent tous les quatre.

Depuis maintenant seize mois, nos enfants vivent dans le mouvement. Plier sa maison tous les jours, rencontrer des personnes différentes, jouer sur des terrains insolites, voir le paysage défiler toute la journée, manger devant un feu, se laver dans la rivière, sont leur quotidien. Un quotidien dans lequel ils grandissent bien. Ils sont vifs, sociables, solides, affectueux. Grâce à eux, les barrières tombent immédiatement. Nous nouons des contacts d'une rare intensité avec les personnes rencontrées. Nous ne sommes plus des voyageurs dont ils faut se méfier mais une famille qu'il faut choyer.

A deux ans, Yanis possède un vocabulaire riche qui lui permet de tenir une conversation avec nous sans aucune difficulté. Il commence à appréhender l'espace en distinguant le dessus du dessous, l'avant de l'arrière, le dedans du dehors. Le matin au réveil, il a pris l'habitude de poser la même question : « On va où ? ». Dès le nom de la ville cité, il s'exclame : « Ouaouh, very good ! », ce qui déclenche un fou rire dans la tente.

Mais notre petit homme nous en fait voir de toutes les couleurs depuis qu'il a pris la fâcheuse manie de balancer toutes ses affaires par dessus la remorque. Au début, il manifestait ainsi sa colère. Puis, c'est devenu un jeu.

Quand nous ne l'entendons plus, c'est qu'il va passer à l'action. Aussitôt Valérie m'appelle discrètement : « Psstt, va voir derrière ! ». Avec son air coquin, il m'observe ralentir du coin de l'œil comme si de rien n'était. Quelques minutes plus tard, le largage des objets débute : peluches, voitures, feuilles de papier, crayons... Parfois, il en vient à jeter sa tétine, son doudou *Sourinette* ou ses chaussures ! Nous le sermonnons en lui expliquant les conséquences de son acte : « Si tu recommences et que Maman et Papa ne s'en rendent pas compte, tu vas perdre *Sourinette* pour toujours ! ». Cela le calme pour un temps.

Dans sa remorque, Léa, quant à elle, continue son entreprise à confettis. Nous devons protéger les livres et lui donnons un catalogue publicitaire pour satisfaire sa fringale de découpage ! Elle nous pose sans arrêt des questions pour mieux comprendre notre façon de vivre, se situer par rapport à l'espace et au temps. Son vocabulaire anglais s'étoffe de jour en jour et elle comprend le sens général des phrases simples lorsque nous discutons avec nos hôtes. Elle fait également des progrès importants dans la reconnaissance des chiffres et des lettres en décryptant les panneaux de signalisation. « Pourquoi il y a un sept et un zéro sur le panneau rond ? », « Et toi tu roules à quelle vitesse ? », « Papa, c'était quoi l'autre lettre sur la pancarte ? ». Pour la stimuler davantage, je lui fais l'école en roulant. Cet exercice d'équilibriste, qui consiste à écrire un mot sur l'ardoise et la lever au dessus de ma tête pour lui montrer, est grandement facilité par la position couché du vélo. C'est un jeu efficace car elle reconnaît maintenant les lettres qui composent les mots « papa », « maman », « Yanis », « Bibi », « Babou ».

Le partage est une notion qu'elle a décidé d'oublier pour l'instant. Elle ne supporte pas que son frère ait quelque chose de différent. Bonne pâte, Yanis ne tente jamais d'opposer une quelconque résistance. Mais il a développé une stratégie qui consiste à patienter, le temps que sa sœur se lasse de l'objet qu'il convoite. Quand la situation se gâte, nous jouons les arbitres.

Avec seulement dix-sept mois d'écart, nos deux globe-trotters se comportent de plus en plus comme des jumeaux, chacun copiant l'attitude de l'autre, chacun voulant avoir les mêmes objets que l'autre. Ainsi depuis plusieurs jours, Léa utilise la tétine de secours de Yanis qu'elle a découvert lors d'un nettoyage de sacoches chez Kathleen et Ben. Impossible de la lui retirer. Elle reprend des attitudes de bébé, babille, régresse. C'est comme si nous avions deux enfants de deux ans à gérer. Et cela crée de l'émulation : depuis notre départ de Nouvelle Zélande, nos petits monstres restaient chacun dans leur remorque. Depuis quelques temps, c'est devenu un jeu d'échanger leur place. A chaque pause, nous devons transférer les doudous, peluches, jouets… Une nouvelle épreuve pour nos nerfs !

Nous reprenons la route de goudron rectiligne qui s'enfuit dans un paysage minéral d'une rare beauté. Un peu plus loin, nous sommes dépassés par un cyclotouriste. Sans s'arrêter, il nous gratifie d'un bref « *hi* » en nous doublant à pleine vitesse. Sans aucun doute nous ne partageons pas les mêmes objectifs !

Après avoir traversé le parc de *Capitol Reef,* nous mettons quatre jours à rejoindre le col de la montagne *Boulder* situé à 2900 mètres. Nous retrouvons, sur une portion de vingt kilomètres, des inclinaisons similaires à celles que nous avions eus dans les *Coromandel,* en Nouvelle-Zélande. Yanis, sensible à l'effort que produit sa maman, l'encourage en lui criant :

– Allez mamannnn !

Tous les soirs, nous plantons notre tente dans de merveilleux bivouacs et admirons un ciel de velours, parsemé d'étoiles. La vue panoramique que nous offre le col est saisissante. Nous sommes dans l'un des états les moins peuplés des Etats-Unis. Aucune lumière, aucun bruit. Juste notre feu qui fait danser nos ombres.

Ce matin nous avons une grosse frayeur en quittant le chemin rocailleux du campement. Valérie, distraite n'a pas remarqué la grosse pierre sur sa gauche. La roue de la remorque grimpe dessus et se renverse sur le côté. Heureusement, Yanis s'en sort avec une petite égratignure. Il n'a pas eu peur et remonte s'asseoir sans appréhension.

Après Boulder, nous sommes happés par une descente vertigineuse qui nous mène à la rivière *Escalante.* Dans la plaine, nous retrouvons un climat aride et désertique contrastant terriblement avec les forêts de sapins dont nous sommes sortis quelques heures auparavant. Lors d'une pause, nous entendons un cri ! C'est Yanis. Il s'est assis sur un cactus. Une boule pleine d'épines est plantée dans ses fesses. Je sors ma trousse à outils, m'approche, les cris sont encore plus vifs.

– Non, papa, laisse-moi, tu vas me fai'e mal !

Il ne veut pas que je le touche. Je dois l'impressionner avec mon tournevis et ma clé à molette ! Je décide alors de prendre mon couteau suisse et coupe une, deux, puis trois aiguilles. Valérie continue avec sa pince à épiler. Elle tire sèchement les trois dards. Les cris redoublent. Les pointes sont crochues ce qui explique les hurlements.

Six jours plus tard, nous retrouvons avec une grande émotion le chemin de notre précédent tour du monde à Cannonville. Mais sur la route menant vers la ville de Tropic située à proximité de *Bryce Canyon,* nous ne reconnaissons plus grand chose.

C'est une expérience singulière que de revenir rouler sur ses traces, sept ans plus tard. On se rend compte alors combien la mémoire est sélective et déforme la représentation que nous nous faisons de la réalité, comme lorsqu'adulte, nous retournons sur les lieux de notre enfance. L'espace et le temps semble y être différents.

En fin d'après-midi, nous arrivons dans le petit bourg de Tropic et peinons à retrouver la maison de la famille Shakespear qui nous avait accueillis sept ans plus tôt. Aucune voiture devant. Nous sommes dubitatifs. A-t-elle reçue la carte postale envoyée quelques semaines plus tôt ? Nous montons le petit escalier en bois. La porte s'ouvre. Surprise générale ! Margaret n'en croit pas ses yeux :

– C'est pas vrai ! Vous ici ! Mais c'est incroyable !

Nous nous embrassons puis elle ajoute :

– Lorsque j'ai reçu votre carte, j'ai cru que c'était une blague ! Je m'attendais à vous voir en voiture !

Son mari Franz arrive quelques minutes plus tard. Nous partons aussitôt faire un tour de quad pour le plus grand plaisir des enfants. Au cours du repas, nous rions en nous remémorant cette fameuse soirée d'août 1997, où, autour d'un bon feu, nous faisions griller des marshmallows sur des bouts de bois. Franz, en voulant s'asseoir sur une vieille caisse, avait dérangé un serpent à sonnettes ! Panique générale !

Margaret, grande brune au visage espiègle, est une cousine éloignée de Louise, notre amie volontaire de la *Mars Society.* Franz, grand blond quinquagénaire, travaille comme technicien dans une société de téléphonie. Il intervient régulièrement avec son 4X4 sur le réseau et connaît les environs comme sa poche. Nous l'interrogeons sur la possibilité de rejoindre la ville de Page par la *Cottonwood road,* une piste qui nous évite un détour de plus de cent kilomètres. Il nous regarde, surpris :

– Il y a plusieurs côtes pentues et des parties sablonneuses. J'y passe de temps en temps en voiture mais je suis incapable de vous dire si vous pouvez la faire avec vos vélos !

Nous repérons avec lui le parcours sur la carte, essayons de deviner les difficultés du terrain à partir de ses descriptions, notons l'emplacement des points d'eau. Franz complète :

– Pour l'eau, je vous conseille d'avoir un bonne autonomie car le ruisseau peut être à sec.

Deux jours plus tard, au petit matin, nous embrassons une dernière fois nos amis et partons finalement en direction de Page par la piste de *Cottonwood road.* Vingt kilomètres plus loin, alors que je me remémore les pitons de roches mordorées de *Bryce Canyon*, visités la veille, j'entends un bruit bizarre s'échapper de la remorque.

– *Merde* j'ai des rayons de cassé !

Valérie ne cache pas son appréhension :

– Et bien qu'est-ce que ça va être lorsque nous serons sur la piste !

Nous estimons à trois jours le temps nécessaire pour parcourir les soixante-dix kilomètres de piste. Nos remorques sont surchargées, chacune transportant vingt litres d'eau et sept kilos de nourriture.

Je remplace les trois rayons en cause et nous reprenons la route. Un heure plus tard, le ruban d'asphalte s'arrête. La piste est enfin là, devant nous. Les premiers kilomètres sont difficiles. Nous avons le choix entre rouler sur une partie sablonneuse, ce qui demande un effort supplémentaire, ou subir les vibrations insupportables de la tôle ondulée. Par moment, nous demandons aux enfants de descendre et de courir à côté de nous.

Le matériel souffre. Deux autres rayons cassent sur ma remorque. Nous hésitons, un moment, à faire demi-tour. N'avons-nous pas surestimé nos capacités ? Nos vélos vont-t-ils tenir le coup ? Une voiture passe devant nous. Cela nous rassure. Il y a du passage si nous sommes en difficultés. Nous décidons de continuer.

En fin d'après-midi, nous plantons la tente au pied de la première côte. Les rayons du soleil couchant peignent le paysage minéral de couleurs exceptionnelles. Pour limiter notre consommation d'eau, nous avons acheté des boites de conserves pour remplacer les traditionnelles pâtes du soir. Un bol de macédoine à la main, nous contemplons un ciel d'une rare clarté dans un silence d'or.

Le lendemain, l'inclinaison de la côte nous oblige à pousser nos vélos. Nous croisons en moyenne cinq voitures par jour ce qui permet aux enfants de marcher sans danger à côté de nous. Ils s'amusent sur les petits talus bordant la piste et viennent nous aider dans les parties les plus pentues. La piste est rude. Les nids de poule, ornières et cailloux limitent notre vitesse à huit kilomètres à l'heure.

Aussi paradoxal que cela puisse paraître, nous sommes enchantés par cette petite aventure. Notre appréhension a disparu et nous nous régalons en évoluant dans des paysages d'une rare beauté.

Un peu avant midi, nous immortalisons notre sept millième kilomètre par une photo sur laquelle Valérie tient le compteur à la main.

– Tu te rends compte, sept mille kilomètres en neuf mois ! Dans notre précédent tour du monde, on en avait fait déjà plus de dix mille ! On est des vraies tortues ! dit-elle en riant.

– On est surtout moins jeune et plus chargé !

Plus loin, en retrait, nous entendons les petits clapotis du point d'eau, indiqué par Franz. Nous décidons d'installer la tente à proximité et mettons aux enfants leur maillot de bain. Ils partent aussitôt barboter.

Une fois de plus, le lieu de notre campement a tout l'air d'un petit jardin d'Eden. Le soleil se réfléchit dans l'eau vive et jette des reflets scintillants comme autant d'étoiles sur les feuilles des bouleaux. L'ombre d'un arbre à l'épaisse frondaison nous rafraîchit agréablement. Savourant cet ombrage, nous entendons les enfants s'éclabousser en poussant des cris de joie.

Seuls au monde au cœur d'une nature sauvage, nous nous plaisons à discuter d'un projet déjà évoqué avant le départ : notre mariage.

Après quatorze années de vie commune, rythmées par de nombreux voyages, un tour du monde et l'arrivée de nos deux pommes d'amour, l'engagement de nous unir pour le meilleur et pour le pire semble soudain couler de source !

Quelques jours après la naissance de Yanis, Valérie s'était exclamée : « Et pourquoi ne pas se marier pendant notre voyage ! ». Cette idée d'une union organisée à l'autre bout du monde nous plaisait par son originalité. Elle serait aussi l'occasion de revoir nos familles et amis pendant nos deux ans de tribulations.

C'est ici, dans ce cadre romantique aux allures de petit paradis, que nous fixons la date et le lieu de l'événement. Nous retenons le lac Atitlan au Guatemala. Pourquoi ? Il est décrit comme l'un des sites naturels les plus spectaculaires de l'Amérique Centrale. Volcans, villages traditionnels authentiques, climat agréable... Il n'en faut pas plus pour nous séduire.

Pour prévenir familles et amis de cette décision, nous écrivons le texte d'un courriel qui sera précédé de la photo de Léa et Yanis. Le contenu est le suivant :

« Nous sommes heureux de vous convier au mariage de maman et papa qui aura lieu le samedi 19 février 2005 sur les berges du lac Atitlan au Guatemala.

La cérémonie sera placée sous la bénédiction du dieu tout puissant Kukulcan, appelé aussi "serpent à plume", qui se fera une joie de vous faire découvrir la culture Maya. »

Epuisés par une après-midi passée dans l'eau, les enfants se couchent tôt. Le feu crépite, joyeux. Valérie profite de sa douce chaleur pour se laver. La nudité de ma « future femme », dont les flammes font danser la silhouette sur le sol, m'émoustille. Je l'observe, silencieux, passer le savon sur son buste luisant. Son corps est un dégradé de couleurs teintées par les derniers rayons du soleil. Nos caresses s'aventurent bientôt vers les territoires les plus clairs. Les râles de plaisirs qui s'ensuivent, couvrent déjà le glapissement des coyotes qui annonce la tombée de la nuit…

Pendant notre sommeil, des trombes d'eau s'abattent sur la tente dans un fracas de tonnerre. Est-ce la toute puissance divine qui veut nous punir d'avoir consommé notre mariage ? En tout cas, elle nous prépare une rude épreuve.

Au réveil, le tapis de sol de la tente s'enfonce avec mon genou dans une matière molle. Bizarre ! A l'extérieur, c'est un spectacle de désolation. La terre toute craquelée, mais compacte, d'hier s'est transformée en boue argileuse. Les sacoches baignent dedans, nos affaires sont méconnaissables. Je décide d'aller chercher mes chaussures de marche restées dans la remorque. Un vrai parcours du combattant ! A chaque pas, je dois faire attention de ne pas perdre mes sandales sous l'effet de succion de la boue. Elles pèsent plusieurs kilos à l'arrivée tant il y a de glaise collée sous mes semelles. Cinq minutes plus tard, je découvre avec horreur notre réchaud recouvert de limon. Impossible de l'allumer. Nous petit-déjeunons froid.

Il nous faut trois heures pour plier le campement là où nous mettons d'habitude une heure. Les enfants, installés dans les remorques depuis le début des opérations, commencent à s'impatienter. Il est temps de partir.

A peine avons-nous fait deux mètres que nos vélos s'immobilisent avec les roues bloquées par l'accumulation de boue. Impossible d'avancer. Nous désolidarisons les attelages et tirons chaque élément vers la piste principale, éloignée de cinq cent mètres. Toutes ces allées et venues nous épuisent. Valérie, inquiète me demande :

– Nous sommes encore loin de la route goudronnée ?

Je totalise nos trois jours d'étapes et fait une petite soustraction mentale.

– Il doit rester vingt cinq kilomètres à parcourir.

– Et bien à ce rythme on en a pour plusieurs jours !

Nous réfléchissons à plusieurs stratégies pour nous sortir de ce piège.

– Pourquoi ne pas laisser nos affaires ici et continuer à pied ? dit Valérie.

– Les enfants ne tiendront pas cette distance et nous serons obligés de les porter. Il faut aussi emporter de l'eau. C'est trop risqué.

– Qu'est ce qu'on va faire ! dit-elle angoissée.

– Il vaut mieux continuer lentement mais sûrement avec nos vélos. Avec eux, nous avons une plus grande autonomie en eau et nourriture.

L'arrivée du soleil en début d'après-midi nous redonne immédiatement le moral. Nous redoublons d'effort pour avancer avec l'aide des enfants qui découvrent un terrain de jeu inespéré. Yanis ne se lasse pas de voir ses chaussures s'enfoncer dans cette matière bien étrange. Il glisse plusieurs fois et termine sa course les fesses dans la bouillasse. Léa nous aide à gratter, à l'aide d'une fourchette, la glaise accumulée sur nos roues. Souvent elle nous répète : « Moi j'aime la gadoue ! », ce qui nous fait rire. Par endroit, nous sommes obligés de contourner la piste qui est inondée. Bien sûr, nous ne croisons aucune voiture.

En fin d'après-midi, nous plantons la tente, fourbus et crottés. Nous venons de battre notre record de la plus petite étape du voyage : cinq kilomètres en huit heures de lutte acharnée. Mais nous nous endormons plein d'espoirs. Certaines portions de la piste commencent à durcir sous l'effet de l'évaporation.

Le lendemain, après une matinée remplie d'efforts, nous crions victoire ! Nos vélos roulent à nouveau sur un ruban d'asphalte lisse et doux. Quel soulagement et quel plaisir ! Nous terminons notre étape sur les rives du lac Powell et organisons une « séance décrottage » dans ses eaux turquoises.

Je regarde Valérie d'un petit air malicieux et lui glisse :

– Cette piste, c'était vraiment pour le meilleur et pour le pire !

Après un ravitaillement complet dans la ville de Page, nous poursuivons notre route dans un paysage rougeoyant. Nous laissons le temps s'écouler avec béatitude en pédalant sur d'interminables lignes droites. Le temps, quel luxe d'en avoir autant ! Un midi, nous rencontrons un Californien qui habite Los Angeles. Il est pressé, comme tous les citadins. Il revient du *Grand Canyon* et doit rentrer pour son business. Lorsque nous lui indiquons qu'il va nous falloir plusieurs jours pour rejoindre l'endroit d'où il vient, il ne comprend pas. Il reste pantois devant notre concept du temps et nous lance amusé :

– *But time is money*[1] *!*

Lui fait fortune en allant vite. Nous, c'est la lenteur qui nous enrichit.

Le lendemain soir, dans un bivouac en plein désert, nous trouvons un nouveau jeu rigolo pour apprendre aux enfants à compter et distinguer les couleurs. La règle est simple. Nous disposons un tas de *smarties* sur le tapis de sol et demandons à Yanis de les regrouper par couleur. A chaque succès, il a le droit d'en manger un. Ensuite, nous demandons à Léa de compter chaque petit tas ainsi formé. Elle doit obligatoirement toucher avec son doigt les bonbons en les comptant. Elle a droit à la même récompense que son frère. Il suffit de mélanger les *smarties* restants et de refaire une partie en inversant les rôles. Nous jouons ainsi plus d'une demi-heure sans que l'intérêt des enfants ne faiblisse c'est-à-dire jusqu'à ce qu'il n'y ait plus de *smarties* !

Valérie se tient déjà « aux fournaux ». Elle allume le réchaud à essence, y dépose une casserole remplie d'eau, y verse un bouillon de poule. Ensuite, elle découpe deux oignons en fines tranches puis ouvre une boite de *Corned Beef* qu'elle fait revenir après la cuisson des pâtes. Nous asseyons les enfants sur nos sacoches et leur servons le repas dans une petite assiette en plastique. Nous essayons dans la mesure du possible de varier nos repas en fonction des possibilités du bivouac. Nous évitons les plats salissant les gamelles, comme par exemple la purée instantanée, lorsque nous n'avons pas d'eau à proximité pour faire la vaisselle. Yanis sait manger avec sa cuillère mais il arrive parfois que son assiette lui échappe des mains dans une manœuvre maladroite. Nous récupérons alors ce qui peut l'être et complétons avec le contenu de nos plats. Des quartiers de pommes épluchés

---

[1] Mais le temps c'est de l'argent !

constituent le dessert. Plus tard vient la toilette qui est toujours sommaire, faute de point d'eau : une demi-casserole d'eau chaude allongée d'eau froide et un gant de toilette savonné. Valérie lit Elmer aux enfants pendant que je fais la vaisselle.

Je me mets ensuite au travail d'écriture de la journée. C'est tout autant une discipline à laquelle nous nous soumettons qu'un besoin de s'épancher auquel nous cédons. Raconter nos rencontres, livrer nos états d'âmes, noter l'expression ou l'attitude nouvelle des enfants. Les consigner quotidiennement avant que les souvenirs ne se diluent dans les méandres de la mémoire. Valérie accompagne souvent mes notes de petits dessins pour imager une description ou égayer mon style. Avec la prolifération des cybercafés, nous avons aussi pris l'habitude d'imprimer une sélection de nos photos numériques et de les coller dans la marge du cahier.

Sur un belvédère de la partie sud du *Grand Canyon*, nous sommes subjugués par la beauté du site. Les enfants sont autant impressionnés que nous et ne peuvent s'empêcher de s'exclamer : « *Oh le grand trou !* ». Nous plantons la tente discrètement, dans la forêt, à quelques kilomètres du camping obligatoire et trop bondé à notre goût de *Grand Canyon Village*. Durant une semaine, nous arpentons les nombreux chemins qui bordent le gouffre et nous extasions devant des couchers de soleil à couper le souffle.

Un petit accident vient toutefois perturber une balade lorsque Yanis trébuche et s'ouvre la lèvre inférieure sur un petit muret. Aussitôt nous nous rendons vers la clinique de *Grand Canyon Village* qui est fermée car nous sommes dimanche. Nous appelons au numéro d'urgence et quelques instants plus tard, une infirmière *ranger* se présente devant nous. Après les questions d'usage sur les circonstances de l'accident nous sommes surpris par son attitude. L'examen s'effectue sans qu'elle touche notre enfant. C'est à nous de manipuler la lèvre endolorie de Yanis ! En observant la plaie, elle nous conseille d'aller voir un médecin sur Flagstaff à deux heures de voitures. Comme nous n'avons pas de véhicule, elle nous conseille de prendre une ambulance. Devant le coût exorbitant (plus de 200 dollars), nous décidons d'attendre le lendemain. Sur ce, l'infirmière sort un formulaire de son sac qu'elle me demande de signer. Il s'agit d'un imprimé stipulant que je renonce à toute poursuite judiciaire à son encontre si l'état de Yanis s'aggrave. Nous sommes stupéfaits !

Notre ami Jeff à Portland, nous expliquait que les mouvements des consommateurs sont devenus tellement puissants ces dernières années, que les administrations sont obligées d'avoir recours à ces pratiques. Il en est de même pour les entreprises qui n'hésitent plus à consacrer parfois un tiers du coût d'un produit aux cabinets d'avocats pour les protéger contre d'éventuelles plaintes de consommateurs.

Après trois mois de périple sur quelques-unes des plus belles routes des Etats-Unis, à la découverte de gens et de sites exceptionnels, il nous faut cependant songer à préparer les prochaines étapes de notre parcours. A Flagstaff, nous profitons de l'hospitalité de Tom et Nelly, des amis de Ben et Kathleen, pour louer une voiture et rejoindre San-Diego en Californie.

Les appréhensions que nous avions à l'entrée du territoire américain ont vite volé en éclat grâce à l'accueil fantastique que nous ont réservé ses habitants. Nous n'avons jamais ressenti à notre égard une quelconque hostilité, on ne nous a jamais reproché le choix de notre pays de s'être opposé fermement à la guerre contre l'Irak. Il nous est arrivé parfois de rencontrer des gens qui ne comprenaient pas ce que nous faisions sur la route, sans voiture, sans maison et nous reprochaient d'imposer un style de vie dangereux à nos enfants. Mais, heureusement, ces rencontres se comptent sur les doigts de la main et la grande majorité des américains nous ont ouvert leur porte sans aucune hésitation, comme dans notre précédent voyage.

Pourtant, deux éléments nous ont frappés depuis notre dernier passage : l'accroissement de la précarité pour une partie de la population qui vit de plus en plus souvent dans des mobile-homes misérables et des américains qui doutent beaucoup de leur toute puissance depuis les attentats du onze septembre.

Sur la route menant à San Diego, nos esprits vagabondent déjà dans les immenses cactus candélabres de la Basse Californie. Le Mexique est devant nous !

MEXIQUE - GUATEMALA

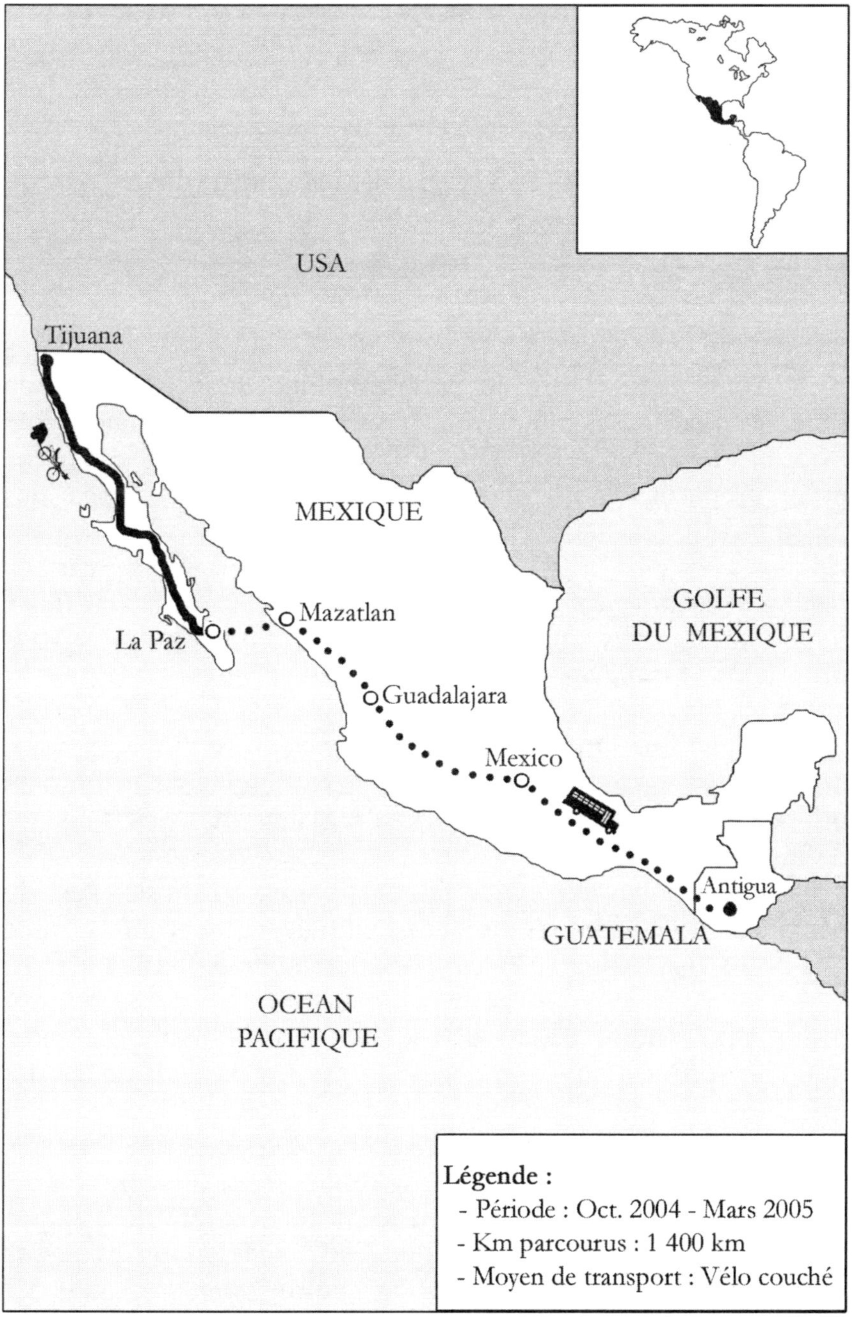

8 - Dans la vie, il y a des cactus !

(Fabien)

Après deux mois de pérégrinations dans les parcs de l'Ouest américain, nous retrouvons avec une grande joie l'océan Pacifique. A San Diego, la voiture de location rendue, nous préparons nos vélos sous les regards éberlués des passants.

« *Vous allez au Mexique, mais vous êtes fous !* », « *Il n'y a que des voyous de l'autre côté de la frontière !* », « *Vous allez vous faire dévaliser !* », « *C'est dangereux !* ».

Voilà une maxime universelle étayée lors de nos différents voyages : les gens d'un pays s'empressent toujours un peu trop facilement de trouver à leurs voisins tous les défauts du monde.

Nous nous dépêchons de reprendre la route vers le Mexique, non pas pour fuir ces citadins inquiets, mais parce que notre visa expire le lendemain, dimanche 3 octobre 2004 !

Depuis notre départ d'Auckland, en Nouvelle-Zélande, nous ne sommes pas trop dépaysés par les pays traversés. Le niveau de vie des habitants, l'infrastructure routière ou l'état du parc automobile sont assez similaires à ceux de l'Europe. C'était un choix volontaire, pour rentrer « en douceur » dans le voyage. Mais en franchissant le poste frontière de Tijuana, le choc est violent. En quelques secondes, nous avons le sentiment d'être happés dans un autre monde. Adieu les fontaines à eau pour remplir nos gourdes, les espaces verts impeccables, le nom des rues affichés, adieu les toilettes publiques avec accès pour les handicapés, les automobilistes respectueux. Nous pédalons dans un brouhaha assourdissant. Il nous faut nous frayer un chemin au milieu d'un trafic anarchique de vieilles voitures laissant échapper des panaches de fumées nauséabondes. Dans la grande montée qui nous extrait de Tijuana, nous réalisons qu'il n'y a plus de bande d'arrêt d'urgence. Les voitures nous frôlent. La route est truffée de nids de poules. Les fossés sont remplis d'ordures et les chiens nous courent après…

En échange, nous recevons en une journée plus d'encouragements qu'en dix mois de voyage ! On nous klaxonne, on nous félicite, on nous offre des boissons et on nous crie « *Welcome in Mexico !* ». Les mexicains nous plaisent d'emblée pour le nouveau rythme qu'ils donnent à notre voyage.

Les enfants ressentent ce changement brutal d'environnement. Léa me pose une série de questions :

– Pourquoi les gens, ils font des barbecues le long de la route ?

– Ce sont des petits restaurants où tu peux acheter du poulet grillé.

– Pourquoi les voitures, elles sont jaunes ?

– C'est la couleur des taxis.

– Pourquoi ça sent mauvais ?

– Parce que les gens jettent leurs ordures n'importe où.

– Pourquoi….

Yanis, lui, ne dit rien mais observe avec beaucoup d'attention cette agitation nouvelle.

Sur la route qui rejoint Ensenada des magasins de céramiques se succèdent, exposant leurs collections d'objets hétéroclites. Des restaurants font griller des *pollos asados*[1], des buvettes proposent des jus de fruits frais accompagnés de *tacos*, des boutiques à musique crachent leurs décibels pour attirer les clients. Nous sommes un peu étourdis le premier soir. Après avoir planté la tente sur le gazon d'un hôtel en

---

[1] Poulets grillés

construction, nous tombons rapidement dans les bras de Morphée.

Les jours suivants, notre moral est en chute libre. La première impression qu'engendre la *Baja California*, cette longue péninsule de deux mille kilomètres qui s'enfonce dans l'océan Pacifique et la mer de Cortez, n'est pas très encourageante. Les villages que nous traversons ressemblent à des bidonvilles. Des carcasses de voitures dépecées gisent sur le bord de la route. La poussière est omniprésente. Le bruit est insupportable.

Nous avons aussi du mal à communiquer avec les Mexicains. Malgré un lexique appris par cœur aux Etats-Unis, notre niveau en espagnol, datant du collège, n'est pas suffisant. Nos premières phrases sont un mélange d'anglais et d'espagnol qui font rire les autochtones. La majorité d'entre eux, ignore la langue parlé chez le pays voisin.

Le soir du sixième jour, sous le kiosque municipal du bourg de Santo Vicente où nous avons déployé la tente, nous accusons le coup. Nous avons perdu nos repères. La transition entre les Etats-Unis et le Mexique est trop brutale.

D'habitude, ces problèmes d'adaptation ne nous inquiètent pas outre mesure. Ils sont une des composantes du voyage. Il faut juste du temps pour s'acclimater.

Mais ce soir, rien ne va plus. Nous avons une boule au ventre, une boule de stress accumulée depuis six jours et qui nous empêche de trouver le sommeil. Ce sera la seule fois du voyage ou nous ressentirons cette désagréable sensation. La cause : une noria de camions chargés de tomates qui remontent vers la frontière américaine générant le même trafic en sens inverse. Les chauffeurs roulent comme des fous et ne tolèrent pas d'être ralentis par des cyclistes qui s'avèrent en plus être des *gringos* (blancs). Si certains chauffeurs s'écartent à une distance convenable pour nous doubler, la plupart forcent le passage et nous obligent à terminer notre course sur le bas-côté. Nous redoutons les virages sans visibilité taillés dans la roche car ils n'offrent aucune possibilité de dégagement. Pour les franchir, nous regroupons les enfants dans la remorque de Valérie et je reste vingt mètres derrière, le fanion de signalisation à la main, pour prévenir et ralentir les monstres d'acier dans ces passages dangereux.

A coups de klaxons insistants, ils nous préviennent qu'ils sont les plus gros, donc les plus forts. La dangerosité du trafic est réelle et pèse sur nos nerfs.

Nous finissons par nous endormir mais pas pour longtemps. Vers quatre heures du matin, je me réveille en hurlant, couvert de sueur. J'ai fait un cauchemar horrible. Tout était confus. J'entendais Léa crier. Je voyais la remorque broyée disparaître dans une épaisse fumée blanche au milieu d'un amas de ferraille. Valérie tente de me calmer, en vain. Je n'arrive plus à fermer l'œil de la nuit.

Au petit matin, nous reprenons la route avec l'espoir d'avoir moins de circulation car nous sommes dimanche. Nous sortons du bourg et entamons une longue montée. Je distance rapidement Valérie qui n'a pas le même rythme. Arrivé à mi-côte, j'observe, tout en haut, un camion déboîter subitement pour en doubler un autre. Ils viennent vers moi en occupant toute la chaussée. Aucun des deux chauffeurs ne ralentit. Je suis tombé sur des fous qui me foncent délibérément dessus la main sur le klaxon et les phares allumés. Suis-je à nouveau en train de vivre un cauchemar ? Non. La situation est plus que réelle. Les deux fous ne me laissent pas d'autre choix que de m'écarter violemment de la route. Léa surprise par les secousses me demande ce qu'il se passe. Je tremble, insulte les chauffards qui sont déjà loin et met plusieurs minutes à me remettre de mes émotions. Valérie, qui était située à une grande distance derrière moi, a observé toute la scène.

– Nous ne pouvons pas continuer comme cela ! dit-elle bouleversée.

Elle a raison. Pourquoi continuer ? Le cœur n'y est plus. Que faire ? Renoncer ? Retourner aux Etats-Unis et prendre un bus pour rejoindre le Guatemala ?

Un quart d'heure plus tard, alors que nous étions en pleine réflexion, un véhicule s'arrête à notre hauteur. La porte s'ouvre. Un homme d'une trentaine d'année en sort. Il s'approche et lance :

– *Hola amigos !* Vous savez, cette route est dangereuse. Je vais vers le sud. Voulez-vous que je vous dépose quelque part ?

Signe du destin ? Providence ? En quelques minutes, nous chargeons nos vélos dans la voiture et partons avec Raphaël, un jeune père de famille qui a tout de suite compris notre détresse. Négociant automobile, il achète ses véhicules d'occasion aux Etats-Unis pour les revendre à San Lucas, située plus au sud. Il empreinte donc régulièrement cet itinéraire et nous rassure pour la suite du voyage :

– Vous verrez, dès que nous aurons quitté El Rosario, le trafic va diminuer et quand nous serons dans la sierra, nous ne croiserons plus de véhicules.

En effet, deux heures plus tard, les zones urbanisées insalubres à la circulation redoutée disparaissent pour laisser place à de superbes paysages de cactus. Nous avons l'impression de revivre. Le stress accumulé ces derniers jours est évacué d'un coup. Nos corps se détendent. Nous sommes soulagés.

Le soir nous plantons la tente au pied d'un énorme cactus candélabre, à quelques kilomètres du bourg de Catalina. En regardant le ciel, nous pensons à Raphaël et avons du mal à distinguer parmi tous les points lumineux, la bonne étoile qui veille sur nous.

Sitôt l'agglomération d'Ensenada derrière nous, notre enthousiasme pour le voyage revient. Nous évoluons sur un ruban d'asphalte qui s'étire au milieu de paysages sauvages d'une grande beauté où le calme, les grands espaces et la pureté de l'air forment un cocktail délicieux. Le trafic automobile est, à notre grand bonheur, quasi nul. Les bivouacs s'enchaînent dans des décors désertiques d'exception qui ne manquent pas de piquants ! La Basse Californie abrite plus de 95% des espèces de cactus connues dans le monde.

Nous partons, en famille, les observer sous toutes leurs aiguilles. Il y en a des grands en forme de candélabre nommés *Cardon,* des petits en forme de boule recouverts d'un duvet blanc, des cactus habillés de petites épines souples, d'autres d'aiguillons en hameçon. Certains abritent même des fleurs rouges et jaunes. Les enfants sont intrigués par ces plantes qui ne ressemblent à aucune autre. Ils s'amusent à toucher les épines du bout des doigts en criant *« ouille »*. Nous en découpons plusieurs à l'aide d'un couteau et Léa les colle ensuite sur son cahier en respectant l'ordre de la plus petite à la plus grande. Yanis s'intéresse plus aux *pitaya*, fruits comestibles du cactus du même nom et dont le goût s'apparente à celui d'une pastèque acidulée. Il en raffole !

Cette région désertique nous oblige à anticiper nos ravitaillements en eau et nourriture. Il est en effet assez courant d'avoir à parcourir plus de cent cinquante kilomètres sans voir un seul magasin. A chaque fois, nous surchargeons nos remorques de plusieurs dizaines de kilos pour avoir une autonomie suffisante. Nous achetons l'eau dans de gros bidons de cinq litres que nous plaçons aux pieds des enfants. C'est la denrée la plus précieuse de notre voyage et nous l'utilisons avec parcimonie. Dans les étapes les plus longues, par souci d'économie, nous utilisons le litre d'eau ayant servi à notre toilette, pour faire la vaisselle ! Nous consommons à quatre, pour toutes nos activités, environ douze litres d'eau par jour, soit l'équivalent du contenu d'une chasse d'eau !

Les rares villages qui ponctuent notre progression se résument à quelques baraquements séparés par des rues en terre. Un groupe électrogène tourne la journée pour produire l'électricité. Il y a toujours une petite *tienda* dont les murs sont peints aux couleurs de la marque de bière nationale *Tecate*. Nous arrivons à nous approvisionner en boites de conserve et pâtes. Parfois ces magasins de bout du monde vendent des bananes, des pommes de terre ou des oignons. Aussi curieux que cela puisse paraître, nous y trouvons toujours des couches et du lait en poudre !

Nous rejoignons la mer de Cortez à Santa Rosalia et marquons une pause de quelques jours en prenant une chambre d'hôtel. Nous en profitons pour faire une lessive complète de nos affaires, consulter nos mails et découvrir les dernières nouvelles du monde. Nous apprenons sur Yahoo, que les cours du cuivre ne cessent de grimper suite à la forte demande Chinoise et Indienne. Cette actualité nous ramène à l'histoire de Santa Rosalia dont l'existence est étroitement liée à la découverte de ce minerai. En 1885, la société française *El Boleo* obtint du gouvernement mexicain une concession de 99 ans pour l'exploitation des riches gisements de cuivre. L'énergie électrique vient juste d'être maîtrisée et la demande du métal conducteur explose. Santa Rosalia devient une ville florissante, équipée de l'électricité bien avant les grandes capitales européennes.

Il reste de cette époque glorieuse des édifices coloniaux en bois, les ruines de l'antique usine de fonte, des locomotives à vapeur, une boulangerie crée en 1905 et qui continue de fabriquer du pain. Il y a aussi l'église de Santa Barbara, parfaitement conservée et qui fut transportée jusqu'ici en kit après avoir été achetée à une société belge par la compagnie du Boleo en 1897. Cette église, conçue par notre célèbre architecte, Gustave Eiffel, avait participé à l'exposition universelle de Paris en 1889.

Après un ravitaillement complet, nous reprenons la route et plantons la tente, trente et un km plus au sud à la hauteur du bourg de San Bruno sur une plage isolée. Nous faisons connaissance avec Manuel, un pêcheur d'*Almeijas Reinas*, sorte de grosse palourde dont la chair est un régal. Il n'a pour seule richesse qu'une petite cabane rudimentaire en bois et un bateau équipé d'un moteur. Nous sympathisons et il me propose de venir l'accompagner à la pêche. Le lendemain, je me lève à six heures sans faire de bruit et rejoins Manuel et son ami, Miguel. Nous faisons glisser l'embarcation sur des rondins de bois jusqu'à la mer, démarrons le moteur et partons vers le large. Au bout de quelques minutes alors que nous sommes déjà éloignés de la côte, une voie d'eau apparaît. Des dizaines de litres envahissent le fond de cale. Je regarde un peu inquiet Manuel qui me répond calmement :
– *No te preocupas !*

Miguel me tend un seau pour écoper puis saisit un morceau d'étoffe et calfeutre à l'aide d'une lame de couteau une ancienne réparation probablement fragilisée lors de la mise à l'eau. Au bout de cinq minutes stressantes, la brèche est colmatée mais j'écope toujours !

Plus tard nous jetons l'ancre sur un haut fond rocheux. Manuel revêt une combinaison de plongée en partie trouée et met son masque. Au même instant, son coéquipier démarre le compresseur qui fournit de l'air au détendeur. Tout est rouillé, grippé et rafistolé avec des matériaux de récupération.

Manuel bascule en arrière dans la mer et descend à dix mètres de profondeur, muni d'un sac et d'un trident pour décrocher les coquillages. Nous jetons aussitôt deux palangres à la mer. Une demi-heure plus tard, alors que j'étais en train de remonter mon deuxième rouget, un sifflement s'échappe du tuyau d'air. Miguel ouvre calmement une boite et en sort un morceau de chambre à air qu'il enroule aussitôt autour du tuyau d'air, maintenu par de la ficelle. Le sifflement s'arrête. Il revient à sa place comme si de rien n'était ! Nous rentrons sans encombre en fin de matinée avec plusieurs rougets et une trentaine de kilo d'*Almeijas Reinas*. Ils sortent le bateau à l'aide d'une camionnette toute cabossée, au moteur pétaradant d'une fumée blanche. Je les quitte en me disant que chacun vit à sa façon une aventure. Mais je préfère de loin la nôtre car elle n'est pas aussi risquée ! Le soir nous nous régalons de rougets saisis sur la braise et d'*Almeijas* préparées à la mode tahitienne.

Nous reprenons la route et abordons, après Mulege, la jolie région de Bahia Conception. Le relief devient plus escarpé. Les cactus « candélabres » se découpent sur le bleu de la mer de Cortes, donnant aux paysages des allures de cartes postales. De nombreuses petites baies aux plages en sable corallien ponctuent notre progression. Sur l'une d'elle, nous rencontrons Geary, un vieil américain échoué ici depuis neuf ans. Il s'est construit un bungalow et nous invite très gentiment à planter notre tente à proximité. Il produit son électricité à l'aide de panneaux solaires et récupère l'eau de pluie dans une citerne. Il devient très vite la coqueluche des enfants en leur offrant des bonbons et des sodas glacés.

Geary, comme tout vieux garçon, a ses habitudes. L'une d'elle nous fait d'ailleurs sursauter au réveil, le lendemain matin, quand, l'ampli de sa stéréo à fond, les enceintes laissent échapper une sonorité de cornemuse jouant l'air écossais « *Slow March* ».

Aujourd'hui encore, il suffit que nous écoutions cette mélodie pour être aussitôt transportés, sur la plage de Geary.

En quittant l'immense baie de Bahia Conception, il nous reste environ 400 km à parcourir pour rejoindre la ville portuaire de La Paz, soit un peu moins de dix jours de vélo à un rythme « normal ». Mais nous mettrons trois fois plus de temps en réalité ! Cette lenteur excessive fait suite à notre décision d'utiliser le bus pour se déplacer sur le Mexique Continental. En effet, plusieurs voyageurs rencontrés nous ont parlé d'un trafic de camions aussi dangereux que celui rencontré dans la région d'Ensenada. Après notre douloureuse expérience, nous les croyons bien volontiers. Aussi décidons-nous d'avoir recours aux services de bus routiers pour nous déplacer à travers le Mexique continental, ce qui génèrera cette contre-performance !

Nous prenons donc notre temps et restons parfois plus d'une semaine au même endroit comme sur la plage de Ligwi où la température hivernale de 27°C est des plus agréables. Nous passons des journées à profiter de la mer avec les enfants : jeux de ballons, dessins sur le sable, fabrication d'un bateau avec des objets trouvés sur la plage, vaisselle... C'est toujours un plaisir de leur faire découvrir des choses par le jeu. Lorsque nous nous baladons, ils nous interpellent à chaque crotte de chèvre, trace suspecte, os, joli cailloux, insecte bizarre, etc... « C'est quoi çà ? », « Pourquoi ? », « Touche pas, c'est caca ! », « Moi quand je serai grand... ». Tout est découverte.

Plus tard, nous montrons le résultat du frottement d'un caillou blanc sur une roche foncée. Aussitôt, Léa s'en empare et dessine les lettres de son prénom.

Nous traçons ensuite un immense alphabet sur le sable et demandons aux enfants de repasser le doigt dans le tracé de chaque lettre que nous épelons à voix haute.

Un autre jour, nous inventons, un peu par hasard, un jeu hilarant. Il est 13 heures, le soleil est à son zénith et nous sommes abrités à l'ombre d'un arbre. Valérie sort son petit miroir pour s'épiler les sourcils. Le reflet du soleil projette un point lumineux dans la pénombre qui intrigue nos enfants. Aussitôt ils veulent attraper l'étrange lueur que nous agitons devant eux. Il s'ensuit une course poursuite qui les fait sauter, se retourner ou se taper dessus lorsque l'insaisissable lumière se promène sur leur corps. Leurs pitreries nous amusent tant que nous rions bientôt à gorge déployée. Léa, moins naïve, repère notre stratagème rapidement. Nous voilà démasqués, à notre grand regret !

L'attitude de Yanis à notre égard a changé. Il est dans une phase de négation et de défi permanente pour affirmer qui il est et ce qu'il désire. Ainsi nous avons l'impression que chacune de nos paroles ou attitudes est analysée par son « moi profond ». A la moindre contrariété, il nous manifeste son mécontentement par des pleurs ou, bien pire, des morsures. Ainsi Valérie se fait mordre plusieurs fois aux bras tout comme Léa avec laquelle il ne souhaite plus partager ses jouets. Ce comportement nous met hors de nous et Yanis reçoit ses premières gifles.

Au matin du vendredi 5 novembre 2004, j'entonne avec les enfants un « *joyeux anniversaire maman* ». Léa et Yanis s'empressent d'offrir un petit paquet de bonbons au chocolat accompagné de leurs dessins. Un peu plus tard, s'invitant à la fête, plusieurs dauphins viennent jouer dans les vagues, à quelques mètres du rivage. Je saisis cette occasion pour lancer une boutade à ma future femme :

– Voilà, c'est tout ce que j'ai à t'offrir pour tes 37 ans ! Des bonbons au chocolat, des dauphins et demain lorsque nous reprendrons la route, des litres de sueur !

Elle sourit et me glisse à l'oreille :

– C'est le plus beau cadeau qu'on puisse m'offrir !

Elle est fantastique. Combien de femmes pourraient supporter ce qu'elle endure ? Combien de femmes accepteraient de partir avec des enfants si jeunes à l'autre bout du monde sur un vélo couché ?

Pendant la sieste des enfants, nous méditons, bercés par le grondement des vagues toutes proches. Réflexions sur notre voyage qui est en fait prétexte à rencontres avec d'autres populations, avec d'autres milieux et finalement avec soi-même. Réflexions sur notre mode de transport : à vélo, il n'y a, tout compte fait, pas de jour facile. La météo, les dénivelés, les crevaisons, le vent, la fatigue accumulée… On ne peut pas tricher. C'est dur à assumer mais en même temps c'est riche en enseignements. Nous prenons par exemple conscience que la fierté d'avoir fait quelque chose dépend finalement de la difficulté qu'on a eu de la réaliser. Que nos limites ne sont pas physiques mais psychologiques. Si nous y croyons fermement, avec un peu d'organisation, quelques concessions et beaucoup de volonté, nous savons que nous pouvons réaliser nos plus grands rêves.

Cette dernière pensée nous conduit naturellement à parler de la suite du voyage. Notre idée initiale de rentrer en France, après le mariage, récupérer le camping-car et le convoyer jusqu'à Buenos-Aires pour parcourir l'Amérique du Sud est vite abandonnée. Trop compliquée, trop coûteuse et trop longue. D'autant que dans un peu moins d'un an, mon congé parental prend fin.

Rejoindre l'Amérique du Sud à vélo ? Pas évident dans la mesure où il n'existe pas de route entre le Panama et la Colombie. La jungle marécageuse du Darien forme un obstacle naturel infranchissable.

Nous envisageons donc, après notre mariage au Guatemala, de rejoindre directement le Pérou par avion et de continuer notre route jusqu'en Bolivie. Se posent alors de nouvelles questions : supporterons-nous le relief de la Cordillère des Andes avec ses cols à plus de quatre mille mètres ? Comment vont réagir les enfants aux problèmes d'altitude ? Quel équipement emporter pour les froids extrêmes de l'altiplano ?

Nous discutons aussi de ce vieux projet qui nous tient à cœur : réaliser un trek de plusieurs semaines avec Léa et Yanis dans un milieu naturel insolite. Un rêve qui est né à la suite de plusieurs randonnées effectuées avec des ânes dans les Cévennes et les Pyrénées, avant la naissance des enfants.

Aux Etats-Unis, nous avions voulu organiser cette petite aventure dans le parc d'Escalante, en Utah, mais les prix de location ou d'achat des animaux nous en avaient dissuadés.

« Et pourquoi pas faire notre trek sur les chemins des Incas dans la région de Cusco ? » avais-je un jour lancé à Valérie. Depuis, cette idée a fait son chemin et, chaque jour, nous échangeons sur les nombreuses questions qu'il faudra résoudre lorsque nous serons sur place : comment fixer les enfants sur les ânes quand ils ne voudront plus marcher ? Où se procurer des informations fiables sur notre parcours ? Quelle est la période pour réaliser cette marche dans les meilleures conditions ?

*

Cela fait plus d'un mois que nous sommes en Basse Californie et la pratique quotidienne de l'espagnol permet de nous améliorer rapidement. Notre oreille s'est habituée aux sonorités chantantes de cette langue que ses racines latines rapprochent du français. Nos conversations se font désormais naturellement en espagnol et rendent nos rencontres d'autant plus riches. Au magasin de Ligwi, nous faisons connaissance avec Hanna, la maîtresse de l'école maternelle. Charmée par les enfants, elle nous invite dans sa classe. Il s'agit d'un petit bâtiment aux murs en ciment avec un toit en tôles ondulées. Une dizaine de petites tables en bois en meuble l'intérieur. Sur une étagère, quatre jeux d'éveils se battent en duel. Valérie, étonnée, demande à Hanna :

– C'est tout ce que vous avez comme matériel pour travailler avec les enfants ?

– Oui et pour la plupart ce sont des dons. Vous voyez cette ferme *fisher price*, c'est un touriste qui nous l'a apportée.

– Mais le gouvernement ne vous donne pas d'argent pour faire fonctionner l'école ?

– Si, mais il n'y en a pas beaucoup qui arrive jusqu'ici ! dit-elle en riant.

Puis elle rajoute :

– En fait, nous avons deux problèmes. Le premier, c'est que le gouvernement considère la Basse Californie comme une île et donc nous sommes un peu délaissés. Le second, c'est la corruption. Résultat, nous récupérons toujours les miettes des ambitieux programmes du ministère de l'éducation !

Hanna nous présente ensuite le tableau qu'elle a fabriqué elle-même avec de la peinture noire. Très fière, elle explique sa méthode pour apprendre à lire aux enfants : association d'une lettre à une image ou à une couleur.

Elle propose à Léa et Yanis de faire la classe avec ses élèves. Yanis est tout de suite à l'aise au milieu du groupe. Il joue immédiatement avec les autres élèves, se fait une copine, expose son dessin à toute la classe, fait un bisou à Hanna…

Léa se montre beaucoup plus timide. Cette réserve qu'elle a toujours eu face aux inconnus me contrarie de plus en plus. Un peu agacé, je l'accompagne vers les autres enfants. Le résultat n'est pas brillant et elle part se réfugier dans les jambes de Valérie.

Comment deux enfants pourtant issus d'une même mère et d'un même père peuvent-ils avoir des caractères si différents ? Ma réflexion fait réagir Valérie :

– Chaque enfant est unique, Fabien. Ce n'est pas parce que Léa est moins spontanée que son frère qu'il y a quelque chose d'anormal. Sa façon de communiquer lui est propre et c'est bien ainsi. N'essaye pas de la former à ta propre image.

Hanna qui a suivi la scène a tout de suite deviné ma préoccupation. Après s'être fait traduire nos propos par Valérie, elle sourit puis me lance :

– Les parents se soucient trop de leurs enfants ! Il ne faut surtout pas empêcher Léa d'être ce qu'elle est profondément. Nous avons dans l'école plus de soixante enfants dont bon nombre sont frères et sœurs et je peux vous garantir que chacun d'eux a son propre caractère.

Hanna propose à Léa des crayons et une feuille de papier et me dit en aparté :

– C'est à elle de décider quand elle aura envie d'aller voir les autres enfants.

Vingt minutes plus tard, après avoir réalisé plusieurs dessins et observé le groupe, notre petite pomme d'amour part jouer tout naturellement avec les autres enfants. Hanna me fait un clin d'œil et Valérie me lance :

– Tu vois, cela ne sert à rien de s'énerver !

Et elles ont raison. Inconsciemment j'essaye toujours, à tort, d'imposer à Léa le moule de la petite fille parfaite et idéale dont chaque parent rêve. Je ne me rends pas compte, en croyant bien faire, que je vais à l'encontre de sa personnalité et de son unicité. Cette soudaine prise de conscience me soulage d'un grand poids. Je viens de comprendre qu'il faut laisser aux enfants la liberté de s'épanouir pleinement, tout en respectant leurs différences.

Agée de 25 ans, Hanna nous surprend à chaque instant par sa maturité. Petite, rondelette, elle a des yeux vifs et remplis d'ambition. Elle incarne cette jeunesse dont le Mexique a tant besoin pour son développement.

Elle nous propose de venir passer avec elle le week-end chez ses parents qui habitent à Villa Constitution, prochaine ville sur notre route. Deux jours plus tard, nous arrivons devant la petite gargote tenue par Constitution, la mère d'Hanna. Elle nous accueille chaleureusement et nous invite à nous asseoir autour d'une table recouverte d'une nappe plastifiée rouge.

– Choisissez ce que vous voulez dans le menu. Vous êtes mes invités !

Plus tard, nous retrouvons Hanna qui nous emmène, à travers la ville, jusqu'à la maison de ses parents. Nous marchons en tenant nos vélos par le guidon. Le chemin est en terre, il n'y a pas de poubelle et nous slalomons entre les tas d'ordures. La plupart des maisons croisées ressemblent à celles que nous voyons depuis notre entrée au Mexique : elles donnent toutes l'impression d'être en cours de construction.

Mais celle des parents d'Hanna est différente. La cour est propre, les murs sont enduits et peints d'une couleur claire, l'intérieur des pièces est arrangé avec beaucoup de charme, la cuisine est carrelée et la propreté est irréprochable. Sont-ils riches ? Non. Mais cette famille n'est pas comme les autres : elle travaille, elle est organisée. Malgré leur condition modeste, ils ont su en faire un petit havre de paix.

Léo, le père d'Hanna, arrive. La tête coiffée d'un large sombrero, il nous salue et nous installe au salon. Hanna s'occupe déjà des enfants. Nous faisons connaissance.

Propriétaire d'une petite entreprise de recyclage de pompes à eau, Léo nous en apprend un peu plus sur son pays.

– Depuis 1994, date de signature du traité de libre échange avec les Etats-Unis et le Canada, notre pays connaît un développement économique sans précédent. Nos exportations ont connu une croissance très importante grâce aux *maquiladores*.

– Qu'est ce que c'est ?

– Ce sont des usines qui bénéficient d'une exonération des droits de douane. Elles importent des composants qui une fois assemblés ou transformés sont réexportés principalement vers les Etats-Unis. Les grandes entreprises américaines peuvent ainsi fabriquer leur biens de consommation courante à moindre coût en laissant l'étiquette « made in USA » !

– Il y en a beaucoup ?

– Plus de quatre mille et elles emploient plus d'un million de personnes.

Il nous apprend ensuite que le Mexique est le 5ème producteur mondial de pétrole, qu'il possède également d'énormes quantité de gaz, que ses sous-sols sont riches en métaux précieux et que l'homme ayant la troisième plus grande fortune au monde est mexicain et s'appelle Carlos Slim Helu. Je m'étonne :

– Vous décrivez votre pays comme un pays riche et plein de ressources mais ce n'est pas l'image laissée par la Basse Californie.

– Comme le reste des états du Mexique ! Nous restons un pays sous développé ! Mon pays fait parti de ceux où la répartition des richesses est la plus inégale au monde : 45 % de la population vit dans la pauvreté. Vous avez vu l'état de nos routes ! Notre quartier n'a pas de tout à l'égout. Je suis obligé d'avoir un groupe électrogène pour prévenir les coupures de courant. Quant à la délinquance, je ne vous en parle pas, elle gangrène nos villes. Tout ça c'est la faute à nos politiciens corrompus jusqu'à la moelle.

Le soir, Constitution nous prépare un repas à base de purée de haricots, tortillas et fromage. Un régal.

Nous partons le lendemain matin visiter le marché où Léo vend ses pompes à eau. Une sorte de *Castorama* à ciel ouvert avec des rues spécialisées par famille d'articles. Il y a la rue de la visserie, celle de la plomberie, une autre pour l'électricité… Chaque vendeur fait la réclame, équipé d'un plumeau pour chasser la poussière omniprésente. Léa et Yanis passent de longs moments dans les étals à toucher et inventorier les objets hétéroclites.

Hanna et sa mère ne peuvent s'empêcher d'offrir une pomme glacée à nos enfants.

Le lendemain matin, nous partons avec un pincement au cœur. Tant de gentillesse et d'amour donnés si naturellement ne nous laissent jamais indifférents.

A quelques kilomètres de la ville, un léger brouillard se forme dans lequel les cactus « *cardons* » forment d'étranges silhouettes fantomatiques. Tout est feutré, l'air est humide. Nous attaquons bientôt une côte. Un vrai parcours sportif. Même avec sept mille kilomètres au compteur, nous souffrons et peinons. Serons-nous un jour rodés ? Nous pédalons ensuite sur une route plate avec un vent favorable. Le décor est féerique. Là encore, de l'espace, du vide à l'infini, des jeux d'ombres et de lumière.

Sur une route déserte, je m'approche à la hauteur de Valérie. Nous discutons de notre chance d'être libres d'évoluer sur cette péninsule baignée par une douce chaleur tandis que la France connaît ses premières gelées de novembre. Nous adorons aussi parler de l'organisation du mariage, des démarches à entreprendre lorsque nous arriverons au Guatemala. Nous n'avons jamais visité ce pays et ne le connaissons que par les guides touristiques que notre famille nous a faits parvenir de France. A trois mois de la date fatidique, nous avons juste reçu de l'ambassade française, un mail avec la procédure à suivre pour officialiser notre mariage. C'est tout !

Au bivouac, nous sommes particulièrement vigilants car de nombreux reptiles et d'autres bestioles dangereuses habitent cette région désertique. Un jour, en fin d'après-midi, alors que nous étions en train de cueillir des *pitayas* pour le dessert, j'entends Léa m'appeler d'un ton calme que je ne lui connais pas:

– Papa, viens voir. Qu'est-ce que c'est ?

Je me précipite et découvre une tarentule de la taille de ma main, qui déambule tranquillement à un mètre de Yanis.

Elle se faufile au milieu des herbes puis finit par se lover au pied d'un cactus.

Yanis intrigué me demande :

– Elle est gentille ou méchante la bête ?

Le soir, nous dormirons avec la tente bien fermée !

Un matin, c'est un petit scorpion jaune que nous découvrons sous la tente. Sa taille ne dépasse pas cinq centimètres et certaines parties de son corps sont translucides. Il a ses pattes bien appuyées sur le sol, la queue recourbé, le dard prêt à piquer. D'un coup de pied, je l'envoie rejoindre sa constellation. D'après les autochtones, sa piqûre peut être mortelle pour les enfants.

Un autre jour, nous rencontrons Rodolpho qui est passionné par les *Cascabels*, cette vipère agressive plus connue sous le nom de serpent à sonnette. Il en a attrapé trois dans son jardin qu'il garde dans des seaux en plastique. Lorsqu'il en sort une à l'aide d'un bâton, le reptile produit aussitôt, grâce au bruiteur corné situé à l'extrémité de sa queue, un bruit semblable à celui d'une crécelle. Instinctivement, le serpent se met immédiatement en accordéon prêt à frapper. Nous avons des frissons dans le dos.

Les jours qui suivent, nous connaissons plusieurs déboires matériels. Nos matelas sont truffées de petites épines qui provoquent bientôt des micro fuites. Nous réparons avec des rustines. Plus tard c'est la chambre à air du pneu avant de Valérie qui éclate au moment où elle collait son oreille dessus pour détecter l'origine du petit sifflement.

– Ah mon Dieu, mon oreille, je n'entends plus rien… Fabien j'ai mal.

Après quelques minutes de stress, la douleur disparaît à notre grand soulagement et Valérie retrouve son audition.

Plus tard, c'est la fermeture éclair de la tente qui commence à donner des signes de faiblesse. Impossible de la fermer correctement. Avec le souvenir de la tarentule, Valérie s'empresse de condamner le zip en le cousant. Heureusement notre tente possède deux entrées.

Cette loi des séries continue le lendemain matin au démontage des arceaux en aluminium. L'un d'eux se brise en deux ! Je bricole une attelle temporaire.

Voilà bientôt un an que nous voyageons avec notre matériel et des phénomènes d'usure commencent à apparaître. Nous pensons à le renouveler.

*

A notre arrivée dans la ville de La Paz, des centaines de voitures sont alignées sur le bord des routes. Une foule nous salue, nous siffle, nous acclame ! Est-ce un comité d'accueil ? Non il s'agit de la *Baja 1000*, un rallye dont le parcours Ensenada-La Paz est accompli en 17 heures. Nous avons réalisé la même distance en un peu moins de deux mois !

Au centre ville, nous rencontrons Jean-Yves et Babeth, un couple de français dont l'adresse nous avait été communiquée par une québécoise croisée à Santa Rosalia. Après nous avoir aidé à trouver un hôtel, ils nous invitent le soir dans leur restaurant, « le Bistrot Français ». De nombreuses imitations des tableaux de Toulouse Lautrec, Tofoli et Monet ornent les murs aux couleurs pastels.

Autour d'un cocktail maison, Jean-Yves, la soixantaine, les cheveux courts, les yeux vifs abrités derrière des petites lunettes rondes, nous raconte les raisons qui les ont conduits à venir s'installer ici :

– Nous étions gérants d'une petite surface alimentaire dans la région de Toulouse. Comme tout gérant de PME en France, c'était la galère. On se levait à 5 heures du matin pour se coucher à 22h00. Dans la journée, j'étais chef d'entreprise puis balayeur, je mettais les fruits et légumes en place, je m'occupais de la boucherie, des produits frais et de la caisse avec ma femme. Ce rythme d'esclave, on le gardait toute la semaine. Notre week-end, c'était du dimanche 15 heures jusqu'au lundi matin 5 heures. Dans l'année, nos seules vacances, c'était les jours fériés. Les cinq dernières années, nous avons seulement pris quatre semaines de vacances car on ne pouvait pas payer des gens pour nous remplacer. On se rémunérait 15000 F avec ma femme pour 85 heures de boulot par semaine soit 5500 F net chacun.

Jean-Yves boit une gorgée du cocktail, reprend son souffle et repart à la charge :

– On en voyait jamais le bout. Et puis on a un sacré problème en France avec l'administration. Elle est agressive et orientée politiquement ce qui fait qu'on est considéré comme des *connards* nous les petits entrepreneurs. Eux, les fonctionnaires, ils n'ont pas de problèmes. Ils ont la retraite après 30 ans d'activité et la sécurité de l'emploi toute l'année. Quand on ne recevait pas de courriers de l'URSSAF, des impôts ou de l'inspection du travail pendant une semaine, cela voulait dire que soit le facteur était en grève, soit nous allions prendre une tuile la semaine d'après ! J'ai des collègues en France qui continuent de bosser comme des dingues et ils en crèvent. Les petits entrepreneurs sont les esclaves modernes de nos sociétés. Alors après, on se plaint que les cerveaux et les gens dynamiques s'en vont ou que les entreprises se délocalisent. Il n'y a que les politiques pour ne pas le voir ou ne pas le dire avec leur langue de bois. De tout ça, on en avait marre. Alors un matin je suis rentré dans le bureau de Babeth et je lui ai dit : on vend tout et on s'en va !

Assise à côté, elle enchaîne :

– Je m'en rappelle encore comme si c'était hier car ce fut pour moi un énorme soulagement !

J'engage un débat houleux avec Jean-Yves sur la qualité de notre service public qui est reconnu comme l'un des meilleurs au monde. Valérie voyant la discussion s'animer, fait diversion :

– Et comment êtes-vous arrivés à La Paz ?

– Par un pur hasard ! Un ami intéressé par le rachat de notre maison nous a parlé de cette région où il était venu en déplacement professionnel. Nous avons acheté deux billets pour San Diego et avons débarqué ici par le bus pour un mois de repérage. Quelques mois plus tard, en avril 1999, après avoir vendu magasin et maison, nous sommes arrivés à La Paz avec nos quatre valises et nous avons retroussé nos manches.

– Cela n'a pas été trop dur de s'installer ? continue Valérie.

– Beaucoup plus pour Babeth qui elle ne parlait pas espagnol. Ce fut plus facile pour moi car j'avais déjà travaillé à l'étranger, en Argentine pour le groupe *carrefour*. Nous avons pris un avocat pour créer notre société et fait rénover cette bâtisse qui est l'une des plus vieilles de La Paz. Les deux premières années ont été difficiles car il a fallu se constituer notre clientèle mais maintenant, nous respirons. Nous prévoyons d'ouvrir un deuxième restaurant l'année prochaine puis construire une maison pour notre retraite !

Quelques jours plus tard, sur les conseils de Babeth, nous nous rendons au nord de La Paz sur la plage cristalline de Balandra et y plantons notre tente pour plusieurs jours. Il est vrai que la baie est magnifique. L'eau transparente se teinte graduellement de bleu et de turquoise, rehaussant encore la blancheur du sable fin. A marée basse, nous pouvons avancer dans la mer, de l'eau jusqu'aux chevilles, sur plusieurs centaines de mètres. Les enfants s'en donnent à cœur joie. Nous profitons de ces journées de farniente pour mettre de l'ordre dans nos affaires et lire les impressions papiers des courriels reçus depuis plusieurs semaines.

Nous apprenons avec beaucoup de satisfaction que les sociétés *Décathlon* et *Schwalbe* ont répondu favorablement à nos demandes de parrainage. La marque *Quechua* nous fournit, dans le cadre d'une mission test, une nouvelle tente ainsi que deux duvets grands froids en plume d'oie. *Schwalbe* nous offre un jeu complet de pneus. Nous voilà ainsi équipés pour affronter les pistes et les conditions climatiques difficiles de la Cordillère andine !

Le 27 novembre 2004, nous savourons un dernier coucher de soleil sur cette merveilleuse presqu'île longue de 1700 km qui nous a étonnés et séduits pendant deux mois. Désert immaculé, cactus géants, sierras majestueuses… les images ne cessent de défiler dans nos têtes encore étourdies par tant de beauté. Nous n'avons pas aimé la Basse Californie, nous l'avons adoré !

Le lendemain soir, nous embarquons sur un bateau à Pichilingue. Celui-ci ne transporte que du fret. Le confort est, nous dit-on, sommaire, mais ce sont les billets les moins chers pour rejoindre Mazatlan, sur le continent. Le vent a forci dans l'après-midi et l'un des matelots nous conseille de bien arrimer nos vélos. Après avoir vérifié les sangles, nous nous réfugions dans une pièce sinistre, sans fenêtre, occupée par une trentaine de chauffeurs routiers. Au plafond, deux néons diffusent une lumière glauque. Au mur, un énorme écran télé, le volume à fond, diffuse un navet américain. En prime, une odeur de chaussettes mal lavées se mêle à la fumée de tabac. Nous avons la nausée. Il n'y a pas que sur la route que les chauffeurs de poids lourds sont désagréables !

En s'engageant dans la mer de Cortez, le bateau change de cap et oriente sa proue vers l'ouest. Plusieurs chocs violents font aussitôt vibrer l'ensemble de la structure et le bateau amorce immédiatement un mouvement de tangage particulièrement désagréable. Quelques minutes passent et le mouvement s'amplifie. La mer est très forte et nous avons l'impression de « rouler » sur les vagues. J'ai des suées. Valérie se cale dans le fond du fauteuil et ferme les yeux, incapable de faire quoi que ce soit. Très rapidement nous avons le mal de mer. Nauséeux, je me rue aux toilettes. A mon retour, plusieurs chauffeurs ont fait de même mais n'ont pas pris la peine de se lever. Une odeur acide et nauséabonde a envahi la pièce. Léa hurle « j'ai mal au ventre » puis éjecte aussitôt son repas. Valérie reste toujours immobile, blanche comme un linge. Yanis se met à pleurer. Nous vivons un enfer.

– Nous ne pouvons pas rester dans cette porcherie ! dis-je à Valérie.

Elle se lève au prix d'un terrible effort et nous quittons cet endroit sordide en tenant les enfants par la main. Le bateau tangue tant par moment que nous sommes obligés de nous accrocher à la rambarde pour avancer. En ouvrant la porte du pont principal, nous distinguons la crête blanche des vagues démesurées sur lesquelles nous évoluons. Des dizaines de camions font gémir les chaînes qui les retiennent au pont d'acier dans des craquements sinistres. Nous respirons de l'air frais. Malgré ce décor cauchemardesque, nous revivons.

Un membre de l'équipage s'approche :

– Qu'est ce que vous faites-là ?

– Nous cherchons un endroit pour dormir.

– Il faut aller dans le salon, là-haut.

– Nous en venons. C'est impossible d'y rester. Tout le monde a vomi.

Il semble hésiter un instant puis nous désigne une place entre deux camions à même le sol. J'ajoute :

– C'est une tempête que nous traversons ?

– Non, c'est le « Santa Ana », un vent qui vient de la Californie avec des rafales à plus de 100 km/h !

Après avoir récupéré, sur nos vélos, une bâche et les duvets, nous nous allongeons. Le mouvement de tangage devient beaucoup plus supportable. Léa et Yanis se collent à nous avec leurs doudous contre le visage. Les camions tant redoutés nous fournissent, ce soir, un abri providentiel contre les embruns.

Le lendemain, le vent s'est calmé et nous débarquons dans le port de Mazatlan par une journée ensoleillée. Après cet enfer vécu sur la mer de Cortez, nous sommes heureux de retrouver la terre ferme même si les premières minutes, nous sommes victimes d'un léger mal de terre.

Dans le bus allant vers Guadalaraja, nous ne regrettons à aucun moment notre décision de privilégier ce moyen de transport pour nous déplacer sur le Mexique continental. Le trafic est dense. Les camions conduisent vite et dangereusement. En cinq cent kilomètres, nous sommes ralentis par trois accidents spectaculaires de camions encastrés les uns dans les autres.

Nous arrivons à Guadalajara avec trois heures de retard. David et Eileen, nos amis rencontrés il y a cinq mois, dans l'Etat de Washington commençaient à s'inquiéter :

– Vous êtes sains et saufs, Dieu soit loué !

Puis notre amie nous saute dans les bras. Elle se tourne ensuite vers les enfants :

– Regarde, David, comme ils ont changé ! Yanis est un petit garçon maintenant.

Une heure plus tard, nous découvrons la maison de nos amis, située au cœur du village d'Ajijic. C'est une vieille bâtisse rectangulaire qui s'organise autour d'un petit patio central, agrémenté d'une fontaine et de deux mandariniers. La cuisine est un petit chef d'œuvre avec ses murs recouverts d'*Azulejos* de jaunes, de bleus et de rouges.

Le soir, la réélection de Bush anime notre discussion :

– Je suis déçu par mon pays et par mes concitoyens. Je pensais vraiment qu'il n'allait pas repasser. Cela montre le pouvoir des lobbies économiques et militaires sur nos institutions. Vraiment je ne regrette pas d'être au Mexique avec ce taré aux manettes pour un nouveau mandat.

Eileen nous ressert un verre de vin et nous enchaînons sur les terribles conditions météorologiques pendant la traversée de la mer de Cortez, l'enfer des camions après Tijuana et la péninsule de Basse Californie dont nous sommes tombés amoureux.

Le lendemain, David et Eileen nous relatent avec une certaine fierté la période de leur vie où ils firent fortune grâce à un logiciel informatique. Eileen arrive avec un carton de déménagement dans les mains et lance :

– Voilà, c'est tout ce qu'il reste de notre entreprise !

Elle en sort le titre de propriété de leur société, inscrite au registre de la chambre de commerce de Seattle en 1982, une jaquette commerciale, les maquettes des nombreuses campagnes de publicité réalisées dans la presse spécialisée et un exemplaire de la première version du logiciel *ProKey*.

David me tend le classeur contenant un mode d'emploi et une disquette souple de 5 pouces, puis il commente :

– En 1982, la disquette 3,5 pouces n'existait pas encore. On diffusait notre programme sur ce support qui aujourd'hui fait parti de la préhistoire !

Nos amis n'ont pas ressorti ces affaires depuis longtemps et ils parlent avec une certaine émotion comme si c'était un peu leur bébé. J'enchaîne :

– David, raconte moi l'histoire de ce logiciel. C'est toi qui l'a entièrement conçu ?

– Oui

– A quoi servait-il et comment l'idée t'est venue ?

– Après mon doctorat, j'ai intégré le *Jet Propulsion Laboratory* de la NASA, et je travaillais dans l'équipe chargée du calcul des trajectoires des sondes Voyager. C'était un peu compliqué à l'époque car les systèmes informatiques étaient peu développés et pour limiter les temps d'utilisation des ordinateurs centraux, nous devions simplifier au maximum nos équations. Je passais ainsi des mois à refaire les mêmes calculs pour simuler les différentes trajectoires liées aux paramètres initiaux de mise en orbite comme la vitesse du vent durant l'ascension par exemple. C'était un boulot pas très passionnant. Et puis un jour j'ai eu l'idée, pour mon usage personnel, d'associer une touche de mon ordinateur à une séquence d'actions pré-enregistrées. Cela m'a fait gagner un temps fou. En 1977 après le lancement de Voyager 1 et 2, tous les crédits de la NASA allaient sur le programme de la navette. Il n'y avait plus de boulot aussi j'ai quitté le *JPL* pour créer ma société avec Eileen sur Seattle. Nous étions au début des années 80 et la micro informatique commençait tout juste à naître. J'ai mis un an à écrire *ProKey*. Il s'agissait d'un programme écrit sous le tout nouveau système d'exploitation de *Microsoft* – MSDOS – et qui reprenait mon idée initiale.

– Si j'ai bien compris, c'était un programme pour faire des macros ?

– Oui, exactement. Mon programme était le précurseur du module macros que l'on trouvent dans le tableur *Lotus* – depuis disparu – et *Excel*. *ProKey* a tout de suite remporté un vif succès grâce à Eileen qui s'occupait du marketing. Il était cité dans toutes les revues spécialisées de l'époque comme étant le meilleur outil pour gagner du temps sur des tâches répétitives.

– Et vous en avez vendu combien ? demande Valérie.

– En six années d'activité, un peu plus de cent mille exemplaires à 75 dollars pièce. Au plus fort de l'activité, l'entreprise employait quinze personnes et j'avais sous ma responsabilité une dizaine de personnes tandis que David travaillait sur les nouvelles versions avec trois programmeurs. Nous avons tout sacrifié pendant six ans mais cela en valait la peine car depuis 1988, nous vivons sur les rentes de notre affaire !

En effet, depuis la vente de leur société, ils ont décidé de prendre leur retraite tout en restant dynamiques et entreprenants puisqu'il partent régulièrement parcourir le monde pendant plusieurs mois avec leurs vélos. Une belle réussite comme on en voit dans Capital !

Les jours défilent à Ajijic entre l'accueil chaleureux de nos amis et la proximité agréable du lac Chapala. On y resterait bien un peu plus longtemps mais nous avons un mariage à organiser dans à peine plus de deux mois maintenant !

Demain, nous quittons Guadalajara et nous préparons à une étape marathon de trois jours en bus pour rejoindre le très attendu Guatemala…

GUATEMALA

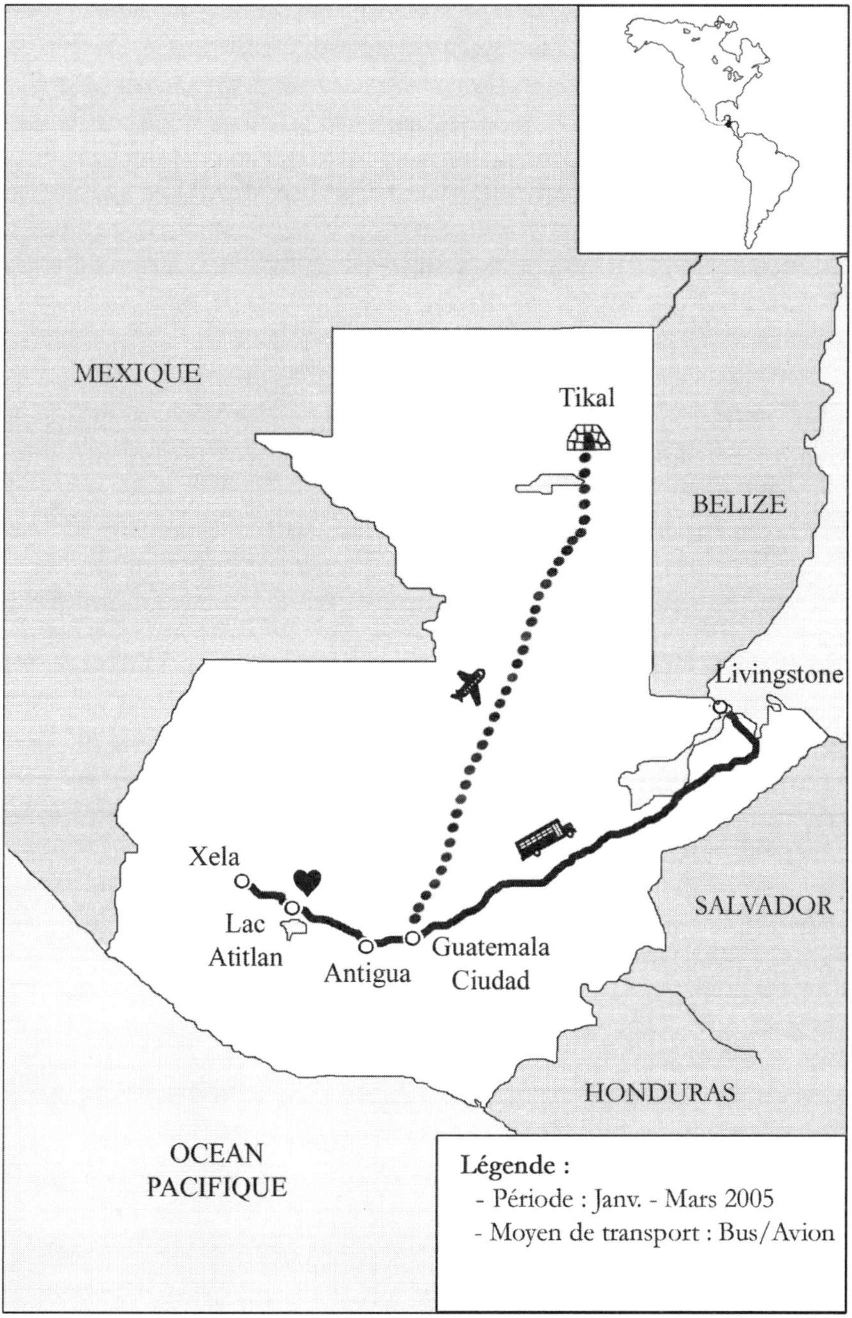
MEXIQUE
Tikal
BELIZE
Livingstone
Xela
Lac
Atitlan
Antigua
Guatemala
Ciudad
SALVADOR
HONDURAS
OCEAN
PACIFIQUE
Légende :
- Période : Janv. - Mars 2005
- Moyen de transport : Bus/Avion

9 - Par les lois sacrées des ancêtres

(Valérie)

Le bus fonce à vive allure vers le Sud. Par la fenêtre, je vois défiler un paysage tropical. Çà et là, des plantations de bananiers, des maisons en pisé aux toits en tôle ondulée. Le bus grimpe bientôt à l'assaut d'une chaîne montagneuse. Qu'il est reposant d'avancer ainsi, sans aucun effort à fournir !

En ouvrant mon agenda pour noter les principaux faits du jour, je réalise que nous sommes déjà le 10 décembre 2004. Cela fait bientôt un peu plus d'un an et demi que nous voyageons par monts et par vaux.

Nous avons l'impression d'être partis depuis une éternité tant l'intensité des moments vécus est grande. Les adieux à nos proches, le départ, tout cela me semble loin. Chaque jour qui passe enrichit nos mémoires de nombreux souvenirs. Notre vie est dense et remplie de découvertes, de rencontres, de nouveautés. Même si parfois nous rencontrons des difficultés, nous ne regrettons à aucun moment d'avoir quitté le confort de la sédentarité pour vivre notre rêve.

Au fil des mois, nous retrouvons avec une certaine jubilation les émotions ressenties lors de notre précédent tour du monde : le temps prend une autre dimension et perd de son importance ; nous nous réveillons et nous endormons avec le soleil ; l'imprévu n'est plus une contrariété ; le contact avec les gens devient naturel et nous nous fondons dans la culture des pays traversés.

Nous sommes devenus nomades. Le voyage s'est insinué dans notre vie pour en devenir un principe vital. Nous nous sentons immensément libres.

Mais le voyage est exigeant et nécessite une capacité d'adaptation permanente. Chaque journée apporte son lot d'imprévus qu'il faut savoir gérer comme aujourd'hui au poste douanier d'*El Carmen* entre le Mexique et le Guatemala.

Le chauffeur nous indique que le douanier veut nous voir. Fabien descend du bus.

– C'est à vous les vélos ? questionne- t'il.

– Oui.

– Il faut que je les contrôle pour faire une déclaration sanitaire.

Surpris, Fabien lui demande pourquoi ?

– Vous pouvez apporter des maladies au Guatemala avec vos pneus.

Fabien se retient pour ne pas rire. A proximité de nos vélos, il y a des poules et des sacs remplis d'agrumes qui eux, n'ont besoin d'aucun papier !

Depuis notre arrivée sur le Mexique continental, nous nous battons contre la corruption. Elle est omniprésente à tous les niveaux de la société. Dans une région du monde où le salaire mensuel d'un ouvrier s'élève à quelques dizaines d'euro, chacun essaye de tirer profit de sa position sociale pour arrondir ses fins de mois.

Déjà, à Mexico, le chauffeur ne voulait pas embarquer nos affaires sans que nous payions une *propina* (pourboire) pour « services exceptionnels ». Il réclamait plus de trente dollars pour charger le vélo de Fabien malgré la surtaxe déjà acquittée auprès de la compagnie de bus ! Nous n'avions rien payé mais le chauffeur nous avait menacé jusqu'au dernier moment de laisser le vélo sur place. Un peu stressant comme situation !

Avec ses grosses lunettes *Ray ban,* le douanier se tourne vers Fabien et lui dit :

– Je vais être obligé d'immobiliser le bus pour remplir la déclaration !

Puis il ajoute aussitôt en prenant Fabien par le bras :

– Je peux aller un peu plus vite mais il faut payer le « service ».

Fabien fait mine d'être surpris et demande :

– C'est combien pour aller plus vite ?

– Vingt dollars.

Bonne nouvelle. Le prix des « services exceptionnels » semble chuter plus on va vers le sud ! Après vingt minutes de négociations éprouvantes pour les nerfs, Fabien ramène le montant du « dessous de table » à 10 dollars. Le chauffeur referme les portes des soutes et après un salut militaire l'officier corrompu ouvre la barrière. Nous voilà au Guatemala !

Notre bus continue sa route sur la *Carretera al Pacifico* qui offre un panorama saisissant avec sur la gauche une série de cônes volcaniques dont certains sont actifs. L'arrivée sur la capitale du Guatemala, Guatemala Ciudad, se fait après une longue ascension sinueuse et vertigineuse. Située à 1500 mètres d'altitude, c'est la plus vaste agglomération urbaine d'Amérique Centrale. L'insécurité est réelle, comme en témoignent les gardes armés postés devant les magasins, les banques ou la station centrale de bus où nous descendons.

Nous décidons de rejoindre directement Panajachel au bord du lac Atitlan, situé à quatre heures de route. Nous hélons un taxi, chargeons notre matériel et partons en direction de la zone 1 pour rejoindre la gare routière. Le code de la route est enfreint tous les cent mètres, les voitures fusent dans tous les sens, les klaxons sont de la partie et les gens traversent quand bon leur semble. Je ne peux m'empêcher de dire à Fabien :

– Cela n'aurait pas été évident de faire du vélo dans tout ce *bordel* !

Nous sentons notre chauffeur un peu stressé. Il nous dit qu'il n'aime pas traverser cette partie de la ville car il y a beaucoup de violence, d'agressions et de vols. Encourageant ! Dans la rue le spectacle est saisissant : les marchands ambulants arrêtent les voitures pour vendre toutes sortes d'articles : lunettes, casquettes, beignets, boissons. Une demi-heure plus tard, nous arrivons devant le bus. Notre équipement est hissé sur la galerie et fixé avec des sangles. Fabien assiste les employés pour s'assurer que tout est en ordre.

Pendant ce temps, je monte avec les enfants dans cet ancien *School bus* américain. Ces véhicules, grâce à leur robustesse, connaissent une seconde vie dans tous les pays d'Amérique Centrale. Le nôtre est bondé d'indiens revêtus, pour la plupart, de costumes colorés traditionnels. Certains portent sur la tête un haut chapeau de paille. Les banquettes normalement prévues pour deux passagers sont occupées par quatre personnes. Nous arrivons tant bien que mal à nous asseoir avec les enfants sur les genoux. Le chauffeur démarre le moteur et enclenche son auto-radio. Aussitôt les haut-parleurs laissent échapper un rythme endiablé de marimba. Nous voilà partis sur la route avec un chauffeur fou ! Le pied au plancher, il fonce sur la route et enchaîne virages et descentes à une vitesse effrayante. Les passagers ne semblent pas surpris par cette conduite dangereuse. Peut-être est-ce dû aux inscriptions en jaune fluorescent sur le haut du pare brise ? « *Jesus es mi copiloto y Dios mi salvador*[1] » !

Quatre heures plus tard, à l'intersection de *Los encuentros,* Fabien s'exclame :

– Valérie, regarde, le lac Atitlan !

Nous sommes subjugués par la beauté du site. Les eaux du lac scintillent comme si sa surface était couverte d'or. Trois volcans aux cônes parfaits s'élèvent à l'Ouest et forment une barrière naturelle qui donnent au site un cachet d'exception.

– Ça va être génial, nous allons trouver un petit coin de paradis pour notre mariage, me dit Fabien la tête à moitié sortie par la fenêtre de l'autocar.

Notre arrivée à Panajachel met un terme à un transfert en bus de 2000 km parcourus en trente-cinq heures. Les enfants ont, dans l'ensemble, bien supporté le voyage car ils ont dormi une bonne partie du trajet.

– Maman, moi j'ai faim ! me dit Yanis, les cheveux tout ébouriffés.

– Oui, oui… Il est 18h, c'est normal, le compte à rebours est lancé, papa !

Nous trouvons rapidement un petit hôtel, y laissons nos affaires et partons dîner dans une des gargotes du marché. Au menu : du poisson, des frites et du coca pour fêter notre premier jour sur les berges du lac Atitlan.

Malgré l'euphorie de l'arrivée, nous restons sur nos gardes les premiers jours. Il faut dire que le ministère français

---

[1] Jésus est mon copilote et Dieu mon sauveur !

des affaires étrangères est alarmiste. Nous pouvons lire sur leur site internet : « *des bandes organisées et armées sévissent dans les zones touristiques sur l'ensemble du territoire et plus particulièrement dans la région du Lac Atitlan ainsi que près des frontières. L'ambassade de France au Guatemala recommande donc la plus grande prudence lors de déplacement dans le pays surtout dans les bus où les vols et agressions sont en augmentation* ».

En fait il n'en est rien et à l'exception de la capitale, le Guatemala ne mérite pas cette réputation. Le ministère obéit-il à la politique du « parapluie » largement déployé par les fonctionnaires français ?

En tous cas, j'imagine la tête de nos familles à la lecture de ces informations, même si nous les avons rassurés par les témoignages de voyageurs et de Français vivant au Guatemala. Nos premières impressions, très attendues sont heureusement très positives. Nous tombons littéralement sous le charme du lac Atitlan et de son ambiance authentique.

Nous découvrons Panajachel, son église et le lac ceinturé par les silhouettes imposantes des volcans *Tolliman*, *Atitlan* et *San Pedro* qui culminent à plus de 3000 mètres d'altitude. D'après les géologues, le lac recouvre une caldeira[1] dont la profondeur atteint 340 mètres. Sa température de 19°C crée un micro climat très agréable.

Les autochtones sont revêtus de *huipiles*, ce costume traditionnel maya orné de broderies multicolores. Les couleurs ne sont pas choisies au hasard et permettent de marquer son appartenance à un village.

Les marchés regorgent de fruits et légumes aux odeurs vives et variées. Ce sont principalement les femmes qui tiennent les étals. Elles viennent en famille : la grand-mère est assise derrière pour surveiller les petits et les grandes filles donnent un coup de main à leur mère.

Nos enfants ne passent pas inaperçus avec leurs cheveux blonds et Yanis ressort souvent en pleurs du marché. Je comprends vite pourquoi ! Les femmes en caressant sa chevelure lui arrachent des brins de cheveux ! Porte-bonheur,

---

[1] Cratère volcanique formé par l'effondrement de la partie supérieure du cône à la suite d'une éruption.

fétichisme ? Nous adopterons le chapeau pour les autres sorties !

Après douze mois de nomadisme, nous nous installons dans un petit studio que nous louons à Panajachel. Il possède un petit jardin où les enfants peuvent jouer. Nous redécouvrons avec beaucoup de bonheur le luxe incroyable d'avoir un toit. Avoir de l'eau à volonté, un réfrigérateur et une gazinière perturbe nos habitudes les premiers jours. Nous qui étions habitués à nous laver avec trois litres d'eau, à avoir un régime alimentaire à base de pâtes, à économiser l'essence de notre réchaud…Quelle transition ! Nous nous régalons avec des salades de crudités, des petits plats mijotés et des vins chiliens. Léa et Yanis apprécient particulièrement les douches chaudes et les siestes au frais avec le ventilateur au-dessus du lit.

Nous sommes le 19 décembre 2004 et la cérémonie est prévue dans deux mois jour pour jour ! A l'organisation du mariage en lui-même vient s'ajouter celle du séjour de quinze jours de nos familles et amis. Il faut établir un circuit, trouver des hôtels, gérer le transport, etc.… De voyageurs, nous devenons « voyagistes ».

Notre studio devient notre camp de base pour aller prospecter les villages aux alentours.

Il n'y a pas de route autour du lac et c'est en *lancha* (petit bateau motorisé) que nous nous déplaçons. Les premiers jours, le rythme est soutenu et les enfants n'apprécient guère. Nous devons adopter une autre stratégie.

– Fabien, nous serions plus efficaces si un seul de nous allait prospecter. Je te propose de garder les enfants pendant que tu passes en revue tous les hôtels du lac. Qu'en penses-tu ?

– Bonne idée. Je prends un cahier pour tout noter. Toi, de ton côté, regarde dans les guides concernant les restaurants et les activités intéressantes à faire.

Au bout d'une semaine, Fabien n'est pas satisfait de ses visites. Il faut dire que nous sommes exigeants. Nous souhaitons avoir un hôtel d'un standing correct pour la noce seule, en bordure du lac, avec une plage de sable, des propriétaires sympathiques, le tout pour un prix abordable !

Hôtels après hôtels, il est déçu par l'accueil froid des gérants. La calculatrice à la main, ils font des devis au centime près et l'organisation du mariage, les menus, le repas de la cérémonie ne sont pas abordés.

Le lendemain, après avoir visité d'autres hôtels sur la rive ouest du lac, Fabien revient la mine radieuse, le sourire jusqu'aux oreilles :

– Ça y est, j'ai trouvé ce qu'il nous faut !

– Youpi, papa t'es le plus fort !

– C'est un vrai petit paradis situé à San Marcos de la Laguna. Les propriétaires s'appellent Jin et Elisabeth.

Le lendemain, je partage en effet son coup de cœur. Nous empruntons un chemin dallé de pierres grisâtres qui descend en serpentant vers de petits bungalows surplombant le lac. Les allées sont ornées de cotonniers, de caféiers, de bougainvilliers. Un gazon recouvre chaque pan du jardin en terrasse et sur la berge, la magnifique plage de sable blanc où poussent deux cocotiers comble nos désirs. Sommes-nous dans les jardins d'Eden ? Jin, d'origine allemande et Elisabeth, guatémaltèque, nous accueillent chaleureusement. Ensemble nous visitons les bungalows en pierre. Les intérieurs sont clairs et personnalisés par un couvre lit original. Les sanitaires adjacents sont d'une propreté irréprochable. Nous sentons qu'Elisabeth veille aux moindres détails aussi bien dans la décoration que dans la tenue de son personnel. Jin nous montre fièrement l'album photo de la progression des travaux depuis le défrichage du terrain jusqu'à la construction des bâtiments. Notre projet de mariage les enchantent. Ils seraient même honorés que le mariage soit officié chez eux. Nous restons sans voix.

– Le maire a célébré, ici même, sur cette terrasse, notre mariage selon les coutumes mayas et le code civil guatémaltèque, nous explique Elisabeth.

Puis Jin rajoute :

– Vous devriez le rencontrer. Il est très arrangeant. Dites que vous venez de notre part.

Une semaine plus tard, nous nous retrouvons dans le local délabré qui fait office de mairie. Salvador, le maire, et son adjoint Gaspard nous accueillent. Ils semblent un peu surpris par notre requête.

– Mais pourquoi avoir choisi notre village pour vous marier ?

Nous leur expliquons les raisons de notre voyage, notre parcours, l'engagement mutuel pris sur cette piste dans l'ouest américain et pour finir, sortons nos articles de presse. Ils sont impressionnés.

– Vous voyagez à vélos avec vos enfants ? s'étonne Gaspard interloqué en regardant les coupures de journaux.

Le courant passe. Sur le ton de la plaisanterie, Fabien rajoute :

– Oui et nous avons fait un demi-tour du monde à vélos pour venir nous marier dans votre village !

Les deux acolytes éclatent de rire. Après avoir discuté de la procédure et des papiers à réunir, nous sortons de la mairie soulagés et le cœur joyeux. Notre mariage sera célébré comme prévu le 19 février 2005 à 16 heures sur la terrasse de l'hôtel de Jin et Elisabeth. Le pari semble gagné !

Plus tard Elisabeth nous met en relation avec un couple franco-guatémaltèque qui tient un charmant restaurant sur les bords du lac à quelques encablures de l'hôtel. A notre arrivée, Guy, un grand gaillard au long catogan brun et à la peau tannée, nous accueille avec sa femme Marisol :

– Bienvenue au *Tul y Sol*, le meilleur restaurant de tout le Guatemala ! s'exclame-t-il en riant.

Nous sympathisons rapidement. Guy nous résume sa vie :

– Depuis tout petit, j'étais toujours fourré dans mes livres de géographie et les cartes du monde et puis un jour j'ai quitté la France pour voyager et connaître d'autres pays. Je n'y suis jamais retourné depuis mon départ dans les années 70. Il faut dire qu'à l'époque, avec Pompidou et Giscard, c'était pas vraiment la joie pour nous. Ceux qui avaient des idées un peu différentes, n'avaient pas trop le droit de s'exprimer ! J'ai voyagé en Asie, en Amérique du Sud, puis il y a dix-huit ans, j'ai atterri au Guatemala et je n'en suis jamais reparti. J'ai d'abord travaillé pour une ONG dans l'est du pays puis j'ai rencontré Marisol. Depuis, nous avons eu quatre enfants et avons construit ce restaurant qui est notre gagne pain.

– Ce n'est pas trop difficile de quitter son pays, sa culture, ses racines ? demande Fabien.

– La culture fait partie de notre éducation et par conséquent on ne peut pas la rejeter. Je suis né français, je parle français, j'aime le fromage et le vin mais je n'éprouve plus le besoin de retourner en France. Le monde est devenu mon pays. J'ai partagé mes goûts et mes envies avec les noirs, les blancs, les rouges, les jaunes. Pour moi tout le monde est pareil sur cette terre et nous avons plein de choses à partager avec tous les habitants du monde. D'ailleurs vous voyez un résultat concret : mes quatre enfants avec Marisol !

Pendant que Guy fait visiter la cuisine à Fabien je parle avec Marisol de la meilleure façon de disposer les tables pour accueillir nos quinze invités, des différents menus, de la possibilité d'écouter de la musique, et de beaucoup d'autres choses encore !

Début janvier le programme des festivités est bouclé. Il nous reste à organiser l'arrivée de nos invités. Nous décidons de les accueillir à Antigua, ancienne capitale du Guatemala. En une semaine de recherches intensives, nous sélectionnons l'hôtel, les restaurants et un guide parlant français pour la découverte de la ville. Enfin petit détail qui a toute son importance : nous achetons nos alliances !

♥♥

Depuis le mois de septembre, nous sommes en relation avec l'ambassade française au Guatemala. Une responsable de l'Etat Civil nous avait listé tous les papiers nécessaires pour que notre mariage soit reconnu par les autorités guatémaltèques et françaises. Pour gagner du temps nous avons fait toutes les demandes de documents via Internet en communiquant l'adresse de mon père. (Fiches individuelles d'Etat Civil, extraits d'actes de Naissance, copie de nos casiers judiciaires). Courant novembre une enveloppe partait de France à l'attention de notre interlocutrice à l'ambassade de France.

A notre arrivée au Guatemala, Fabien appelle pour s'assurer de la bonne réception des documents. Et là, patatras.

– Non monsieur Maurice, nous n'avons rien reçu vous concernant, répond Gisèle, la responsable de l'état civil.

– Ce n'est pas possible, l'enveloppe est partie de France fin novembre. Regardez au nom de Lefranc, c'est celui de ma femme.

– Désolée, je n'ai rien. Mais ne vous inquiétez pas, on devrait la recevoir la semaine prochaine.

Fabien est surpris par cette réponse évasive. Il continue :

– Y a-t-il autre chose que nous devons faire d'ici là ?

– Oui. Comme vous allez vous marier dans une mairie guatémaltèque, vos papiers doivent être transcrits dans les deux langues par un traducteur officiel. Connaissez-vous quelqu'un habilité à le faire ?

– Non.

– Je suis accréditée à faire les traductions si cela peut vous faire gagner du temps !

– Ah oui, avec grand plaisir. Nous vous donnons carte blanche pour ouvrir l'enveloppe et établir les documents nécessaires.

– Pas de problème, je vous tiens informé par Internet.

Une semaine plus tard, n'ayant pas de nouvelles, Fabien appelle de nouveau et tombe sur la vice-consul. Elle n'est au courant de rien. Fabien lui résume notre projet de mariage.

– Ne quittez pas, je vois cela avec la responsable de l'Etat Civil.

Dix minutes plus tard, elle annonce avoir retrouvé le courrier qui était en fait arrivé à l'ambassade depuis plus d'un mois ! Nous sommes soulagés. Puis la vice-consul enchaîne :

– Mais au fait monsieur Maurice, avez-vous pensé à faire une publication des bans en France ?

– Non, personne ne nous a dit de le faire !

Fabien entend la vice-Consul appeler sèchement sa collègue. Elle lui demande notre dossier. Un discussion houleuse s'engage entre les deux personnes.

– Monsieur Maurice, il y a eu un manquement dans la procédure. Votre mariage ne sera pas reconnu s'il n'y a pas une publication de vos bans en France.

Je vois la tête de Fabien se décomposer et devenir livide. Notre mariage est-il remis en cause ? Il se ressaisit et avec un calme qui me dépasse, répond :

– Madame, nous avons quinze personnes qui sont déjà en possession de leurs billets d'avion pour nous rejoindre.

Cela va faire un peu désordre quand nous allons leur annoncer que la cérémonie ne peut avoir lieu pour un problème de procédure !

– Quand avez-vous prévu de vous marier ? demande la vice-Consul, gênée.

– Le 19 février 2005. Pourquoi ?

– La publication des bans en France doit obligatoirement avoir lieu cinq semaines avant la date du mariage.

Fabien l'entend feuilleter les jours sur son calendrier.

– Monsieur Maurice, nous avons de la chance, il reste cinq semaines et quatre jours. Je m'en occupe personnellement. Donnez-moi la ville et le code postal de la mairie de votre domicile en France et le courrier part tout à l'heure par la valise diplomatique.

Je ne remercierais jamais autant Fabien, qui a su faire preuve de grande diplomatie ! Pour ma part, je me serais vite emportée et cela n'aurait rien changé, bien au contraire.

Nous demandons à une amie en France de bien vérifier l'affichage de nos bans à la mairie de notre domicile, chose qui est faite rapidement. Deux semaines plus tard, nous récupérons à l'ambassade nos fiches d'état civils transcrites en espagnol et les remettons en mains propres au maire de San Marcos de la Laguna. Tout est en règle. Ouf, nous sommes à trois semaines de notre mariage !

♥♥

Léa et Yanis s'amusent comme des petits fous et sont bien indifférents à toutes nos tracasseries administratives. Je les accompagne tous les jours au terrain de jeux, à proximité de notre studio. Léa ne se précipite jamais vers les autres enfants. Il lui faut toujours un temps d'observation. Yanis, au contraire, n'hésite pas une seconde à rejoindre ses congénères pour jouer au ballon.

Ils assimilent bien l'espagnol et savent compter jusqu'à dix sans aucune difficulté. Les expressions usuelles comme « *Buenos dias* », « *ola que tal* », « *buenas tardes* », « *muchas gracias* », « *un beso*[1] » sont répétées couramment. « *Quisiera una helada*[2] *!* » est la première phrase qu'ils ont su parfaitement prononcer mais on comprend pourquoi !

Un soir, sur une grande feuille cartonnée, je prépare un abécédaire. J'inscris également les nombres de zéro à neuf et des formes comme le carré, le triangle, le losange, le rectangle. Un fois le tout colorié, je punaise l'affiche sur le mur, à la hauteur des enfants. Le lendemain matin se sont des cris de joies qui nous sortent du lit.

– Yanis, viens voir sur le mur ?

– Oh, ché beau ! Maman regarde, H de Hélicoptère !

– Et là, le A de Ananas, E de Elmer. Oh, merci maman.

Je suis émue de les voir s'émerveiller devant ce tableau. Nous jouons tous les jours avec les lettres et les chiffres. Nous les disons une fois en français, puis en espagnol et enfin en anglais.

Les enfants nous disent souvent qu'ils veulent faire du vélo comme papa et maman.

– Peut-être le Père Noël pourrait nous en apporter un ! nous dit Léa avec un petit sourire en coin.

Nous nous rappelons leur joie, en Nouvelle-Zélande, quand, pour les trois ans de Léa, nous leur avions offert une location de vélo pour un après-midi.

Nous préparons ensemble la liste du Père Noël. Fabien repère pour Léa un vélo d'occasion dans un magasin. Il a besoin de grosses réparations et d'un bon coup de peinture. Le vendeur propose son atelier. Après avoir prospecté tous les magasins de Panajachel pour Yanis, Fabien fini par en acheter un neuf. Le 24 décembre, nous décorons l'intérieur de la maison et écrivons la lettre au Père Noël que nous posons à côté d'une assiette de biscuits et d'un verre d'eau. Les enfants sont tout excités et ont du mal à trouver le sommeil. Tout est prétexte pour aller voir si la table est bien mise, si l'on peut voir le traîneau dans le ciel ! Le lendemain c'est la surprise générale.

– T'as vu le vélo, maman ! lance Yanis

[1] Bonjour, salut comment vas-tu, bonsoir, merci, un bisou

[2] Je voudrais une glace

– Mais, il a mangé l'assiette ! Maman, regarde ce qu'a fait le Père Noël ! s'exclame Léa.

Comme par enchantement, shorts et tee-shirts sont vite enfilés et roule jeunesse dans le jardinet autour du studio. Pour la première fois depuis notre départ, nous pouvons savourer notre petit déjeuner au calme. Quel plaisir !

Deux jours plus tard, dans le petit quotidien de la ville, nous découvrons avec horreur les premières photos du tsunami dévastateur d'Indonésie.

Fin janvier, nous déménageons à San Marcos de la Laguna, pour mieux ressentir l'atmosphère de ce petit village où nous célèbrerons notre mariage. C'est une vrai expédition pour s'y rendre. Nous négocions une lancha pour nous seuls et ficelons les remorques sur le toit. Les vélos sont posés sur les banquettes en bois calés avec nos sacoches. Léa et Yanis nous aident beaucoup et veillent à ce que tout le matériel soit bien attaché.

Ils imitent les racoleurs des bateaux taxi, en criant à tue tête « *Pana, Pana, Panajachel !* », ce qui déclenche des fous rires chez les clients et les propriétaires de bateaux. Lors du débarquement, nous responsabilisons les enfants en leur demandant de s'occuper de leurs vélos. Ils en sont fiers et le font très sérieusement. Nous traversons le petit village accompagnés de nos deux petites têtes blondes sur leurs bicyclettes. Nous ne passons pas inaperçus et rapidement les enfants du village nous suivent. Nous traversons un petit champ de caféiers et retrouvons la petite cahute, louée lors de notre précédente visite.

Elle est bâtie en adobe sur deux niveaux. La pièce du bas fait office de cuisine avec une plaque de gaz, une table et quatre chaises. A l'étage, sous le toit en tôle, c'est la chambre avec deux grands lits et un petit balcon.. A l'extérieur il y a un bac pour accumuler l'eau qui vient d'une source située dans les montagnes. Un pièce séparée de l'habitation principale abrite un WC et une douche dont la pomme est équipée d'une résistance électrique qui sert à chauffer l'eau. Nous baptisons notre cahute « la cabane de Robinson ».

Luis, le propriétaire, habite avec sa famille dans une maison à quelques mètres en contrebas. Nous faisons la connaissance de sa femme Sonia et de leurs enfants : Ronald (9 ans), José (3 ans) et Javier (1 an). Ces derniers vont vite devenir les copains de Léa et Yanis. Chaque matin, nous voyons les trois petites têtes brunes arriver et demander :

– *Quieres juegar, Léa y Yanis ?*[1]

Ils sont attirés par les deux petits vélos et pédalent à tour de rôle dans la cour. Les enfants s'inventent un langage mêlant du français et de l'espagnol. Les expressions les plus utilisées sont « *cuidado Ronaldo,* tu vas te faire mal ! »[2], « *mi velo, por aqui, porque* donne le moi ! »[3].

Dès nos premiers jours à San Marcos de la Laguna quelque chose me tracasse. J'ai beau les chercher partout je ne les trouve pas. Où sont-elles ? Comment font les gens du village ? Je veux parler des poubelles. Nous demandons à Luis. Il nous montre, à quelques mètres de sa maison, à côté des pieds de caféiers, un gros tas de déchets.

– Nous brûlons nous-mêmes nos ordures une fois par semaine.

– Et comment faites-vous avec les matières en plastiques ?

– Nous les récupérons pour construire les murs de nos maisons.

Intrigués par cette forme de recyclage, nous suivons Luis chez un ami qui est en train d'agrandir sa maison.

– Vous voyez, entre les deux murs en adobe, il y a un espace vide. Avant on y mettait de la paille avec un peu de terre. Aujourd'hui, nous le comblons avec toutes les matières plastiques ramassées dans le village comme les bouteilles de coca cola ou les sacs qui sont préalablement noués. C'est un bon isolant et c'est la meilleure technique que nous ayons trouvé pour rendre le village un peu plus propre.

En observant l'ami de Luis monter son mur, je me remémore la citation du chimiste et philosophe Antoine Lavoisier : « *Rien ne se perd, rien de se crée, tout se transforme* ».

---

[1] Vous voulez jouer Léa et Yanis ?

[2] Attention Ronaldo….

[3] Mon vélo, par ici, parce que…

Malgré la bonne volonté de Luis et de ses amis, la propreté du village laisse à désirer. Par endroit, les déchets non brûlés s'accumulent. Avec le temps, nous nous y habituons. Ces petites décharges font partie de notre quotidien et nous n'y prêtons plus attention jusqu'à la venue de nos familles qui veulent voir notre « cabane de Robinson ». Beaucoup se disent dans leurs têtes « *Et dire qu'ils ont un joli appartement dans la région parisienne avec tout le confort. Que font-ils ici, dans ce village démuni de tout, même de poubelles !* »

Presque tous les matins nous emmenons Léa et Yanis s'amuser sur la place du village. Vers dix heures nous retrouvons les autres enfants. C'est l'heure de la récréation ! Nos deux petites têtes blondes se joignent alors au groupe et font la course pour monter sur le toboggan. Vers onze heures, quand la cloche sonne, Léa et Yanis ne comprennent pas pourquoi tous les enfants repartent ! Nous leur expliquons qu'il y a des heures pour jouer dehors et des heures pour travailler. Ce sera la même chose pour eux lorsqu'ils iront à l'école.

Un matin, une fois les enfants repartis, Léa va nous surprendre sur l'échelle suspendue. Après avoir observé les fillettes pendant la récréation, elle se lance avec beaucoup de motivation et réussit à enchaîner trois barreaux coup sur coup. Prenant confiance, traverser toute l'échelle n'a été qu'une formalité les jours suivants. Pour Yanis, l'exercice est plus difficile et nous devons le porter pour éviter qu'il reste suspendu comme un petit singe ! Le fait d'être en contact avec des enfants plus grands qu'eux stimule leur motricité, mais il arrive parfois qu'ils soient frustrés de voir qu'ils sont encore petits.

Léa, qui a quatre ans, joue parfaitement son rôle de grande sœur quand Yanis nous demande de ne plus l'appeler « p'tit homme » .

– Je suis un grand garçon maintenant !

Et Léa réplique aussitôt :

– Non Yanis, tu es un bébé, tu as encore une couche la nuit et une tétine !

Ces petites chamailleries se dissipent vite quand nous expliquons à Léa qu'elle était comme lui à son âge.

Nous rendons souvent visite à Jin et Elisabeth pour finaliser les derniers détails sur la répartition des chambres, le programme de nos journées, le planning des repas et les petits cadeaux de bienvenue qu'ils doivent déposer sur les lits. Nous passons aussi plusieurs après-midi avec Guy et Marysol pour élaborer le plan de table, choisir le vin, définir le menu du repas, laisser les cartons personnalisés que j'ai réalisé pour les invités.

A San Marcos nous rencontrons également le directeur du collège, qui, enthousiasmé par notre voyage, accepte volontiers que nous venions faire une présentation dans ses classes avec tout notre équipement. Pendant deux heures, nous devenons les ambassadeurs de la France devant une centaine d'élèves. Dans l'ensemble, les écoliers sont attentifs et posent des questions toujours autant pertinentes.

– Roulez-vous la nuit ?
– Combien de kilo par vélo ?
– Où dormez-vous ?

Nous sommes applaudis à chaque sortie de classe et les élèves brûlent d'envie d'essayer nos vélos.

Nous avons tout arrangé concernant le séjour et la cérémonie excepté deux petites choses : les tenues des mariés et celles des enfants. Deux semaines avant le mariage, nous faisons nos achats à Panajachel. Une robe longue en coton écrue et un châle marron glacé pour moi. Une veste tissée colorée dans les tons rouges avec un pantalon noir pour Fabien. Léa a une tenue légère de couleur verte et Yanis un ensemble bleu taillé par un artisan du coin. Pas de retouche, ni d'essayage à faire !

Maintenant que tout est prêt, nous décidons de profiter des quelques jours qui nous restent avant l'arrivée des invités pour aller visiter la deuxième ville du pays, Quezaltenango, surnommée Xela. Nous quittons la région du lac en bus et empruntons une portion de la célèbre *Panaméricaine*. Le tracé est sinueux et le relief prononcé. Nous passons un col à plus de trois mille mètres et arrivons dans la vaste plaine située à 2335 mètres d'altitude qui abrite Xela. Le froid nous saisit dès la descente du bus. Nous trouvons une petite pension familiale proche de la place centrale. Grâce aux enfants, nous obtenons un traitement de faveur. La propriétaire nous fait couler des bassines d'eau chaude pour le bain des petits et nous pouvons utiliser sa cuisine pour préparer nos repas. Geste que nous apprécions.

Xela nous déçoit. En dehors du *parque Centroamérica* (place centrale) bordé de monuments à l'architecture raffinée, le reste de la ville n'est qu'une succession de bâtiments en béton armé séparés par des rues tristes et sans âmes.

Nous préférons aller visiter les curiosités naturelles et les villages pittoresques situés aux alentours. Nous nous rendons aux sources chaudes de *Fuentes Amargas.* L'eau bouillante, qui sort d'une paroi rocheuse, est réputée pour ses qualités curatives. Les vingt-quatre minéraux qu'elle contient lui donnent un goût très particulier et agit sur la peau comme une petite toile émeri. Après un bain relaxant, nous ressortons avec une peau neuve, douce et lisse.

Nous découvrons également, à dix kilomètres au nord-ouest de Xela, l'église insolite de *San Andres Xequl.* Sa façade d'un orange criard est envahie de saints et d'anges qui disputent aux fleurs et aux vignes grimpantes le moindre centimètre. L'origine et la signification de ces étranges ornements ont été oubliés mais en contemplant le style et l'iconographie délirante du lieu, on peut se demander si les bâtisseurs n'étaient pas les précurseurs du style rococo !

Sur les sept jours passés dans les Hautes Terres, c'est le village de San Francisco El Alto qui nous impressionne le plus. Situé sur une colline dominant Xela, ce petit bourg est la capitale du vêtement au Guatemala. A peine descendus du bus, nous voyons des étoffes circuler, provoquant une explosion de couleurs dans les ruelles. Les femmes font la réclame, interpellent, marchandent, négocient et encaissent, vêtues de *huipiles* brodées aux couleurs de leur village.

Les allées sont bondées et nous veillons à ne pas perdre de vue nos deux enfants qui sont captivés par ce spectacle insolite. Nous mangeons dans les gargotes de la place centrale. Sur de petits barbecues, des femmes font griller des brochettes de viande accompagnées de légumes cuits. Pour la boisson, de délicieux jus de fruits frais sont réalisés à la demande : mangue, banane, goyave, carambole,.... des cocktails de vitamines que nous apprécions beaucoup. Chaque repas nous coûte environ deux euros !

San Francisco El alto est aussi réputé pour son marché aux bestiaux qui se tient un peu plus loin, sur le terrain de foot. Dans un premier temps nous nous attardons au-dessus de cages contenant de petits lapins et de jeunes volailles. Des femmes munies de clapiers en osiers enfournent leurs nouveaux achats destinés à l'élevage dans leur village. Plus nous avançons vers le centre de la place, plus nous entendons des cris de détresse angoissants.

– C'est quoi ce bruit maman ? me demande Léa qui m'attrape aussitôt la main.

Intrigués, nous nous dirigeons vers l'attroupement qui vient de se former.

Le spectacle qui s'opère sous nos yeux est impressionnant. Un homme immobilise à terre un cochon en lui ligotant les pattes. A l'aide d'un bâton, il lui ouvre la gueule. Puis avec sa main, il saisit la langue de l'animal et la retourne pour l'observer. La bête n'apprécie guère et se débat en poussant des grognements puissants. Quelques secondes plus tard, l'homme retire son bâton.

– Pourquoi faites-vous cela ? demande Fabien curieux.

– C'est pour voir si la bête n'a pas de parasites.

L'examen terminé, le calme revient. Les négociations peuvent commencer entre le vendeur et l'acheteur.

Léa me demande, inquiète :

– Maman, il a fait mal au cochon ?

– Un petit peu, comme quand le médecin regarde dans ta gorge pour voir si tu n'as pas de petites bêtes.

De l'autre côté du marché, nous voyons de nouveau un attroupement se former. Les gens sont agglutinés autour d'un homme maigre, torse nu, avec des cheveux longs. Il parle vite et pousse des cris bizarres. Nous ne comprenons rien à son charabia. Tout à coup il s'immobilise et place un python autour de son cou. La foule, impressionnée, retient son souffle. L'homme saisit alors un flacon en plastique remplit d'une poudre grisâtre et se met à expliquer les vertus que peut avoir la chair de serpent finement broyée diluée dans de l'eau. Elle soigne les douleurs musculaires, les maux de gorges, les tremblements, les maux de ventre, etc. Charlatan pour certains, guérisseur pour d'autres, son discours fait mouche et les billets commencent à circuler dans la foule.

Lors de nos pérégrinations, nous découvrons que les indiens des Hautes Terres continuent de vénérer une divinité : le *Maximon*.. On le trouve dans certains villages, abrité au fond d'une maison. Il s'agit d'une effigie faite d'un corps de bois, enveloppée de feuilles de maïs et vêtue d'un pantalon indien typique. Elle est coiffée de deux chapeaux superposés et son visage est suggéré par un masque de bois sculpté.

Les marchés nous envoûtent et nous fascinent. Ils sont un cliché instantané de la société guatémaltèque où croyances et traditions Mayas sont encore bien vivaces dans une population pourtant catholique à plus de 60 %.

♥♥

Après plus d'un an de séparation, le jour des retrouvailles avec nos familles et amis approche. Les parents de Fabien, son frère et sa belle sœur sont les premiers à arriver, suivi deux jours plus tard de mes parents, d'une amie, de l'oncle et la tante de Fabien, accompagnés de leur fils Guillaume (4 ans). Effusion de joies, cris et larmes. Les enfants en perdent leur français. Ils veulent dire tellement de choses qu'ils ne savent pas par où commencer.

Deux mois de préparations et nous y voilà déjà ! Le grand show peut commencer. Il démarre en couleur, puisque, pour souhaiter la bienvenue à nos invités, *El Fuego*, l'un des volcans qui cernent Antigua entre en éruption. Nous assistons chaque soir au spectacle fantastique de la lave jaillissant du cône. Emballés par ce phénomène naturel, nous emmenons le groupe faire l'ascension d'un autre volcan en activité mais plus facile d'accès : le *Pacaya*. Malgré un terrain très pentu, tout le monde parvient sur la crête du cône principal. Nous assistons, éberlués, à de micro éruptions qui jaillissent à moins de cent mètres de nous ! Les enfants sont émerveillés et les adultes légèrement inquiets. Emotions garanties et sentiments d'être tout petit devant dame nature !

Nous visitons ensuite Antigua. Difficile de ne pas tomber amoureux de cette ville avec ces rues pavées, ses maisons bourgeoises aux couleurs vives, ses balcons en fer forgé et ses édifices religieux datant du 16ème siècle. Presque entièrement détruite par un tremblement de terre en 1773, cette ancienne capitale fut reconstruite progressivement. En 1979, elle fut inscrite sur la liste du patrimoine mondial de l'UNESCO. Il subsiste encore des bâtiments coloniaux et des églises comme *La Merced,* imposante avec sa façade baroque jaune aux ornements peints en blancs.

On imagine sans peine les fastes passés de cette ville qui fut également la capitale de la couronne d'Espagne en Amérique Centrale.

Quelques jours plus tard, nous rejoignons le lac Atitlan et arrivons en lancha sur le ponton de Jin et Elisabeth qui nous accueillent avec un cocktail de bienvenue. Il règne un air de vacances « gentiment organisées » qui fait le bonheur de tous. Les activités ne manquent pas pour les jours à venir : visites des marchés de Solola et Chichicastenango, randonnées dans les villages pittoresques qui bordent le lac, découverte de la culture du café, baignades et farniente.

La journée du mariage arrive enfin. Elle commence à sept heures du matin ! Jin et Elisabeth nous servent un petit déjeuner typique : le *tamal* (pâte de maïs cuite à la vapeur et farcie de viande, de haricots, de piments, enveloppée dans des feuilles de maïs). Personne n'est au courant du programme de la journée. Nous demandons juste d'emporter un maillot de bain, une serviette et les brassières pour le cousin. Nous montons dans la lancha et nous rendons sur la rive opposée du lac pour une baignade délicieuse dans des sources chaudes. Ensuite nous grimpons à l'arrière d'un pick-up collectif et parcourons une magnifique route qui est accrochée aux flancs de l'ancienne caldeira. Panorama fantastique sur le lac que certains qualifient d'« exagération de la nature ! »

Après une sieste délicieuse, l'hôtel s'agite soudainement. *« Je peux t'emprunter le fer à repasser ? Qui a le sèche cheveux ? A quelle heure faut-il être à la mairie ? »*. Les questions fusent de partout.

Sophie, ma belle-sœur et Sandrine, une tante de Fabien, viennent m'aider pour le maquillage et le brushing. Elles me tendent un paquet et là, les premières larmes d'une longue série commencent à couler. En ouvrant, je découvre un ensemble de sous-vêtements offert par l'ensemble des femmes de ma famille et de celle de Fabien. Je suis très émue et les revêt aussitôt. La taille est parfaite. J'enfile ma robe de mariée. Elles me prennent en photo et vont prévenir l'assemblée que je suis prête. Papa m'attend à la sortie de ma chambre. Il est aussi fier que moi de me présenter à tout le monde. Séances photos émouvantes sur le toit terrasse d'un bungalow où nos vélos et nos remorques sont décorées pour la circonstance.

Les minutes passent et tout le monde commence à s'inquiéter. *« Nous devrions peut être y aller les jeunes, il est bientôt 16h30 ».* L'inquiétude monte dans le groupe et nous finissons par avouer que la cérémonie doit se faire dans l'hôtel. Tout le monde est soulagé sauf nous car l'équipe de la municipalité n'est pas au rendez-vous ! Une cérémonie sans maire, cela fait un peu désordre. Aussi nous prenons notre mal en patience. Dix minutes, vingt minutes, trente minutes, quarante minutes passent et toujours pas de maire en vue. Je m'écroule en larmes. Jin vient me réconforter et m'apprend qu'avec Elisabeth, ils ont du attendre plus d'une heure !

Nous profitons des belles couleurs du lac et du ponton pour faire encore quelques photos, quand tout à coup, nous entendons Elisabeth crier : *« ça y est, ils arrivent ! ».* Soulagement général, nous pouvons commencer.

La cérémonie a lieu sur la terrasse ombragée de la maison. Elle est ornée de tissus colorés et de bouquets d'arums. Nos fauteuils sont recouverts d'un tissu blanc avec un bandeau bleu ciel (couleurs du drapeau national guatémaltèque). Après les discours de nos parents et de nos témoins, le maire et son secrétaire chargé de l'Etat Civil débutent la cérémonie en espagnol. Nous prenons connaissance du Code Civil guatémaltèque associé et des textes religieux. Arrive l'apothéose de la cérémonie : l'échange de nos consentements et de nos alliances devant le bâton sacré des ancêtres mayas.

Le maire nous demande d'y apposer un baiser et finit par les paroles suivantes *« Par les lois sacrées de nos ancêtres, vous voilà unis pour l'Eternité ».* Il nous tend deux coupes en argent et, les bras entrelacés nous buvons quelques gouttes de vin. Applaudissements de l'assemblée. Nous pleurons de joie. Une fois le registre signé, sous les yeux bienveillants de nos enfants, nos familles et amis chantent une interprétation de la célèbre chanson de Joe Dassin « Aux Champs-Élysées... » devenue pour l'occasion : « Au Guatemala... ! » .

La nuit tombe progressivement. Nous demandons à nos invités de monter dans une lancha spécialement décorée. Deux minutes plus tard nous débarquons sur le ponton du restaurant de Guy et Marisol qui nous accueillent au rythme endiablé d'un groupe de marimba. Tout le monde découvre la table des mariés et s'affaire à la personnaliser. Champagne, discours émouvants, vidéo réalisée par ceux qui n'ont pas pu venir. Nous terminons la soirée en fanfare par un feu d'artifice multicolore.

Deux jours plus tard, nous nous envolons vers le Peten, région située au Nord-Est du pays, à la découverte de Tikal, une extraordinaire cité maya.

Enfouie dans la jungle, nous sommes subjugués par la taille des édifices dont certains atteignent plus de soixante dix mètres. En se baladant dans les ruines dignes d'Indiana Jones, nous observons toutes sortes d'animaux : coatis, tapirs, toucans... Au coucher du soleil, perchés en haut d'un temple nous sommes surpris d'entendre les cris puissants des singes hurleurs s'échapper de la canopée. Ils restent dissimulés dans les arbres. Seuls le craquement des branches et leurs cris nous permettent de les localiser.

Après une nuit passée dans la forêt tropicale, nous retournons sur Antigua où se déroulent les fêtes religieuses de la Semaine Sainte. Les rues se sont métamorphosées en véritables tapis de fleurs multicolores. Sur le chemin de la Procession, les propriétaires des boutiques ou des maisons ont mis un point d'honneur à réaliser le plus beau parterre alors même que quelques heures plus tard, il sera broyé par les pas lourds et lents des porteurs de la Sainte Vierge. Tout un cérémonial bien orchestré et respecté par une population très fervente.

Ces cérémonies clôturent en beauté ces quinze jours inoubliables partagés avec nos familles et amis. A travers ces quelques lignes, nous tenons à les remercier d'être venus partager, dans ce pays merveilleux, notre bonheur et notre joie de nous unir pour le meilleur et pour le pire !

♥♥

Dix jours avant notre envol pour le Pérou, nous nous rendons avec ma belle-sœur et mon beau-frère à Livingstone, situé à l'est du pays, sur la mer des Caraïbes. Le contraste est saisissant. Nous sommes tout à coup face à une population noire qui parle l'espagnol et le Garifuna. L'ambiance dans les rues, les rires, les comportements me rappellent l'Afrique. Alors que la population guatémaltèque descend à 60 % en ligne directe des Mayas, celle de Livingstone est issue des esclaves originaires de l'île hondurienne de Roatan.

Nous quittons, non sans un brin de nostalgie, ce fabuleux pays qu'est le Guatemala. Au cours de ces quatre mois, il nous a tout offert : dépaysement humain, sites naturels d'une incroyable beauté, paysages à couper le souffle, marchés authentiques, rencontres fabuleuses, ruines mystérieuses d'un autre temps sans oublier ce merveilleux mariage avec familles et amis. Un pays qui restera à jamais gravé dans notre cœur.

Dans quelques jours, nous nous envolons pour de nouvelles aventures en Amérique du Sud.

Au revoir merveilleux Guatemala !

PEROU

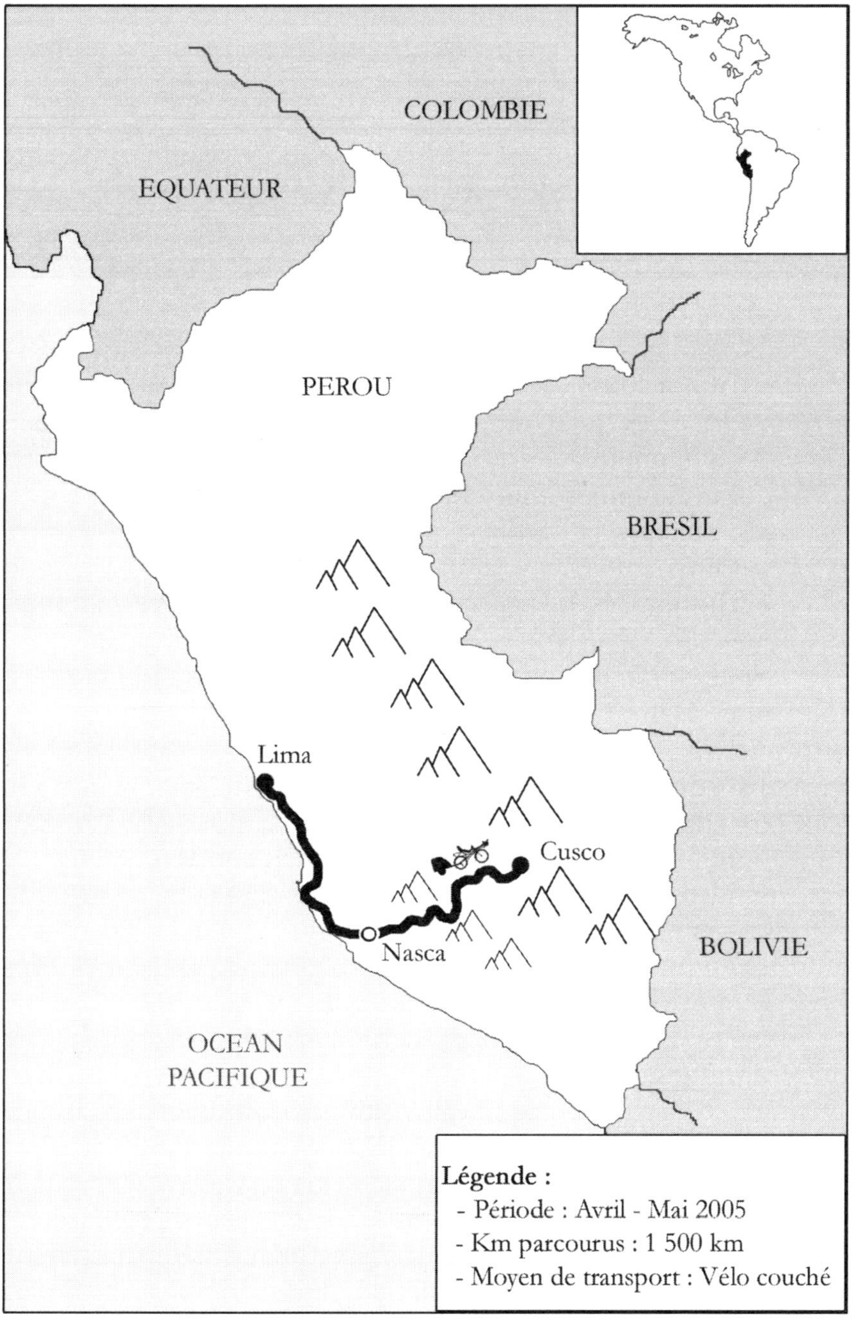
COLOMBIE
EQUATEUR
PEROU
BRESIL
Lima
Cusco
Nasca
BOLIVIE
OCEAN
PACIFIQUE
Légende :
- Période : Avril - Mai 2005
- Km parcourus : 1 500 km
- Moyen de transport : Vélo couché

10 - A la découverte du « Berceau de l'or »

(Fabien)

10 mars 2005. Il est 6 heures du matin lorsque nous arrivons à l'aéroport international de Guatemala Ciudad. Devant le comptoir des départs de la compagnie aérienne COPA, nous sommes interpellés par le chef d'escale :

– Vous êtes la famille qui voyage à vélo ?

– Oui

– Bonjour, je m'appelle Manuel et j'ai reçu ce matin un fax de ma direction. Votre demande a été acceptée.

Nous sommes fous de joie. Cette autorisation accordée fait suite à notre entrevue la veille avec la secrétaire du directeur de la COPA airlines. Nous lui avions laissé nos coupures de presse ainsi qu'une lettre lui demandant le transport gratuit de nos vélos et remorques.

– Je lui transmets votre dossier dès son retour et nous vous tiendrons au courant, nous avait-elle répondu.

Les réglementations aériennes sur le poids maximum autorisé pour les bagages accompagnés répondent à des logiques parfois étranges. Pour les vols en Amérique Centrale par exemple, le poids autorisé ne doit pas dépasser 20 kg par billet alors que sur les vols trans-pacifiques, il est de 60 kg ! D'autres compagnies appliquent un forfait pour les objets encombrants comme nos vélos.

Pour éviter toute déconvenue au moment d'embarquer, nous avons pris l'habitude de transmettre un petit dossier de presse aux responsables des compagnies aériennes, quelques jours avant nos vols. Démarches qui seront toujours couronnées de succès : nous ne payerons jamais de taxe supplémentaire durant notre voyage pour le surpoids de nos affaires.

Après une escale à Panama, nous atterrissons dans l'après-midi sur l'aéroport flambant neuf de Lima. Notre visa en poche, la porte s'ouvre enfin et une volute d'air chaud et humide nous saisit. Sur un ton joyeux, je ne peux m'empêcher de cacher ma joie :

– Tu te rends compte. Ca y est ! Nous sommes en Amérique du Sud !

Ce continent m'a toujours fasciné. Je ne sais pas pourquoi. Cette attirance vient-elle du fait que j'ai fait mes premiers pas en Colombie lorsque j'avais un an ? Quoiqu'il en soit, nous avons hâte d'aller voir de nos propres yeux des endroits aussi singuliers que le Salar d'Uyuni, le lac Titicaca ou les espaces isolés du Sud Lipez.

Pourtant, nos débuts sur le continent sud américain sont difficiles. A la nostalgie du mariage et des moments très agréables passés entre familles et amis viennent s'ajouter des problèmes de santé pour Léa et Valérie. Elles ont la diarrhée, vomissent et connaissent un état de fatigue général. Des examens passés dans une clinique confirment la présence d'amibes. Après l'expérience de Yanis en Turquie, nous sommes un peu inquiets. Mais le traitement antibiotique administré par voie orale est efficace et les remet sur pieds rapidement. Notre petite escapade à Livingston dans l'est du Guatemala, quelques jours avant notre envol pour le Pérou, ne nous a pas laissé que de bons souvenirs !

Avec un peu moins de neuf millions d'habitants, Lima fait partie des villes les plus peuplées au monde. Très étendue, elle attire chaque année une population rurale de plus en plus importante qui s'entasse dans des bidonvilles à la périphérie de la mégalopole. Il en résulte une insécurité grandissante.

Comme au Mexique et au Guatemala, ce n'est pas un fossé qui sépare les riches et les pauvres mais un abîme. D'un côté, les quartiers huppés de Miraflores et Barranco avec 4x4 neufs, immeubles de grand standing, magasins de luxe, avenues propres ; de l'autre, des quartiers misérables partiellement desservis en eau et électricité où chacun tente de survivre. Mise à part le centre historique de la capitale qui regroupe des bâtiments néo-classiques d'inspiration française, le reste de la ville n'a pas beaucoup de charme. Nous ne nous y attardons pas et embarquons nos vélos dans un taxi qui nous mène à Pachacamac, un petit bourg situé à quarante kilomètres au sud de Lima dont nous évitons ainsi la circulation dangereuse.

Les sacoches et remorques fixées, nous nous élançons sur la panaméricaine qui dispose d'une bande d'arrêt d'urgence très large. Les premiers kilomètres sont terribles. Après trois mois de repos, notre masse musculaire a fondu et nous avons l'impression de tirer une charrue. Nos jambes sont lourdes et ne répondent plus. Des douleurs aux cuisses apparaissent en milieu d'après midi. Viennent s'ajouter à ces difficultés une chaleur pesante avec des températures qui dépassent les 35°C.

Les jours suivants, le ruban de goudron se déroule dans un paysage désertique. Tout est plat, la route file droit devant. Nous sommes accablés. C'est la fuite en avant. Il n'y a rien à voir mis à part des panneaux publicitaires et des morceaux de pneus éclatés. Nous bivouaquons au bord du Pacifique au gré des plages.

Et puis un jour, comme un mirage, la vallée verdoyante de Canete rompt cette monotonie. L'eau qui arrive de la cordillère se répand dans un réseau d'irrigation et permet de faire pousser en plein désert oranges, mandarines, tomates, bananes, pastèques et melons. De toutes les cultures pratiquées, une prédomine : le coton. Elle est très développée et constitue un des piliers économiques de la région, assurant l'emploi de milliers de personnes.

Mais voilà, à la veille du long week-end de Pâques, la colère gronde chez les paysans. Nous voyons des panneaux de revendications fleurir le long de la route : « Non à l'effondrement des cours du coton », « Le gouvernement doit nous aider ». Un paysan avec qui nous discutons explique :

– Il y trois ans, je vendais le quintal (environ 45 kg) 25 soles (environ 6 euros), maintenant il vaut 12 soles. Les cours s'effondrent un peu plus chaque année à cause des subventions des Etats-Unis et des Européens à leurs producteurs de coton. Nous réclamons au gouvernement d'être payé le double.

Une autre personne vient nous rejoindre et enchaîne :
– On nous achète le quintal à 12 soles et il est revendu vingt fois plus cher dans les salles des marchés ! On en a marre d'être exploités. Si nous ne sommes pas écoutés par nos dirigeants, nous bloquerons la panaméricaine !

En effet le lendemain, l'unique axe routier de la côte Pacifique est pris en otage par les paysans. A chaque village, des barrages constitués de pierres, d'épineux et de pneus enflammés bloquent la circulation. Nous sommes inquiets. Allons-nous pouvoir passer ? Comment vont réagir les villageois ?

Nous arrivons au premier barrage. Les personnes crient « *No pasa gringos* ». Avec beaucoup de diplomatie, nous expliquons notre situation et à la vue de nos deux petites têtes blondes, les femmes ordonnent aux hommes de nous laisser continuer. Nos deux «sésames » nous permettent ainsi de franchir plus de six barrages d'affilés !

Manifestation bien sympathique pensons-nous, mais l'atmosphère devient de plus en plus tendue. Au village de San Felipe. Des bus, des camions aux pneus crevés et vitres fracassées remplacent les cailloux, épineux et débris divers. Nous continuons notre progression dans un décor à la Mad Max. de carcasses de véhicules brûlés. Nous évitons un dernier camion et nous retrouvons soudain au milieu d'une centaine de policiers casqués, matraques à la main. L'un d'eux nous lance :
– Vous devriez faire demi tour c'est dangereux.

Nous n'avons pas le temps de lui répondre que la compagnie des policiers, dans un mouvement de recul, nous laisse au premier plan. Devant nous, à 200 mètres, des centaines de jeunes surexcités, brandissent cailloux, bâtons, slogans auxquels nous ne comprenons rien ! Valérie hurle :

– Vite sur le côté, il y a un passage !

Sans réfléchir, nous nous élançons dans une rue poussiéreuse du village, parallèle à la panaméricaine. Les seuls manifestants que nous rencontrons sont des poules, canards, chats, cochons, chèvres et chiens, au grand amusement de Léa et Yanis. Arrivés de l'autre côté du village, nous retrouvons la panaméricaine avec nos jeunes survoltés loin derrière. Devant nous, une file ininterrompue de véhicules bloqués depuis l'aube.

– Comment avez-vous fait pour passer ? lance un chauffeur.

Applaudissements, klaxons, sifflements. Nous nous croyons à l'arrivée d'une étape du Tour de France ! Au journal télévisé, cette manifestation fait la Une. Elle sera dégagée 36 heures après notre passage. Les paysans n'auront obtenu qu'une revalorisation de cinq soles par quintal.

Pour nous remettre de toutes ces émotions et nettoyer la saumure crasseuse de plusieurs bivouacs sans eau, nous nous payons une nuit d'hôtel dans la ville de Paracas. Nous en profitons le lendemain pour aller visiter les îles Ballestas où pingouins, lions de mer, phoques et une multitude d'oiseaux marins sont attirés par le riche plancton du courant de Humboldt. Les enfants ne ratent pas une miette du spectacle malgré un gilet de sauvetage encombrant.

A notre retour, le gérant de l'hôtel nous informe que le prix de notre chambre pour la nouvelle nuitée est multiplié par cinq pour le week-end de Pâques ! C'est à prendre ou à laisser. Le propriétaire ne veut pas négocier. Nous le quittons et partons planter la tente au bord du pacifique dans le parc national de Paracas. Le lendemain, au moment de plier nos affaires, un couple à VTT s'approche. Discussions, explications sur notre projet. Luis Eduardo et sa femme sont admiratifs. Nous sympathisons. Luis est directeur général de la compagnie aérienne péruvienne AERO CONDOR. Avant de partir, il me tend sa carte de visite et nous lance :

– Vous avez prévu de passer par Ica et Nasca ?

– Oui

– Au dos de la carte, vous avez les adresses des deux hôtels que nous possédons. A mon retour sur Lima, je laisserai des consignes pour que vous y soyez accueillis dans les meilleures conditions.

Nous n'osons pas y croire. Quelle chance avons-nous ! Valérie éclate de rire puis continue :

– Et dire que nous maudissions le gérant de l'hôtel hier soir. En fait, il nous a rendu un sacré service en nous virant de son établissement !

Deux jours plus tard, nous arrivons devant l'aérodrome d'Ica. L'hôtel Aerocondor est mitoyen et possède une superbe piscine. Amaro et Carlitos, le frère de Luis et gérant de l'hôtel nous accueillent à bras ouverts. Pendant deux jours, nous sommes chouchoutés par Amaro qui nous prépare des repas délicieux et gâte de surprises les enfants. Nous profitons beaucoup de la piscine et de l'accès Internet à haut débit dont ils sont pourvus pour envoyer nos dernières mises à jour.

Grâce à la précieuse aide de mon frère et de ma belle sœur, un site Internet est créé sur notre projet. Tous les deux mois nous avons pris l'habitude de rédiger un carnet de route illustré sur nos pérégrinations.

Outre le fait de partager nos émotions avec familles et amis, ce site nous permet de recevoir les encouragements de nombreux internautes qui se passionnent pour notre aventure. Certains sont admiratifs, d'autres cherchent des informations en vue d'un prochain voyage. Leurs petites notes font toujours chaud au cœur. C'est aussi par le biais de notre site que nous avons pu convaincre des sponsors d'adhérer à notre projet en cours de voyage.

Notre matinée de reprise nous éprouve : trop moite, trop chaude. Après avoir quitté les zones irriguées d'Ica, l'horizon devient subitement jaune et la route semble se perdre dans le mirage d'une flaque d'eau s'éloignant indéfiniment. Le désert reprend ses droits. Implacable. A midi, nous mangeons sur le bord de la route car il est impossible de s'en éloigner, sous peine de s'ensabler dès les premiers mètres. Pour atténuer les effets de la chaleur, nous tendons une bâche au dessus de nos têtes, fixée entre nos deux vélos. Les enfants sont un peu amorphes. Notre thermomètre indique 41°C.

Le trafic est faible : un véhicule toutes les dix minutes. Certains chauffeurs de poids lourds s'arrêtent pour nous demander si tout va bien et repartent en nous laissant un peu d'eau. D'autres nous traitent de fous en portant l'index à la tête. Nous continuons ce rythme pendant plusieurs jours.

Nous sommes vigilants avec les enfants par ces fortes chaleurs. Leurs gourdes sont régulièrement remplies d'eau, une serviette est placée au dessus d'eux pour offrir davantage d'ombre et la toile étanche située à l'arrière des remorques est relevée pour assurer une bonne ventilation.

Léa s'est beaucoup assagie depuis notre arrivée au Pérou. Elle prend beaucoup de plaisir à nous rendre service et apporte une aide efficace dans nos tâches quotidiennes comme le montage de la tente ou la préparation des repas. Depuis peu, elle est autorisée à prendre la caméra et nous filme depuis la remorque. Cela donne des plans très originaux.

Dans sept jours, notre fille soufflera ses quatre bougies. Cet « âge de raison » dans lequel elle semble être entrée, permet d'aborder des sujets de discussion divers et variés. Elle nous parle souvent des personnes rencontrées durant notre voyage où nous remémore des faits marquants comme sa brûlure à la main en Australie. Mais la discussion la plus instructive est sans conteste celle où nous lui demandons les raisons de ses colères durant notre mariage. Elle nous répond tout naturellement qu'elle ne voulait pas que papa et maman se marient et qu'elle n'aimait pas que papa fasse des bisous à maman ! Le complexe d'Œdipe. Mais pourquoi n'y avons nous pas pensé.

Yanis est devenu notre « petit diablotin blond ». Deux ans et demi est un âge de déraison, nous le confirmons. Il ne fait que des bêtises. Provocateur, désobéissant, il trouve amusant de freiner notre pneu arrière avec sa chaussure en passant son pied sous le filet. Dans les côtes, il prend un malin plaisir à faire des mouvements de va-et-vient avec son corps dans la remorque. Nous sommes immédiatement déséquilibrés. Ses mots favoris sont « *j'écrase, je casse, je fouette* », mots qu'il confirme par des actes. Dame nature paie un lourd tribu en coccinelles, scarabées, fourmis, araignées, qu'il « écrase, casse, fouette » avec ses pieds et ses mains !

Il recommence aussi à jeter par dessus la remorque tous ses jouets. Plus malin qu'aux Etats-Unis, il le fait tout en parlant, comme si de rien n'était. Je suis souvent obligé de rebrousser chemin sur plusieurs kilomètres pour retrouver ses petites voitures, ses sandales, son cahier ou ses feutres, ce qui a le don de me mettre dans une humeur noire. Hier, il a balancé une gourde toute neuve donnée par *Schwalbe* et qui finira, éclatée sous les roues d'un camion. Aujourd'hui, c'est sa tétine qu'il jette. Valérie la récupère discrètement et dit qu'elle est perdue. Le soir, il assume sans pleurs ni caprice la responsabilité de son acte en s'endormant sans celle-ci. Solution radicale car il ne la réclamera plus jamais à notre grand bonheur !

Nous essayons tant bien que mal de nous adapter aux évolutions des caractères de nos enfants mais ce n'est pas tous les jours évident. Parfois, nous avons l'impression que nos enfants changent et grandissent à un rythme que nous ne pouvons suivre. Nous mesurons chaque jour un peu plus qu'on ne naît pas parents mais qu'on le devient. Et ce sont nos enfants qui nous l'apprennent ou nous le rappellent. Ils nous indiquent non pas les pas à faire mais le fait qu'il y ait des pas à faire.

Et puis ils ont aussi cette capacité extraordinaire de mettre le doigt sur nos faiblesses et d'en user quand bon leur semble. Il suffit par exemple que ma fille ou mon fils me témoigne d'un manque d'affection pour qu'aussitôt je sois pris de remords. Cette attitude me cause d'ailleurs beaucoup de soucis lorsque je dois faire preuve d'autorité avec eux et cause des tensions avec Valérie dont le fonctionnement est différent. Léa et Yanis agissent comme des miroirs et nous renvoient à nos contradictions, nos inhibitions, notre histoire et aux souvenirs de notre enfance. Par cette démarche, ils nous forcent à réouvrir certaines portes de notre subconscient que nous pensions cadenassées. C'est un travail douloureux, surtout lorsqu'on découvre qu'il reste encore des pelotes à démêler…

Mais malgré les peurs et les blocages que cela peut générer, nous trouvons cette démarche positive. Elle permet d'évoluer, de se remettre en cause et de s'adapter comme aujourd'hui avec Yanis qui ne veut plus remonter dans sa remorque.

Nous essayons depuis une demi-heure de repartir mais à chaque fois, c'est un échec. Il dit non et se met à courir. Lorsque nous le forçons, il pleure et bouge dans tous les sens. Impossible de pédaler dans ces conditions. Les premières fois, les nerfs à vifs, nous perdions patience et il recevait une fessée mais aujourd'hui, sa détermination est plus grande.

Nous décidons alors de parler avec lui, de lui montrer que l'on comprend réellement ce qu'il ressent en traduisant ses sentiments par nos paroles :

– Oui nous savons, tu n'es pas content. Tu es furieux parce que tu voudrais rester jouer.

L'effet est immédiat. Il s'arrête de pleurer et la tête baissée répond :

– Oui

J'enchaîne :

– Tu pleures parce que si tu remontes dans la remorque, tu ne pourras pas jouer avec ta voiture dans le sable ?

– Oui.

– Je sais que tu ne veux pas remonter dans la remorque mais comment on va faire ce soir pour boire si on a pas d'eau !

Pas de réponse.

– Je sais que tu veux rester jouer mais maman et papa doivent avancer jusqu'au prochain village. Après tu pourras jouer. Est-ce que tu es d'accord ?

Il hoche la tête.

– Alors tu remontes dans la remorque ?

Il répond par l'affirmative et s'assoit tranquillement sur son siège. Sur la route nous échangeons un clin d'œil complice avec Valérie. Nous venons d'apprendre quelque chose de nouveau avec Yanis. A deux ans et demi, un enfant est déjà un petit adulte doté d'une personnalité qu'il faut respecter. Tout un art !

A Nasca, nous sommes accueillis chaleureusement par Sylvana et Erwin qui gèrent l'hôtel de la compagnie

Aerocondor. Avertis par Amaro, ils nous ont concocté un petit programme pour découvrir les fabuleux vestiges des cultures Paracas et Nasca (entre 900 ans av J.C et 800 ans de notre ère). Cela commence par la visite d'aqueducs millénaires enterrés sous cinq mètres de terre avec un système ingénieux de ventilation pour permettre leurs nettoyages. Puis nous continuons sur la cité grandiose de Cahuachi complètement enfouie sous le sable et dont les premières fouilles archéologiques remontent à quelques années seulement.

Nous avons ensuite le grand privilège de survoler gratuitement les fameuses lignes de Nasca dans un Cessna de la compagnie. Il s'agit de formes géométriques parfaites, longues de plusieurs kilomètres et qui sont tracées en plein désert. Ces figures, seulement visible du ciel, ont été réalisées par les Nascas, en ôtant du sol des cailloux que l'oxyde de fer a coloré en gris. Par cette action, ils ont fait apparaître un sol plus clair qui, par contraste forme les contours d'une image. C'est une allemande, Maria Reiche, qui voua sa vie à la formulation d'une théorie sur l'interprétation des nombreux géoglyphes dispersés dans la région. Les plus connus sont baptisés d'un surnom évocateur : « la baleine », « l'astronaute », « le condor », « le singe », etc... Selon elle, l'ensemble des formes géométriques serait un immense calendrier astronomique principalement utilisé pour l'agriculture. Certaines lignes sont en effet parfaitement alignées avec les couchers du soleil des 21 juin et 21 décembre. D'autres théories ont vu le jour depuis, mais aucune d'elles ne semblent emporter une adhésion massive des archéologues. De nombreuses campagnes de fouilles sont en cours dans la région. Elles nous dévoileront peut-être un jour les motivations qui ont poussées cette civilisation pré-incas à tracer cet ensemble de géoglyphes.

Avec l'aide de Sylvana et Erwin, nous organisons une petite fête avec les enfants du personnel de l'hôtel pour les quatre ans de Léa. Un peu intimidée au début, elle le sera beaucoup moins à la distribution des cadeaux. Elle reçoit une poupée Barbie avec plein de petits accessoires et des paquets de bonbons pour les rudes étapes qui nous attendent dans la Cordillère.

Dimanche 10 avril 2005. C'est le grand jour. Nous voici au pied du mur. Celui de la cordillère des Andes. 3300 mètres de dénivelé d'un coup ! Cent kilomètres de lacets ininterrompus qui vont nous hisser à 4000 mètres d'altitude. Nous estimons à quatre jours la durée nécessaire pour arriver au col. Petit plateau et grand pignon enclenchés, nous débutons le combat avec un peu d'appréhension. Allons-nous tenir le rythme ? Serons-nous victimes du *soroche*, ce mal dû à l'altitude qui provoque nausées et maux de tête ?

Heureusement, nous avons récupéré par des amis cyclotouristes, un petit fichier *excel* qui détaille toutes les possibilités de ravitaillement durant l'ascension. Nous savons ainsi qu'au quarante-quatrième kilomètre, il y a une petite gargote. Nous décidons donc volontairement de ne prendre que 35 litres d'eau pour limiter notre poids.

Le paysage est désertique. Ça et là, des touffes d'herbes noyées dans un champ de cailloux sombres. Le serpent de goudron ondule sur les flancs de vallées encaissées. Pas un brin de vent. Il fait chaud. Nous ruisselons, liquéfiés, épuisés, déminéralisés. Je m'éponge régulièrement le visage et cet effort me fait parfois perdre l'équilibre. Notre vitesse oscille entre 4 et 5 km/h. Nos cuisses deviennent dures comme du bois et nous font souffrir.

La moisson de notre première journée n'est pas brillante : vingt et un kilomètres. Nous sommes sur les rotules et bivouaquons sur un replat à l'écart de la route. Pour la première fois de notre voyage, nous ressentons le besoin de faire des étirements.

Les enfants, préparés depuis plusieurs jours à cette ascension, n'ont fait aucun caprice ni colère. Peut-être comprennent-ils que notre patience sera très limitée ? Ils partent jouer avec leurs voitures dans le sable.

Sous l'effet de la chaleur et de l'effort, nous avons bu plus de la moitié de notre réserve d'eau. Aussi nous nous rationnons. Le soir, boite de conserve et toilette sommaire à la lingette. Je croyais ces tissus imprégnés plus efficace. Ils ne font qu'étaler un peu plus la saumure crasseuse accumulée dans la journée. Durant la nuit, nous avons la désagréable sensation de rester collés sur nos matelas à chaque mouvement.

A l'aube, nous reprenons notre monologue avec le goudron. Nous débouchons enfin sur un paysage ouvert et continuons notre ascension sur la crête d'une immense dune. Nous avons l'impression d'évoluer sur une gigantesque vague figée dans son mouvement. Les formes sont douces, les sommets arrondis. Il n'y a aucune végétation dans ce décor minéral et le sol a subi une érosion cruelle. Des couloirs de ravinements vieillissent le terrain comme les rides sur un visage.

Il fait aussi chaud qu'hier. A midi, nous avons déjà épuisé notre réserve d'eau. Il reste 6 kilomètres avant la première habitation soit environ 2 heures d'efforts supplémentaires. C'est trop. Nous décidons de garder le litre d'eau qu'il nous reste pour les enfants et stoppons notre progression pour attendre un véhicule. Le trafic est faible : douze camions et trois voitures depuis notre départ. La plupart ne se sont pas arrêtés lorsque nous leurs faisions des signes. Une voiture nous a refilé deux petites bouteilles d'*Inca Cola* (boisson gazeuse nationale de couleur jaune au goût médicamenteux). Très sucré, ce breuvage nous a plus assoiffé qu'autre chose ! Une heure plus tard, un chauffeur s'arrête. Il nous tend une bouteille d'eau à la couleur douteuse.

– Je m'en sers pour mon radiateur mais elle est bonne. Je l'ai remplie dans une source là-haut ! nous assure-t-il.

Nous le remercions et il reprend sa route. Par précaution, nous filtrons l'eau avec un tissu et la traitons avec de l'iode. Elle a un fort goût de terre mais nous permet d'arriver sans problème au point de ravitaillement.

Le lendemain, nous passons les 3000 mètres d'altitude. La végétation change. Les premiers cactus apparaissent. Nos premiers essoufflements également. Nous avons l'impression de tirer une masse qui augmente au fur et à mesure de notre progression. Le moindre relâchement dans l'effort ou la moindre seconde d'inattention et hop ! Nous sommes déséquilibrés et devons poser pied à terre. Par moment nous sommes hantés par l'idée que nos gènes risquent de s'orienter définitivement vers ceux de la mule !

Heureusement, nous ne souffrons pas pour l'instant du *soroche*. Nous buvons le soir des infusions de feuilles de coca sur les recommandations de Sylvana.

Le troisième jour est identique aux précédents. Avec les pauses, nous n'arrivons jamais à parcourir un kilomètre en moins de vingt minutes. C'est long et fastidieux de pédaler pour atteindre un objectif. Nous abattons les kilomètres, nous nous enfermons au plus profond de nous-mêmes pour trouver les ressources physiques et morales nécessaires. Toujours cette école de la patience. Mais à chaque kilomètre parcouru, nous avons la satisfaction d'avoir gagné 50 mètres de dénivelé sur le col.

La nuit est froide à 3700 mètres. J'ai un léger mal de crâne au réveil et Valérie commence à accuser le coup de ces trois jours d'efforts ininterrompus.

– Je me sens vidée comme jamais je ne l'ai été, me confie-t-elle. avant d'ajouter :

– Mais je suis heureuse d'être ici. Regarde la vue !

Devant nous, la montagne plonge dans une mer de nuages. Nous avons l'impression d'être sur le toit du monde.

Les enfants sont en pleine forme et participent à notre effort en courant à côté de nous sur plusieurs kilomètres. Quinze kilos en moins par remorque, cela fait une sacrée différence. Ils sont les premiers à apercevoir les vigognes de la réserve de Pampas Galeras. Ces mammifères au pelage si réputé sont intrigués par notre convoi. Ils émettent des petits sons aiguës destinés à alerter leurs congénères.

En milieu d'après midi, nous approchons du but. Le col est enfin là, devant nous. Quelques maisons en adobe le symbolisent. Dix mètres nous en séparent, puis cinq… Ça y est, 4036 mètres ! Pour la première fois depuis quatre jours, nous avançons sans pédaler. Nous sommes ivres de joie. Nous nous embrassons et prenons nos enfants dans les bras. Nous les serrons très forts. Léa et Yanis se joignent à notre jubilation. Ils savent que nous vivons un moment intense.

Un petit attroupement s'est formé autour de nous. Les questions fusent :

– Vous venez de Nasca ?
– Depuis combien de temps êtes-vous partis ?
– Où allez-vous ?

L'une des femmes nous invite même dans son petit restaurant et nous offre des *Inca Cola*. Impossible de refuser ou de payer. Nous repartons sous les acclamations et leurs encouragements.

Les jours suivants, le relief s'adoucit. Les premiers nuages font leur apparition et des orages éclatent au loin avant de venir nous arroser de grêle en fin d'après midi. Nous basculons rapidement vers d'autres paysages avec une descente vertigineuse dans une vallée verdoyante aux températures plus clémentes. Après Puquio nous franchissons un nouveau col à 4000 mètres qui nous conduit sur un altiplano parsemé de lacs aux couleurs bleu azur. Une herbe rase envahit le décor. Appelée *Puna*, elle nourrit les vigognes, lamas et alpagas qui vivent en liberté. A l'horizon, nous apercevons quelques sommets enneigés.

Plusieurs villages très pauvres jalonnent notre progression. Ils abritent des *tienditas* où nous pouvons nous réapprovisionner en produits de base mais avec un choix très limité. Nous y trouvons également des petits bouibouis où nous consommons une soupe chaude. Un jour dans l'une d'elles, nous manquons de vigilance et les enfants finissent leurs repas en hurlant : ils ont chacun croqué dans une rondelle de piment rouge qu'ils croyaient être une rondelle de tomate.

A l'intérieur des maisons, rares sont les dalles en béton ou les zones carrelées. De la terre battue partout. Les eaux usées sont jetées à l'extérieur et les toilettes se résument à un trou creusé derrière l'habitation entre quatre planches. L'eau, souvent puisée dans un puit ou collectée dans une source, est concurrencée par la *chicha*, cette boisson fermentée à base de maïs dont les hommes raffolent immodérément. Nous les voyons déambuler comme des automates mal programmés, le regard vide avec un corps en lente destruction.

Une chose nous surprend. Les villages sont propres. Les devantures des maisons sont régulièrement balayées et il n'y a pas de dépotoirs au milieu des rues. Cela nous change du Guatemala !

Nos bivouacs sur l'altiplano sont éprouvants. L'altitude, le froid et le vent bousculent notre mode de vie. Nous plantons généralement la tente dans la *puna* à l'écart de la route. Il n'y a bien sûr aucun obstacle naturel pour abriter notre toile des vents puissants qui sévissent parfois à cette altitude. Il faut à chaque fois solidement ancrer les piquets de tente. Nous mangeons toujours sous l'abside afin de protéger nos assiettes du sable.

Dès que le jour commence à décliner, les températures chutent. L'air devient glacial et les séances de déshabillage sont douloureuses pour Valérie et moi-même. Notre toilette du soir devient un calvaire malgré le litre d'eau que nous faisons chauffer. Le gant de toilette, pourtant plongé dans l'eau chaude, se refroidit très vite. La toilette des enfants est beaucoup plus sommaire et se limite souvent à un coup de lingette sur le visage et les mains. Pour lutter contre le froid, nous adoptons la méthode des multicouches : sous-vêtements thermiques, collants, chaussettes, polaires, gants et bonnets. Pour les enfants, nous n'avons rien trouvé de mieux que de les revêtir d'une combinaison de ski amenée par mes parents au Guatemala. Avec le duvet par dessus, ils sont ainsi protégés de la tête jusqu'aux pieds. Les repas sont vites expédiés lorsqu'il fait zéro degré dans la tente. La plupart du temps nous mangeons froid. Ensuite vient le moment tant attendu ou nous nous glissons dans nos duvets. C'est un instant sacré après une journée d'efforts. Nous sommes tellement épuisés que nous n'avons pas le courage d'écrire notre carnet de bord.

Parfois, nous sommes réveillés par les appels plaintifs de Léa en plein milieu de la nuit.

– Maman, je veux faire pipi.

Il faut alors se lever puis retirer toutes les couches de vêtements et l'installer sur le pot dans l'abside. Ce pot s'avère d'ailleurs être très pratique par ces températures car il permet à toute la famille d'éviter de sortir de la tente !

Au réveil, le froid bouleverse tous les petits gestes de notre vie quotidienne. Tout est gelé : les lingettes, les gourdes d'eau, le dentifrice, le pot de miel, le produit vaisselle. Les batteries de nos appareils photos et vidéo se déchargent plus rapidement.

La vaisselle est un supplice auquel je me sacrifie tous les matins. Je dois souvent briser la pellicule de glace à l'intérieur de notre bassine et frotter avec une éponge dure comme un caillou dans une eau gelée. Mes mains sont rouges et me brûlent. Un jour, la douleur est tellement intense qu'elle me provoque un malaise.

Heureusement cette vie menée à la dure est largement compensée par la beauté des paysages. L'air raréfié apporte une grande pureté à la lumière et les couleurs semblent être surnaturelles. Sur l'horizon, se détachent les silhouettes fines et gracieuses des vigognes qui attendent les premiers rayons du soleil. Nous avons cette grisante impression d'être au bout du monde.

Aujourd'hui, nous franchissons sans difficulté le plus haut col de notre humble carrière de cyclistes : 4550 mètres. Grande émotion qui en suit bientôt une autre. Devant nous, 140 kilomètres de descente jusqu'au fleuve *Pachahaca*. Nous dévalons 1000 mètres de dénivelés en une demi-heure. Nous sommes grisés par la vitesse et par ces kilomètres qui défilent sans effort. Des courants d'air chaud nous caressent bientôt le visage. Nos mains crispées par le froid se détendent. Les premières cultures apparaissent. Nous entendons des oiseaux, apercevons des moutons et des vaches. Les étals des magasins sont garnis de fruits et légumes. Quel contraste ! Nous venons de quitter temporairement la rigueur et l'austérité de l'altiplano.

Les températures quasi tropicales qui règnent au fond de la vallée sont un régal. Les petites mouches noires qui y habitent beaucoup moins. Elles nous assaillent dès que nous nous arrêtons et se régalent sur les mollets de Valérie.

Le matin du 23 avril 2005, je vois s'afficher avec un certain émoi notre dix millième kilomètre au compteur. Valérie me regarde euphorique :

– Quand je repense à nos débuts en Nouvelle-Zélande, j'étais loin d'imaginer un jour, passer ce chiffre !

Après le pont surplombant le fleuve *Pachahaca*, la route s'envole dans une série de lacets jusqu'à Abancay où nous retrouvons avec une grande joie le confort d'un hôtel. Nous y restons deux jours, le temps de récupérer de ces nombreux jours passés à plus de 4000 mètres.

Nous en profitons aussi pour glaner des informations sur un site inca partiellement enfoui sous la végétation surnommée Choquequirao, ou Choquek'irau en quechua, c'est à dire le « Berceau de l'or ».

– Cela pourrait faire une bonne mise en jambe pour le trek que nous voulons réaliser à Cusco, me dit Valérie.

– Tu as raison. Comme ça on validera le matériel nécessaire et on verra comment cela se passe avec les enfants.

Le propriétaire de l'hôtel nous conseille :

– Il faut se rendre au village de Cachora et louer les services d'un guide sur place. Le site n'est accessible que par un chemin de muletier et il faut compter cinq jours pour l'aller retour. Mais je tiens à vous prévenir, c'est assez physique !

– Où est situé Cachora ?

– Sur la route allant à Cusco. Il faudra tourner à gauche au panneau après le col.

Le lendemain, nous reprenons la route avec toutes les indications de l'hôtelier rigoureusement notées dans notre agenda. L'ascension jusqu'au col à 3500 mètres est terrible. Deux jours pour y parvenir au prix d'un combat permanent contre la gravité. 1500 mètres de dénivelé qui nous permettent de voir Abancay comme d'un avion.

Après le col, dans la descente, nous bifurquons à l'endroit indiqué et empruntons une piste qui plonge dans une vallée profonde vers le paisible village de Cachora. Ce hameau de bout du monde, aux maisons en pisée, est cerné de champs de maïs dorés, de plantations de quinoa et de bosquets d'eucalyptus. A notre arrivée, nous sommes pris d'assaut par une horde d'*arrieros*[1]. Nous portons notre choix sur Jonathan, un jeune homme de vingt-sept ans au regard calme et posé. Très soigneux avec ses deux mules, il nous montre la selle sur laquelle il compte asseoir Léa et Yanis. En moins de deux heures, notre expédition est montée. Je pars faire le ravitaillement avec les enfants pendant que Valérie prépare nos sacoches pour un départ fixé à sept heures le lendemain matin. Nous laisserons nos vélos chez la mère de Jonathan durant notre absence.

Il nous faut trois jours pour parcourir les trente malheureux kilomètres d'un sentier très rocailleux et très pentu. Nos seize mois de vélos ne sont pas de trop pour affronter les 3000 mètres de dénivelés cumulés imposés par le franchissement du Rio Apurimac. Je reste à l'arrière de la mule pour surveiller les enfants et connaît des moments difficiles durant la montée : plusieurs pets bien ajustés du canasson aux intestins dérangés me mettent KO plus d'une demi- heure !

Les enfants s'adaptent bien aux mouvements de va-et-vient de la mule. Ils sont tous les deux assis sur une selle d'adulte. Léa devant et Yanis derrière, avec un petit coussin rehausseur. Ils restent parfois plus d'une heure sur l'animal sans réclamer d'en descendre. Cela nous rassure pour notre futur trek. Jonathan me montre également le filet dans lequel il dispose nos sacoches et la façon de les agencer pour bâter correctement la mule. J'inventorie avec lui tous les accessoires nécessaires à notre future expédition, note les noms en espagnol ainsi que les prix. Il me conseille aussi de ne jamais lâcher la bride de l'animal qui portera nos enfants et me montre comment faire passer un gué à une mule récalcitrante en lui cachant les yeux.

Dans l'après-midi du troisième jour, à 3100 mètres d'altitude, surgissent les premières ruines anthracites de la cité oubliée. Nous sommes subjugués par la beauté du site. Des alignements imposants de murs Incas et des remparts de pierres parfaitement taillés partent à l'assaut des sommets de la cordillère de Vilcabamba. A nos pieds, le Rio Apurimac, dont

---

[1] Guide et propriétaire de mules

le bruit du torrent nous parvient malgré les 1500 mètres de dénivelé....

Nous sommes les seuls touristes dans ce bijou d'architecture incaïque. Quelle émotion d'autant plus que nous apprenons par le responsable que Yanis est à ce jour le plus jeune visiteur du site !

Par chance, une équipe d'archéologues péruviens travaille sur place. Nous discutons avec l'un d'eux :

– Lors des premières visites effectuées en 1986, tout était englouti sous la forêt tropicale. Il n'y avait aucun moyen de se faire une idée. Ce n'est qu'en 1992, en dégageant les premiers édifices, que nous avons réellement pris conscience de l'ampleur de la cité. Nous savons, désormais, grâce à nos prospections, que 70 % des monuments composant le sanctuaire sont toujours couverts par la végétation !

– Qu'avez-vous appris sur cette cité ?

– Pour l'instant, pas grand chose. On ne connaît ni l'époque de sa construction et encore moins celle de son occupation. Certaines personnes avancent que Choquequirao avait été érigé pour le culte des corps célestes. D'autres soutiennent qu'elle fut peut-être l'ultime endroit où les Incas trouvèrent refuge après l'arrivée des Espagnols. Ce qui est sûr, c'est que les Incas vénéraient les montagnes comme des êtres vivants, doués de parole. L'emplacement du sanctuaire ne doit rien au hasard. Il a dû correspondre à une forme vue dans la nature évoquant une divinité protectrice. Nous avons encore beaucoup d'énigmes à résoudre ! Notre objectif est d'exhumer la totalité des ruines d'ici à 2012 avec notamment l'aide d'une équipe d'archéologues français. A la clé, il y aura probablement des découvertes surprenantes !

Nous restons une journée à Choquequirao, à filmer les assemblages des blocs de roche ajustés au millimètre, à nous imprégner de son ambiance magique. Nous passons d'une ruine à l'autre, hypnotisés par ces murs en pierres parfaitement alignés, prospectons les terrasses aux abords des constructions en espérant dénicher un nouveau trésor, découvrons sans cesse sous une végétation épaisse les vestiges d'un sanctuaire qui pourrait être aussi important que Machu Picchu, d'après l'archéologue.

Nous revenons à Cachora deux jours plus tard, recrus de fatigue, en songeant à l'importance qu'il y a de préserver ce patrimoine pour l'humanité. Choquequirao, comme Tikal, l'île de Pâques ou les pyramides d'Egypte sont les héritages d'un passé dont nous profitons aujourd'hui et que nous transmettons aux générations à venir. Ils sont une source irremplaçable de vie et d'inspiration pour tenter de répondre aux questions existentielles que chaque être humain se pose : qui sommes-nous ? d'où venons-nous ? où allons nous ?

Six jours plus tard, après avoir franchi un dernier col à 3800 mètres, nous poussons un cri d'exclamation en découvrant Cusco. Sur la *plaza del arma*, notre émotion est à son comble.

– Pourquoi pleurez-vous ? demande Léa surprise.

– Parce que maman et papa sont heureux et tristes à la fois ma chérie, répond Valérie.

– Pourquoi ?

– Parce que notre voyage à vélo s'arrête ici et que bientôt, tu ne monteras plus dans ta remorque pour te déplacer.

Après seize mois et un peu plus de dix mille kilomètres parcourus depuis la Nouvelle Zélande, nous avons pris la décision de laisser nos vélos à Cusco pour des questions de planning. Nous devons rentrer en France dans moins de quatre mois et le temps nous manque pour parcourir la Bolivie à vélo. Nous envisageons donc, après le trek dans les Andes, de sillonner la Bolivie en véhicule 4x4.

Sacrés vélos-couchés… Même si parfois nous les avons maudits, surtout dans les côtes, ils ont été, avec les remorques, un moyen privilégié pour rencontrer les populations. Grâce à eux, nous avons eu des contacts spontanés d'une grande richesse. Des invitations à passer la nuit, tente dans le jardin ou chambre d'amis, la possibilité de profiter du confort d'une salle de bains, d'une machine à laver. Ces rencontres étaient pour nous l'occasion d'en apprendre un peu plus sur les coutumes et traditions des pays traversés.

Silencieux, écologique, le vélo nous a permis de vivre en communion totale avec la nature et nous a conduits vers de nombreuses destinations insolites en toute autonomie. Il nous a aussi appris à nous dépasser, à être patients, à savourer le résultat d'un long effort, à toujours persévérer, à ne jamais renoncer…

C'est donc reconnaissants et avec un petit pincement au cœur que nous faisons nos derniers tours de roues à Cusco qui, petit clin d'œil au passage, signifie « nombril du monde » en quechua.

TREK AU PAYS DES INCAS

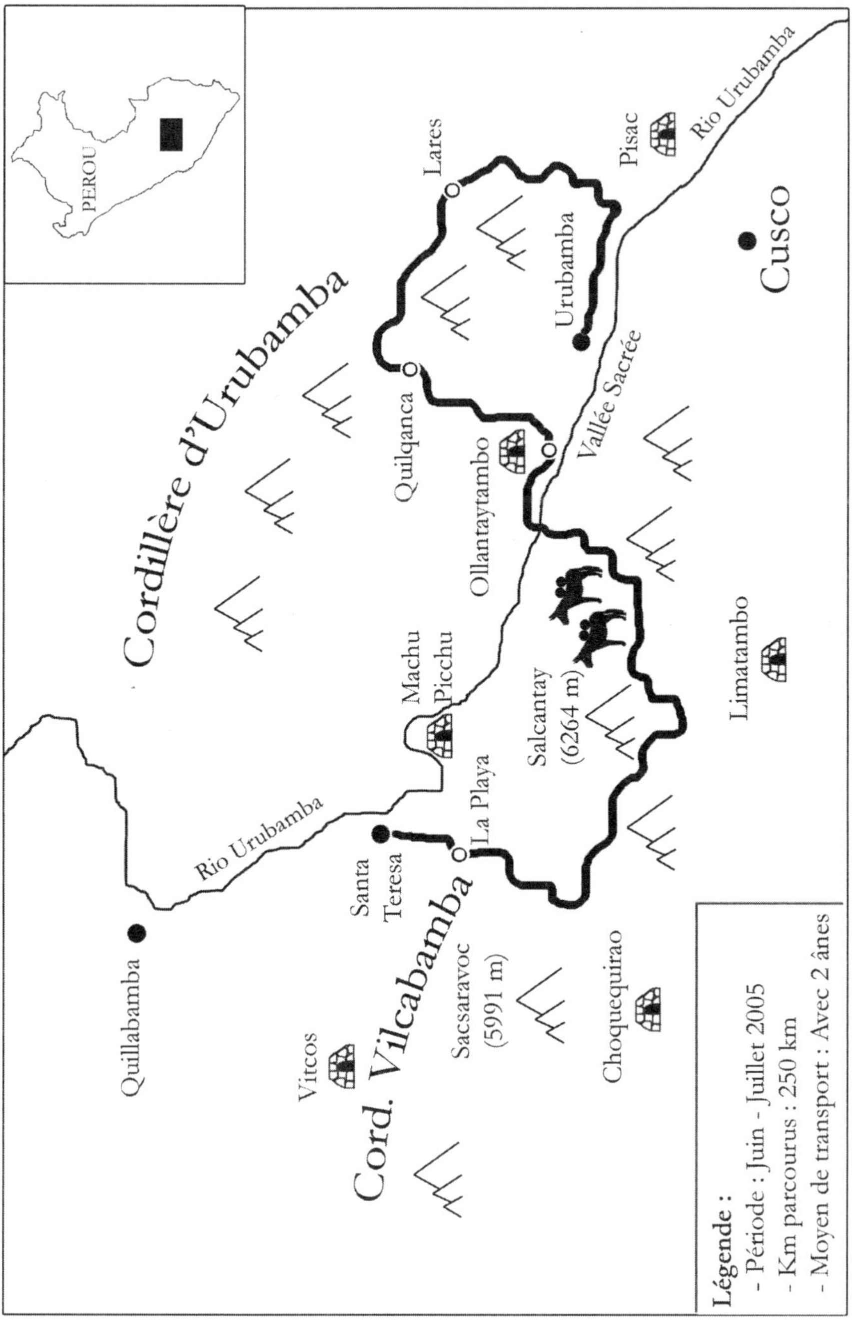

11 - Six semaines avec Machu et Picchu

(Valérie)

A Cusco, nous sommes chaleureusement accueillis par un jeune couple franco-péruvien qui suivait notre périple sur Internet. Olivier, la trentaine, filiforme, les yeux pleins de malice, vit ici depuis 1994. Son amie Clarissa, née en Amazonie, petite et brune, s'avère être une excellente cuisinière. Elle nous mijote des petits plats savoureux et fabrique elle-même son yaourt dont les enfants raffolent. Lorsque nous lui demandons pourquoi il a quitté la France, Olivier répond :

– Je suis né en France d'une mère française et d'un père péruvien mais nous avons vécu une partie de mon enfance à Cusco. Cela a dû me marquer profondément car je n'ai jamais pu réellement m'adapter à la France. J'ai besoin de grands espaces, de côtoyer différentes cultures et différents climats. Savez-vous que le Pérou possède une multitude d'écosystèmes, qui font de lui le pays le plus varié du monde, avec 28 des 32 climats que possède la planète ! En France, je me sentais un peu à l'étroit et à 23 ans, j'ai décidé de venir vivre ici.

– Tu avais un travail ? demande Fabien.

– Au début non ! J'ai fait des petits boulots. Je me suis improvisé guide pour des touristes qui voulaient randonner vers le Salkantaï. Ensuite j'ai été DJ dans une boîte de nuit pour revenir plus tard dans le tourisme. Je travaillais pour des agences et partais accompagner des groupes dans toute l'Amérique du Sud.

– Cela fait donc onze ans que tu vis ici. La France ne te manque pas trop ?

– Si, le camembert surtout ! Je blague. J'ai besoin de retourner en France car j'ai une partie de ma famille là-bas. C'est d'ailleurs la chose la plus difficile à concilier avec mon besoin de vivre ici. Et puis cela fait du bien car la vie au Pérou n'est pas tous les jours facile. 85 % de la population vit dans une misère latente, il y a une injustice terrible et d'énormes problèmes d'hygiène. Je ne sais pas si vous avez remarqué la petite rivière à quelques maisons d'ici mais elle fait office de tout à l'égout pour la ville !

– Envisages-tu un jour de retourner vivre en France ?

– Il faudrait qu'il y ait une grande catastrophe ! Mais pour être honnête, j'ai tenté l'expérience il y a sept ans alors que j'étais dans une situation personnelle confuse. Je suis rentré avec l'idée de monter une petite entreprise individuelle. J'ai très vite déchanté. C'est très difficile de faire quelque chose par soi-même en France car on ne sait plus rêver. Et puis il y a eu cette révélation, ce livre, *l'Alchimiste* de Paulo Coelho. J'ai commencé à le lire quand j'ai quitté le Pérou en novembre 1997. C'était déjà un signe ! Et c'est quand je suis arrivé en France que j'ai compris que mon « trésor » était en fait ici.

Il marque un temps d'arrêt avant de continuer en souriant :

– J'aurai dû le lire plus tôt, cela m'aurait évité d'acheter un billet pour rien ! Depuis, j'ai rencontré Clarissa et j'ai créé ma propre agence de tourisme à Cusco !

Grâce à nos charmants hôtes, nous pouvons préparer sérieusement notre expédition avec des ânes dans les Andes. Olivier nous met en relation avec un de ses amis, Vincent, un français qui vit depuis deux ans au Pérou avec sa femme et leur petit garçon. Vincent est un randonneur chevronné qui, pendant plusieurs années, a sillonné avec son épouse la Cordillère des Andes. Ils ont même répertoriés leurs treks dans un livre[1]. Nous nous rendons donc un après-midi dans leur petit appartement situé dans le quartier San Blas au centre de Cusco.

---

[1] « Les Andes du Pacifique à l'Amazonie » aux éditions Glénat.

Grand, fin, rêveur, Vincent nous prépare un thé et nous invite à nous asseoir sur sa terrasse. Nous lui exposons notre projet de réaliser une randonnée de plusieurs semaines au départ de la vallée Sacrée. Il esquisse un sourire et enchaîne :

– Vous allez vivre une expérience fantastique avec vos enfants même si c'est un projet audacieux. Mais bon, vous devez être rodés après ce que vous venez de parcourir à vélo !

Il s'absente quelques secondes et revient avec plusieurs rouleaux de papiers dans les mains qu'il déroule devant nous :

– Vous avez beaucoup de chance car je suis en train d'écrire un deuxième livre sur les treks au Pérou avec tout un chapitre sur la Vallée Sacrée !

Nous n'en revenons pas. Hasard ou signe ? Pendant toute l'après-midi, nous discutons des différentes randonnées, de leurs niveaux de difficulté, des particularités de chaque vallée, des difficultés de réapprovisionnements, des ruines incas à découvrir, etc. Vincent nous explique un trajet qu'il connaît bien, dans la cordillère d'Urubamba.

– Ce circuit de dix jours va vous permettre de prendre vos marques avec les enfants et les bêtes. Il offre la possibilité de revenir à votre point de départ si vous avez un problème et permet un ravitaillement à Ollantaytambo.

Je lui fais part de mon inquiétude :

– La suite est-elle plus longue et plus difficile ?

– C'est au niveau de l'autonomie que cela va changer pour vous. Pendant une quinzaine de jours vous n'allez pas croiser un seul magasin. Il faudra partir avec toute votre nourriture.

Vincent nous montre sur sa carte la suite du parcours qui traverse la cordillère de Vilcabamba avec la possibilité d'aller vers le Machu Picchu ou de continuer plus loin vers Espiritu Pampa. Nous sommes emballés par ce circuit qui va nous faire passer des hauts plateaux andins au versant amazonien.

Le lendemain, après avoir acheté les six cartes d'état-major couvrant notre zone, Fabien passe tout un après-midi avec Vincent pour recueillir des informations précieuses sur les villages, les dénivelés, les cols, les passages difficiles. Nous voici prêts pour le début d'une grande aventure !

Nous quittons Cusco pour Urubamba dans la Vallée Sacrée. Cette petite ville n'est pas inconnue à Fabien. En septembre 2001, il était venu y célébrer le mariage de son frère et de sa belle-sœur, lors de leur tour du monde en scooters. Yanis étant né deux semaines avant la cérémonie, je n'avais pas pu faire le voyage. Le mariage avait été organisé chez José et Irène, un couple péruvien propriétaire d'un coquet *Bed and Breakfast*, à la périphérie d'Urubamba. C'est donc avec une certaine émotion que Fabien les retrouve et que je fais leur connaissance par une journée radieuse. Irène n'en revient pas en voyant nos deux petites têtes blondes.

Après de chaleureuses embrassades, nous les suivons vers une adorable petite maison violet pastel. Fabien commente :

– Quand je suis venu, cette maison n'existait pas ?

– Oui, nous venons de la terminer et c'est là que nous vivons maintenant. C'était devenu nécessaire pour Irène et moi-même d'avoir un endroit séparé du *Bed and Breakfast*.

Nous entrons dans la maison par une porte en bois massif et découvrons une chambre finement décorée avec quatre lits soigneusement drapés. Un petit bouquet de fleurs et un nécessaire de toilette reposent sur chacun des oreillers. Je me retourne gênée :

– Ce n'était pas nécessaire !

– Nous sommes ravis de vous avoir à la maison. Vous êtes ici chez vous, reposez-vous, prenez une bonne douche et retrouvons-nous plus tard !

Assis à proximité d'un feu de cheminée qui crépite, nous passons une soirée délicieuse à partager nos anecdotes de voyage, de notre mariage, de la terrible côte de Nasca. Eux nous parlent du développement touristique important que connaît la Vallée Sacrée grâce au Machu Picchu. C'est d'ailleurs un sujet qui préoccupe José.

– L'affluence sur le site est telle que nous provoquons des dommages irrévocables aux ruines. Il y a parfois plus de deux mille personnes qui piétinent les allées en créant de larges sillons dans les pierres. C'est trop. J'ai l'impression que les autorités ne veulent malheureusement pas voir cet aspect des choses et privilégient la manne financière que rapporte Machu Picchu. D'ailleurs elles autorisent n'importe quoi. Je ne sais pas si tu te souviens, Fabien, mais deux ans avant ta venue, la pierre sacrée Intihuatana, que les Incas utilisaient pour suivre les mouvements du soleil, a été abîmée par un bras de caméra lors du tournage d'un film publicitaire pour une bière locale !

Après avoir resservi un cocktail maison à base de Pisco, nous leur parlons de notre projet d'acheter deux ânes pour réaliser un trek dans les cordillères d'Urubamba et Vilcabamba. José se remémore alors la discussion qu'il avait eu trois ans auparavant avec Fabien.

– Je vois que tes questions n'étaient pas innocentes à l'époque quand tu m'avais demandé combien coûtait un âne. D'ailleurs, c'était la première fois qu'un client me demandait ce genre de renseignement !

Nous rions. Fabien enchaîne :

– Et oui, mais je n'ai pas trop insisté, notre projet était encore un secret et ma famille n'était pas loin !

– Vous êtes vraiment tous fous dans votre famille entre ton frère et toi ! Quelles vallées avez-vous prévu de faire ?

Fabien déroule alors les cartes et montre le tracé repéré avec Vincent.

– Eh bien, ce n'est pas un petit circuit. Regarde Irène, ils vont passer par le Salkantaï !

– Et c'est la raison pour laquelle nous avons besoin de bêtes car nous devons être autonomes.

Après avoir débattu du projet, José lance :

– Je vais voir avec notre jardinier, je pense qu'il connaît quelqu'un qui a des ânes.

Le lendemain, nous rencontrons Séladonio, un paysan qui habite à proximité. Il possède deux ânes mais n'est pas encore sûr de vouloir nous les vendre. Vieille tactique du vendeur ! Je reste à la maison avec Yanis, pour lui couper les cheveux, pendant que Fabien se rend avec Léa dans le pré. Ils y découvrent deux ânes en train de brouter paisiblement. L'un est gris souris, avec un regard plein de bonté. L'autre est brun, avec une mâchoire inférieure bien dessinée.

– Ils ont quatre et cinq ans, lance Séladonio.

Bien qu'inexpérimenté dans le domaine, Fabien se lance dans un examen des bêtes. Il palpe les animaux au niveau des pattes et de l'abdomen, recherche d'éventuels escarres, examine les yeux, regarde l'état des sabots et observe les dernières selles pour s'assurer de leur bonne santé.

– Ils me servent de temps en temps à transporter la paille. Sinon ils restent toujours ici, précise le propriétaire, flairant la bonne affaire.

En dehors des oreilles envahies par les tics, les animaux semblent être en pleine forme. Les négociations sont ouvertes. Quelques minutes plus tard, ils tombent sur un compromis. Fabien accepte de payer quatre cents soles (100 euros) pour les deux animaux, à condition que Séladonio nous aide dans la préparation des bâts. L'accord est conclu.

Ils partent dans la foulée au marché acheter les matériaux nécessaires soit deux grands sacs en polypropylène, 20 mètres de corde, une bobine de fil de coton, une grosse aiguille, deux couvertures épaisses et un sac tressé en nylon pour contenir nos sacoches. Ils s'arrêtent ensuite chez un menuisier. Sur un morceau de papier, Fabien dessine la forme des sièges qu'il souhaite pour transporter les enfants avec les parties à évider pour le passage des sangles. La commande sera prête le lendemain après-midi ! Ils continuent chez le pharmacien pour acheter une crème contre les tiques et terminent leurs courses chez un forgeron où ils font réaliser quatre anneaux en métal pour sangler les bâts. A son retour, Fabien n'en revient pas et me confie :

– Je ne pensais pas monter cette expédition en si peu de temps ! Tu te rends compte, on a acheté nos ânes et tout le matériel nécessaire en une journée ! Et cela nous a coûté 700 soles, bêtes comprises soit 160 euros !

– Mais où as-tu mis tout le matériel ?

– Il est chez Séladonio car il doit coudre les sangles aux sacs, fixer les anneaux et ajuster le tout à chaque bête.

Là-dessus, Fabien me projette les photos qu'il a prises avec la caméra. J'interroge Léa :

– Alors ma puce, ils te plaisent les ânes ?

Léa s'approche du petit écran et montre avec son doigt :

– Eh bien tu vois, maman, le gris, c'est Picchu. L'autre en noir, c'est Machu.

Voilà nos ânes baptisés ! De mon côté, je n'ai pas perdu de temps à trier nos affaires car il a fallu parer à l'essentiel : deux baluchons pour la tente, les matelas et les duvets ; quatre sacoches pour le reste, c'est-à-dire deux pour les vêtements, une pour la popote, le réchaud, le carnet de bord, la trousse de toilette, une bassine pliable et une autre réservée à la nourriture. Fabien sera équipé d'un sac à dos pour le transport du matériel photo et des objets légers mais volumineux comme les couches. C'est un choix que nous faisons de partir avec le strict minimum : pas de jouets, pas de pot, un seul change vestimentaire. Etre plus chargés signifierait plus d'animaux et donc plus de tracas.

Deux jours avant de partir, nous retournons à Cusco en bus pour acheter tout ce que l'on ne pourra pas trouver durant nos six semaines de trek : soupes et purées déshydratées, fruits secs, lait en poudre, pooridge, couches… Nous en profitons également pour acheter des chaussures de randonnées à Léa et Yanis et prolonger nos visas auprès des services de l'immigration.

Le dernier jour, nous rendons visite à Séladonio pour tester les sièges avec les enfants et finaliser les dernières coutures des sangles maintenant le bât.

La veille du départ, José et Irène nous préparent un succulent dîner aux chandelles : soupe de légumes du potager, bœuf mijoté avec des pâtes et une tarte maison. Nous nous endormons repus, en rêvant aux sommets enneigés des cordillères d'Urubamba et de Vilcabamba.

Le lendemain matin à sept heures, nous nous affairons autour de Machu et Picchu. Les enfants sont excités. En voyant les sacoches au sol, je suis un peu inquiète.

– Cela ne va pas être trop lourd pour eux ?

Séladonio me rassure :

– Ces animaux sont robustes. Ils peuvent porter jusqu'à 50 kg chacun.

Puis il nous explique toutes les étapes permettant de fixer le bât sur l'animal.

– D'abord, vous devez placer la couverture pliée en huit sur le dos. Ensuite il faut poser la couche de protection en fixant l'avaloir sous la croupe de l'animal.

Cette couche de protection a nécessité, pour sa fabrication, deux sacs en polypropylène : sur l'un, Séladonio a cousu une sous-ventrière et un avaloir fabriqués en découpant des bandes dans le deuxième. C'est rustique mais efficace ! Il continue :

– J'ai cousu une petite bande de feutre sur l'avaloir pour éviter de blesser la croupe de l'animal. Quand tout est bien positionné, il reste à attacher la sous-ventrière à l'aide des anneaux et de la sangle de cuir.

Joignant les actes à ses paroles, il se relève et prend appui sur le flanc de Machu avec son pied. D'un geste sec, il resserre les anneaux métalliques de la sous-ventrière, provoquant un petit gémissement de Machu. En voyant nos têtes, Séladonio explique :

– Rassurez-vous, c'est impressionnant mais l'animal n'a pas mal sinon il lèverait la patte !

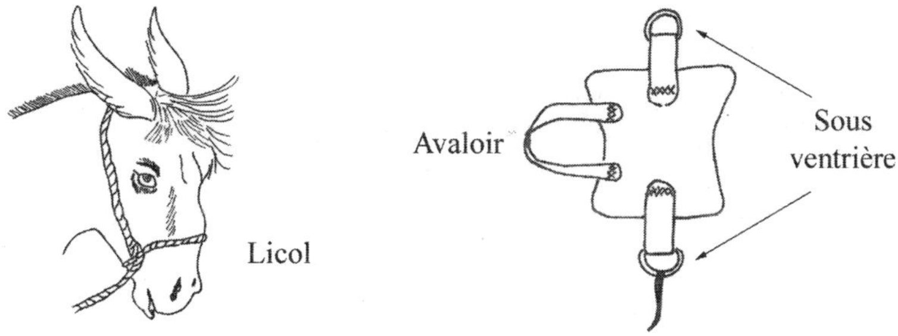

Fabien dispose nos quatre sacoches dans le filet en nylon, en veillant à équilibrer les charges et ficelle l'extrémité du filet avec une petite corde comme appris par Jonathan à Choquequirao. Puis avec l'aide de Séladonio, ils déposent le chargement sur le dos de Machu qui recule un peu sous le poids. L'ensemble s'équilibre naturellement, les deux sacoches de part et d'autre du dos de l'animal. Il reste à ajouter les deux baluchons et fixer l'ensemble avec cinq mètres de corde.

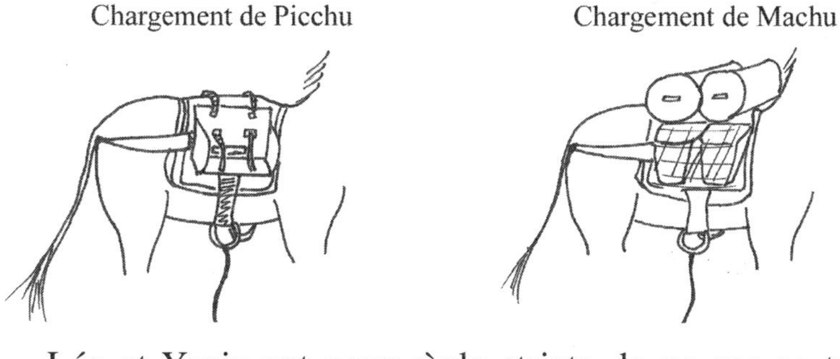

Léa et Yanis ont pour règle stricte de ne pas se tenir à l'arrière des bêtes. Un coup de sabot peut vite partir.

Machu supporte son chargement sans difficulté et part, à mon grand désespoir, brouter les jolies fleurs d'Irène !

Séladonio s'adresse à Fabien :

– L'âne gris est plus calme. C'est pour cela qu'il faut le garder pour les enfants.

Les petits sièges en hêtre sont fixés à l'aide d'une sous-ventrière passée dans les ajours prévus.

Quelques minutes plus tard, l'acte de vente est rédigé par Séladonio. Il précise son identité, la couleur des ânes, leur sexe et le fait qu'ils ne soient pas castrés ! Fabien le signe après y avoir noté son nom et son numéro de passeport. Ça y est, nous sommes propriétaires de Machu et Picchu !

Séladonio nous donne les dernières recommandations :

– Pensez à leur donner du *pasto*[1], vous en trouverez sans difficulté chez les villageois et faites-les boire régulièrement.

Nous le remercions chaleureusement pour son aide et ses nombreux conseils.

Nous sommes fin prêts. Après de longues embrassades, nous quittons José et Irène le 21 mai 2005. L'aventure peut commencer.

C'est par la cordillère Urubamba, chaîne montagneuse qui s'étend sur cinquante kilomètres, que nous démarrons la première partie de notre trek. Partant de la ville d'Urubamba, notre circuit doit nous conduire dans un premier temps à Ollantaytambo et nous faire franchir quatre cols compris entre 4300 et 4700 mètres. Nous estimons le temps nécessaire pour parcourir les 125 kilomètres à deux semaines.

Les premiers kilomètres sont éprouvants pour Fabien. Il est pris de nausées et de vomissements : certainement une petite *tourista* attrapée dans les gargotes de Cusco. Mis à part ce désagrément, la première journée se déroule dans l'ensemble normalement. Nous suivons la route sur une dizaine de kilomètres avant de bivouaquer le long de la rivière. Les villageois plaisantent à la vue de nos deux petites têtes blondes, assises dans leurs sièges ou guidant Machu et Picchu. Ces derniers avancent d'un pas trébuchant sur leurs

---

[1] avoine

1

2

3

4

1 - Trek dans les Andes avec 2 ânes : le début d'une nouvelle aventure (Mai 2005 - Pérou)
2 - Prise du point sur la carte (Juin 2005 - Pérou)
3 - Dans les descentes, les enfants préfèrent marcher (Mai 2005 - Pérou)
4 - Col Huillcajasa à 4 430 mètres (Mai 2005 - Pérou)

1 - Col Salkantaï à 4 682 mètres (Juin 2005 - Pérou)
2 - Yanis fait la sieste, bercé par le va-et-vient du bât (Juin 2005 - Pérou)
3 - Grosse frayeur lorsqu'un de nos ânes s'enlise à 4 000 mètres (Mai 2005 - Pérou)
4 - Le Machu Picchu est atteint après 6 semaines de trek au pays des Incas (Juin 2005 - Pérou)

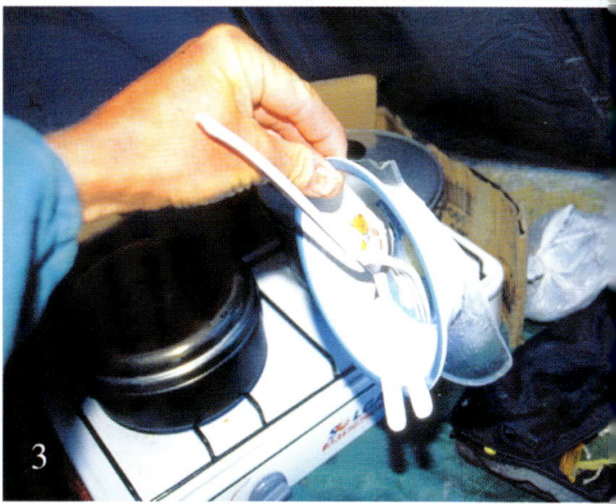

1 - Nous privilégions une orientation plein est pour avoir le soleil au réveil (Mai 2005 - Pérou)
2 - Un dîner réconfortant après une étape de 17 km (Juin 2005 - Pérou)
3 - Réveil glacial avec -12°C (Mai 2005 - Pérou)
4 - Fortification Inca de Paucarcancha (Juin 2005 - Pérou)

1 - Arrivée dans le village de Cuncani (Mai 2005 - Pérou)
2 - Elèves d'une école du bout du monde (Mai 2005 - Pérou)
3 - Enfants du village de Quilqanqa (Mai 2005 - Pérou)
4 - Petite fille quechua (Mai 2005 - Pérou)

1 - Laguna verde : inutile d'expliquer d'où lui vient son nom ! (Juillet 2005 - Bolivie)
2 - Enlisement mémorable sur le salar d'Uyuni (Juillet 2005 - Bolivie)
3 - Passage d'un gué profond (Juillet 2005 - Bolivie)
4 - Roche sculptée par le vent (Juillet 2005 - Bolivie)

1

2

3

4

1 - Terrain de jeu inouï (Juillet 2005 - Bolivie)
2 - Région multicolore de Tupiza (Août 2005 - Bolivie)
3 - Parc national du Sajama (Juillet 2005 - Bolivie)
4 - Le bonheur à l'état pur (Juillet 2005 - Bolivie)

1

2

3

4

1 - Bivouac au bout du monde (Juillet 2005 - Bolivie)
2 - Il fait trop froid à l'extérieur pour faire la vaisselle (Août 2005 - Bolivie)
3 - La nuit la plus froide du voyage : -17°C (Juillet 2005 - Bolivie)
4 - *Porridge* chaud très attendu (Juillet 2005 - Bolivie)
5 - Une source thermale inespérée après 12 jours sans douche (Juillet 2005 - Bolivie)

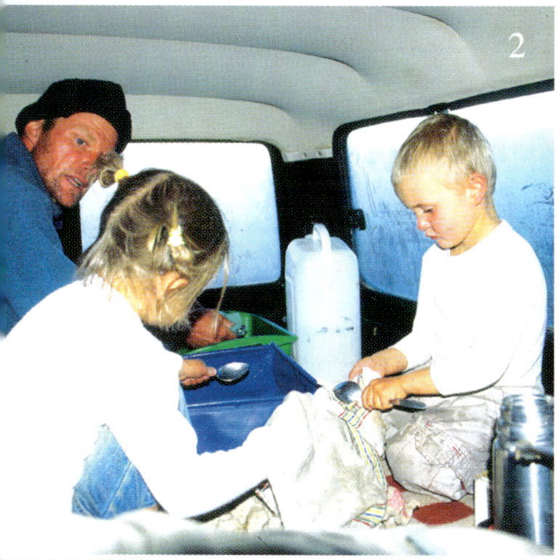

1 - Les cactus aux carambars (Juillet 2005 - Bolivie)
2 - Traces de dinosaures dans le parc de Torotoro (Août 2005 - Bolivie)
3 - Etonnements devant cette source bouillonnante (Juillet 2005 - Bolivie)
4 - *Oh ! Walter, tu n'as donc pas compris ? Chaque nounours est exceptionnel, surtout son propre nounours* (Juillet 2005 - Bolivie)
5 - Aéroport de bric et de broc (Août 2005 - Bolivie)

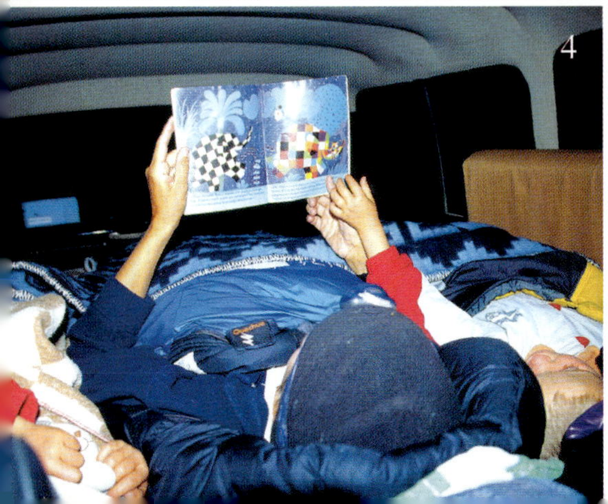

petits sabots. De temps en temps, ils secouent les oreilles ou la queue pour chasser les taons. Les ânes ne sont pas effrayés par les voitures et leurs coups de klaxon. Machu me parait si menu sous la charge qu'il m'inspire parfois des craintes. Va-t-il tenir le coup lorsque nous débuterons l'ascension des cols ?

Le lendemain, à Huaran, nous bifurquons à gauche sur une piste caillouteuse qui s'élève brutalement et se transforme au bout de cent mètres en chemin muletier. Nous progressons bientôt sous une végétation épaisse et n'entendons déjà plus les agitations de la Vallée Sacrée.

Très rapidement, nous rencontrons des problèmes avec le bât de Machu. Toutes les cinq minutes, les baluchons et les sacoches s'inclinent fâcheusement, d'un côté ou de l'autre. Nous sommes contraints de nous arrêter pour tirailler, pousser, épauler ou réajuster le chargement. Fabien qui se remet tout doucement de sa journée d'hier est déjà épuisé. Sans un souffle de vent, une chaleur d'étuve remonte de la vallée.

Depuis qu'il y a du relief, les ânes rechignent à avancer. Ils marchent activement sur trois ou quatre foulées, puis ralentissent. Fabien lève alors le bâton et fait mine de frapper. Ils repartent pour ralentir un peu plus tard. Notre allure est lente et irrégulière. Notre marche devient douloureuse. Si, malencontreusement, nous ralentissons et nous retrouvons quelques mètres derrière nos deux compères à grandes oreilles, ils s'arrêtent aussitôt et se mettent à brouter. Bien entendu, leur réaction est similaire si nous les devançons de quelques mètres ! L'idée que ce manège puisse durer jusqu'au bivouac nous décourage.

– Peut-être sont-ils trop chargés ? dis-je à Fabien.

Il examine alors Machu dont le bât doit être encore redressé. Les pauvres genoux de l'animal tremblent et sa respiration est pénible. Nous culpabilisons.

Notre périple commence mal. Fabien est blanc comme un linge. Nous maîtrisons mal le maintien du bât et les ânes donnent déjà des signes de faiblesse.

Sur ce triste constat, voilà qu'arrive derrière nous un paysan d'une quarantaine d'année, vêtu d'un poncho rouge et suivi par son cheval. Il s'arrête à notre hauteur et regarde avec une mine amusée notre pitoyable équipée.

– Vous venez de loin comme çà ?

Nous lui répondons que nous avons démarré un peu avant Huaran.

– Une matinée pour arriver ici ! s'écrie-t-il.

Il ne peut alors s'empêcher d'éclater de rire, puis de rajouter :

– Les ânes, c'est comme les enfants ! Si vous ne les frappez pas, ils vous mèneront par le bout du nez !

Notre paysan a une conception de l'éducation des enfants que nous ne partageons pas mais il faut avouer que sa méthode est efficace avec les animaux. Après avoir arraché une longue tige souple d'un buisson, il se met à fouetter l'arrière-train de Macchu en poussant un cri. Le malheureux redresse les oreilles et part à une vive allure qu'il garde sans ralentir. Il fait de même avec Picchu. Les enfants, jusqu'alors habitués à une cadence nonchalante, rient d'aller soudainement si vite. Avec un certain soulagement, nous réalisons que les premiers essoufflements et les tremblements de nos animaux n'étaient que pure comédie !

Dix minutes plus tard, le bât de Machu se renverse dans un nuage de poussière. Le paysan s'esclaffe à nouveau en regardant Fabien.

– Mais qui t'a appris à serrer un bât de la sorte ?

Ils replacent l'ensemble du chargement sur le bourricot et après avoir passé la corde comme Séladonio nous l'avait montré, le paysan et Fabien se mettent à serrer, chacun d'un côté, le bât de toutes leurs forces. Le résultat est sans appel. Du côté du professeur, des sacoches parfaitement comprimées, du côté de l'élève, une corde lâche et inefficace. Notre homme s'adresse à Fabien en lui montrant ses biceps :

– Il faut que tu boives plus de *chicha* si tu veux continuer ton chemin !

Puis il lui explique la même technique que Séladonio. Un pied en appui sur le flanc de l'animal et un effort sec de tout son poids vers l'arrière. Le bât a meilleure allure. Fabien avoue :

– Je n'ai pas osé le faire ce matin de peur de lui faire mal.

– Tu lui fais plus de mal avec un bât mal serré ! répond le paysan.

Sur ce, il donne sa tige effilée à Fabien et reprend son chemin en nous souhaitant bonne chance.

Cet homme providentiel nous a redonné confiance. Notre équipée avance désormais au rythme de nos pas, le bât de Machu ne se renverse plus et nous venons d'apprendre le véritable cri des âniers : « *Brrrooo* » qui n'est autre que l'abréviation de *buro* (âne en espagnol).

La vallée est exposée Nord-Sud. Pas idéal pour les premiers bivouacs. Le soleil apparaît le matin à 10 heures pour disparaître derrière la montagne à 15 heures, laissant un froid mordant s'installer rapidement.

Au réveil, les enfants se plaignent :

– Maman, j'ai froid.

– Je veux mon biberon.

Fabien, le plus courageux, sort les bras de son duvet pour attraper la thermos d'eau chaude, le sac de lait en poudre, le chocolat et le biberon. Léa vient se blottir contre nous le temps que notre petit homme se délecte de son lait chaud. Tout à coup, nous entendons un claquement. Un arceau de la tente vient de rompre et menace de percer le double toit. Branle-bas de combat, il faut soulager au plus vite la structure. Pendant que Fabien défait le double toit, j'habille chaudement les enfants. Nous démontons l'armature, sortons de la cordelette et réparons. Plus tard, en préparant le petit déjeuner, je fais part de mon inquiétude à Fabien :

– J'espère que cela ne va pas s'aggraver comme avec la tente précédente !

– Je vais renforcer tous les arceaux par prévention. Les ingénieurs de *Quechua* n'ont toujours pas résolus le problème malgré nos précédentes remarques !

Nous apprendrons plus tard par *Quechua* que le sous-traitant fut mis en cause pour la mauvaise qualité de son aluminium. Notre mission test leur fut donc profitable !

Après le petit déjeuner, je m'occupe de ranger les pyjamas, les duvets et de rouler les matelas. Ensuite je mets dans mon petit sac à dos le pique-nique du midi (boîte de thon, mayonnaise, pommes de terre, pain, fromage, fruits, biscuits).

Fabien porte la bouteille d'eau remplie dans la rivière et traitée avec des pastilles à l'hydroclonazone.

Il nous faut environ deux heures pour plier tente et bagages puis bâter correctement les ânes. Nous les attachons durant la nuit à un gros pieux métallique planté dans le sol. Cela nous évite d'aller les rechercher dans la vallée au petit matin ! Les enfants adorent leur donner du *pasto* et n'ont aucune appréhension à s'en approcher pour les caresser.

Bien que nous soyons réveillés vers sept heures du matin avec le soleil, nous ne quittons jamais notre bivouac avant neuf heures. Nous gardons finalement le même rythme qu'à vélo !

Nous continuons notre ascension le long de la rivière Cancha Cancha qui mène au village du même nom. Par endroit, nous la franchissons sur des ponts traditionnels, faits de branches et de terre. Nous croisons quelques troupeaux de lamas et d'alpagas surveillés par de jeunes enfants vêtus de ponchos rouges. La vallée s'évase bientôt, permettant aux villageois de cultiver la pomme de terre sur les versants ensoleillés. Ce tubercule est l'aliment de base de ces populations isolées mais aussi leur unique source de revenus. Nous arrivons à Cancha Cancha, un petit hameau aux maisons en pierres qui laissent échapper de leurs toits de chaume une odeur âcre de feu de bois. Cette ambiance nous rappellent les bandes dessinées de Goscinny et Uderzo. Il ne manque plus qu'Obelix et Asterix pour nous croire au temps des Gaulois !

Nous frappons à une porte en quête de *pasto*. Une femme nous ouvre. Elle est vêtue d'un pull rouge et d'une jupe brodée de nombreux motifs multicolores. Sa tête est auréolée d'une coiffe traditionnelle rouge en forme d'assiette creuse. Après une petite hésitation due à l'effet de surprise, elle nous fait rentrer dans sa maison. Il fait sombre et nous toussons les premiers temps, incommodés par la fumée. Tout est recouvert de suie noire. Trois enfants, le nez remplis de morve sont blottis à côté du foyer sur lequel chauffent deux marmitons d'eau. Un lit crasseux se trouve non loin d'eux. Sur le sol en terre, se trouve quelques gamelles et un tas de pommes de terre. Quel contraste avec l'opulence de la Vallée Sacrée pourtant toute proche. Nous avons l'impression de nous retrouver au Moyen-Age.

Munie d'une serpe, la femme nous demande de la suivre vers un enclos mitoyen à sa maison. Il s'agit d'une parcelle de terre entourée d'un mur en pierre pour éviter que Lamas et autres animaux ne viennent s'y repaître. Un océan d'avoine vert ondule devant nous. Soudain, un braiment suivi de rires d'écoliers anime le hameau. Léa crie :

– Papa, Maman, regardez Machu !

Notre baudet, laissé en liberté, vient de rencontrer une ânesse et lui fait part de son affection en essayant de la monter. La vigueur de ses assauts est telle qu'il met en péril notre paquetage. La pauvre ânesse, pour se défendre des ardeurs de notre étalon, lui décoche une série de ruades. Elles sont pour la plupart amorties par notre bât qui pend lamentablement au cou de Machu. Il est temps d'intervenir ! Je me rue aussitôt vers les amoureux, un bâton à la main. Picchu, jusque-là resté calme, vient s'en mêler. Malgré mes vigoureux coups de bâton, je n'arrive pas à maîtriser la situation et provoque un fou rire chez les villageois. Fabien n'en peut plus, lui non plus.

– Mais viens m'aider au lieu de rire comme un âne !

Finalement, après quelques minutes d'une fiévreuse bastonnade, nous arrivons à les séparer. Il y a un peu de casse, heureusement sans conséquence pour la suite du voyage. Il faut recoudre le filet en nylon partiellement déchiré et réparer un des sièges qui s'est fissuré.

La question de Léa sur le comportement de nos ânes est beaucoup plus embarrassante :

– Pourquoi il a fait ça, Machu ?

Nous sommes surpris d'apprendre que ce hameau de bout du monde possède une école.

– Venez planter votre tente dans la cour de mon école, dit gentiment Antonio, le maître d'école.

Très fièrement, il nous fait visiter son unique classe composée de trente-cinq écoliers de cinq à douze ans. Les cours sont dispensés uniquement le matin, du lundi au vendredi. Certains enfants ont plus d'une heure de marche aller et retour pour s'y rendre et l'après-midi ils sont aux champs ou à la maison pour aider les parents. Bien que la langue officielle à l'école soit l'espagnol, le Quechua y est aussi enseigné.

Léa et Yanis sont vite entraînés par les enfants pour aller faire de la balançoire et du toboggan. Les installations sont toutes rouillées mais ce sont les seules distractions du hameau.

Le lendemain matin, nous reprenons l'ascension vers notre premier col à 4650 mètres. Le sentier se dessine devant nous, il est rocailleux et sinueux. Les ânes n'en font qu'à leur tête. Alors que je tiens Machu, je suis amenée à fouetter l'arrière-train de Picchu qui, devant moi, ne cesse de s'arrêter pour brouter quelques touffes d'herbe. Les enfants sont dans leurs sièges, silencieux. Yanis s'offre même une petite sieste ! L'air est frais et sec, des nuages commencent à se former au sommet. Nous profitons de la pause déjeuner pour débâter les ânes, sortir les combinaisons de ski, les bonnets et les gants des enfants. Sans activité dans leurs sièges, ils ont vite froid. La reprise est dure. Nous peinons à grimper. Chaque foulée réclame une énergie considérable et notre souffle est court à cause de l'altitude. Je n'en peux plus et laisse à Fabien le soin de diriger les bêtes. Une heure et demi plus tard, au prix d'un long effort, nous atteignons le col de Pachacutec sous un soleil radieux. L'imposant glacier de Samasiray se présente à nous dans un panorama féerique.

Vers quinze heures, la météo change brusquement. Des nuages s'accumulent et des bourrasques font chuter brutalement la température. Aussitôt, deux sirènes se mettent en marche :

– Maman, j'ai froid !

Nous leur enfilons nos capes cyclistes et continuons d'un pas rapide sur le chemin qui se maintient à 4600 mètres. Dans la descente, les choses se compliquent. La sous-ventrière de Picchu se détend, précipitant nos enfants vers l'avant. Léa et Yanis se mettent à pleurer. Nous leur demandons de marcher le temps de la descente. Ils n'apprécient pas du tout au point que Léa décide de ne plus avancer.

– J'ai froid, maman j'ai froid.

– Ma puce, nous t'avons expliqué, il faut marcher un peu pour te réchauffer. Dans la descente, Picchu a moins d'équilibre et le siège n'arrête pas de descendre ! Tu sais, lui aussi est fatigué ! Allez, avance maintenant.

Têtue, elle refuse dans un premier temps puis se résigne vite à me suivre quand je lui propose de tenir la longe de

Machu. Elle se sent investie d'une mission importante. Quant à moi, je suis contente de voir toute la troupe avancer.

Une descente vertigineuse se dessine devant nous. Le bât de Machu nous cause à nouveau des soucis. Il ballotte, tantôt à droite, tantôt à gauche. Je me charge de le redresser. L'exercice est pénible car il réclame beaucoup d'énergie et à cette altitude, je m'essouffle vite.

Nous plantons la tente dans un enclos abandonné, perdus au milieu d'une vallée déserte. Malgré une fatigue générale, des jambes lourdes et douloureuses, nous sommes fiers d'avoir passé ce premier col avec succès.

Au réveil, tout est gelé et le soleil tarde à venir. Fabien part chercher de l'eau au ruisseau tout proche pour préparer le pooridge. Complété avec quelques fruits secs, c'est un aliment copieux et très complet qui est apprécié par Léa et Yanis.

Nous filmons et photographions beaucoup pendant ce voyage pour que nos enfants aient une trace de cette fantastique aventure familiale quand ils seront plus grands. 80 heures de vidéo et plus de 7000 diapos accumulées au cours du périple les y aideront. Depuis le début du voyage, nous avons toujours réussi à recharger les deux batteries de notre caméscope chez nos hôtes, dans les magasins ou à l'hôtel. Nous avons ainsi une autonomie de fonctionnement de neuf heures. Mais avec le froid, l'autonomie est quasiment divisée par deux. Nous avons la hantise de manquer d'électricité. Nous utilisons donc notre caméscope avec parcimonie dans ces endroits isolés.

Mais ce matin, c'est la catastrophe. L'interrupteur de l'appareil est resté allumé par inadvertance toute la nuit. Notre deuxième batterie est à plat. Ecran noir, plus d'image ! C'est la première fois que cela nous arrive depuis le début du voyage et c'est une situation frustrante.

Nous reprenons la marche sous un grand ciel bleu. Les enfants, eux, ne manquent pas d'énergie et tiennent la longe des animaux pendant une bonne partie de la matinée. Ils n'ont aucune appréhension et marchent sereinement à côté des ânes, les caressent, leurs donnent à manger du *pasto*. Ils savent aussi être fermes, en les fouettant et en tirant fortement sur la longe si nécessaire. Nous passons le village de Quisuarani et empruntons une autre vallée en direction du col de Huillcajasa situé à 4430 mètres.

Durant la montée, nous devons gérer un nouveau problème : Léa veut continuer de marcher tandis que Yanis veut monter sur son siège. Sans un équilibre des poids sur le dos de Picchu, le bât bascule aussitôt. Fabien tente de fabriquer un contrepoids avec des objets lourds comme notre poche d'eau. Sans succès. Il s'adresse alors à Léa :

– Ma puce, il faut que tu montes sur ton siège car Yanis est fatigué et sans toi, le siège va tomber.

Nous n'avons pas besoin d'insister. Elle nous écoute et rejoint docilement son siège sans aucune protestation. Quel bonheur !

Nous bivouaquons au bord d'un petit lac, à moins de trois kilomètres du col. Le soir, un chien rôde autour de nous, à la recherche d'éventuelles restes. Il est tout mignon avec sa petite frimousse et je me prends d'affection pour lui et le laisse lécher le fond de notre unique casserole. Quelques instants plus tard, mon sentiment à son égard vire à l'écœurement lorsque je l'aperçois avaler les excréments de Yanis, fraîchement enterrés. Je ne peux m'empêcher de crier :

– Dégage de là, petite saloperie !

Le lendemain, je trouve au pooridge – pourtant préparé avec amour dans notre casserole par Fabien – un goût bizarre qui me donne la nausée !

Une fois les affaires rangées, nous attaquons immédiatement l'ascension du col avec un dénivelé de quatre cents mètres à parcourir. Hélas, les ânes reprennent le rythme lent de nos débuts et malgré des « Allez *brrroooo* » criés à haute voix, ils gardent une allure de tortue. Fabien se résigne à les talonner en leur cinglant l'arrière train avec sa fine tige. Le bruit des coups m'effraie et je préfère rester en arrière, laissant à mon mari cette tâche ingrate de faire avancer notre équipée vers le col.

Son travail est efficace car nous l'atteignons en moins d'une heure. Une vue spectaculaire sur les sommets glacés de la cordillère Urubamba s'offre à nous. Dans le fond de la nouvelle vallée, nous découvrons trois petits lacs de couleur vert émeraude.

Nous savourons chaque jour un peu plus cette aventure dans laquelle nous nous sommes lancés. Même si nous menons une vie à la dure, nous sommes largement récompensés par la beauté des paysages traversés et les grands espaces vierges.

Perchés tout en haut de ce col, nous ressentons une ineffable sensation de liberté et un sentiment de bonheur absolu. Quelle chance avons-nous de réaliser nos rêves !

Une descente raide par un chemin en lacets me laisse un souvenir douloureux lorsque nous rejoignons le premier lac : une énorme ampoule s'est formée à l'extrémité de mon gros orteil gauche. Durant la pause déjeuner, Fabien se lance dans un petit exercice chirurgical qui consiste à percer la cloque avec une aiguille et du fil pour permettre à la lymphe de s'écouler lentement. Cela me soulage immédiatement et je reprends la marche sans boitiller.

Léa et Yanis sont moins courageux que les jours précédents, ils préfèrent rester sur leurs sièges et se racontent des petites histoires. Il nous arrive de leur faire la classe.

– Qui peut me donner le nom d'un animal qui commence par L ? demande Fabien l'instituteur.

– Lama ! s'écrie Léa.

– Bravo. Maintenant, Yanis donne moi le nom d'un animal qui fait coin-coin.

– Le canard !

Ce jeu favorise la vivacité d'esprit et permet d'enrichir leur vocabulaire. Parfois ce sont eux qui posent les devinettes !

Nous arrivons bientôt devant un petit escarpement. Le chemin descend brusquement à flanc de falaise, surplombant un à-pic de quarante mètres sur notre gauche. Nous ne sommes pas rassurés. Par sécurité nous demandons aux enfants de descendre à pied.

– Fabien, tu es sûr que nous sommes sur le bon chemin ?

– La carte dit bien de longer la cascade.

– C'est un sentier pour les randonneurs mais pas pour nos ânes ! Nous devrions peut-être faire demi-tour ?

Trop tard, nos deux compagnons descendent têtes baissées. Dans un virage très étroit nous évitons de justesse la catastrophe. Machu, lourdement chargé, évite in extremis de basculer dans le vide. Léa et Yanis marchent derrière nous et ne pipent pas mot. Nos sueurs froides ne s'arrêtent pas là. Nous quittons ce passage très raide pour une partie très pentue recouverte d'herbe rase. Nos deux ânes, sur leurs sabots tout lisses, n'ont aucune adhérence et partent dans une glissade périlleuse, l'arrière train au sol. Je reste tétanisée quand je vois Picchu qui, plus lourd, continue sa descente. Il s'arrête par miracle au bord d'un décrochement de cinq mètres. Fabien va le récupérer pas très fier. Quant à moi je m'assoie pour reprendre mes esprits. Je voyais déjà la pauvre bête en bas du ravin. Les enfants eux n'ont pas du tout réalisé le danger et sourient encore de la scène cocasse qui vient de se dérouler sous leurs yeux.

Le lendemain après-midi, nous arrivons à Lares, petite ville desservie par une route qui abrite des thermes.

Nous sommes en rupture d'essence pour le réchaud, de boite de thon et de 220 V, aussi un ravitaillement s'impose ! Nous plantons la tente à proximité des sources chaudes et nous régalons de prendre des bains bouillants après le froid des jours précédents. Léa semble aux anges lorsqu'elle s'immerge dans la piscine à 35°C ! Son sourire en dit long. Quand à Yanis il passe son temps entre les douches extérieures et le bassin.

Samedi est jour de marché à Lares. La place principale est envahie d'étals en tout genre : légumes, vêtements, fruits, viande et boissons locales. Un ballet incessant de minibus laisse descendre des femmes des villages environnants. Pendant que Léa et Yanis jouent au ballon avec d'autres enfants, nous faisons les courses dans une marée d'étoffes colorées. Pendant l'heure du déjeuner, un commerçant nous laisse gentiment accéder à une prise de courant pour recharger nos batteries.

Le surlendemain, nous repartons avec une autonomie de dix jours pour atteindre Ollantaytambo. Machu croule sous le poids d'un bât surchargé. Nous longeons une bonne partie de la journée la rivière Trapiche puis bifurquons sur la gauche pour retrouver la rivière Pachauaca. L'altitude ne varie guère, nous sommes à 3300 mètres. Le sentier évolue dans une végétation subtropicale parsemée de petits hameaux. Le rythme est bon, la marche agréable, les enfants silencieux.

Nous n'avons pas d'autre souci que d'avancer en totale liberté, celle-là même qui nous anime depuis bientôt deux ans. Aucune contrainte si ce n'est de trouver chaque soir un peu d'eau et un endroit plat pour dormir. Une situation en complète opposition avec celle que nous allons vivre dans trois mois, lorsque Fabien retrouvera son bureau à Paris. Comment allons-nous réagir à la complexité de la vie parisienne ? Supporterons-nous les contingences matérielles que notre société implique ? Comment vont réagir les enfants à la séparation familiale lors de leur première rentrée à l'école maternelle ?

Nos discussions sont donc très animées sur le chemin et c'est la première fois depuis notre départ que nous conjuguons autant de phrases au futur. Nous nous préparons déjà, sans nous en rendre compte, à notre prochain retour !

Nos échanges sont tellement passionnés que nous ne remarquons pas le rétrécissement du chemin. Les ânes se collent à la paroi et nous entendons Léa hurler :

– Papa, mon pied, aïe, j'ai mal !

Son pied vient de se coincer dans une anfractuosité de la roche. Fabien tire violemment sur la longe de Picchu pour l'immobiliser. Nous reculons doucement et examinons le pied couvert de poussière. Plus de peur que de mal. Ses chaussures de randonnée l'ont heureusement protégée et Léa s'en sort avec un gros bleu sur le tibia.

Le soir, nous établissons notre bivouac sur un replat après avoir parcouru la plus longue étape depuis Urubamba : treize kilomètres.

Le lendemain, la rivière Pachohuaca nous tient compagnie une bonne partie de la journée ; la pente est raisonnable ainsi que notre progression. Nous atteignons le village de Cochayoc dans l'après-midi et découvrons une quarantaine de maisons disséminées autour de l'école qui est fermée. Nous achetons du *pasto* et continuons notre chemin vers le col. Une heure plus tard, nous repérons un replat idéal pour le campement, mais il est situé derrière un gué rempli de tourbe. Fabien l'enjambe facilement et Picchu le suit. Catastrophe ! L'animal n'a pas fait un pas qu'il s'enlise immédiatement jusqu'au ventre. Léa et Yanis sont pris de panique et se mettent à hurler.

– Papa, on s'enfonce !

– Maman, je veux descendre !

Je m'approche de Picchu et tire les enfants vers moi en prenant appui sur une pierre. Le malheureux ne peut plus bouger. Ses quatre pattes sont paralysées par la boue. Fabien a des craintes :

– Pourvu qu'il ne se soit pas cassé une patte !

Les enfants ressentent notre stress et pleurent. Je tente de les calmer sans grand succès.

Fabien, pendant ce temps, est parti cherché deux larges pierres pour stabiliser le terrain autour de Picchu.

– *Merde*, il continue de s'enfoncer. On est quand même pas dans des sables mouvants ! s'exclame-t-il.

Il me tend la longe et me demande de tirer.

– Allez Picchu, vas-y pousse, viens vers moi, allez !

Nous sommes dans une mauvaise posture. Le crépuscule approche et notre bête n'avance pas d'un centimètre. Fabien reprend courage en criant :

– *Brrooo*, *brrooo* allez *brrooo* !

Léa est complètement affolée, elle se rend bien compte de la situation. Pour la rassurer, je lui demande de tenir la longe :

– Quand on te le dit, tu tires avec nous, tu vas nous aider à sortir Picchu, d'accord ?

Elle se calme immédiatement et participe à l'effort collectif. Cinq minutes plus tard, Fabien décide de changer de stratégie :

– Viens à côté de moi, on va essayer de soulever Picchu par la sous ventrière.

L'animal pèse une bonne centaine de kilos et je suis un peu sceptique. Chacun en appui sur un caillou, nous tirons de toutes nos forces. Picchu se débat un peu.

– Ça marche, il bouge !

Nous reprenons notre souffle et recommençons l'opération plusieurs fois. A la cinquième tentative, nous réussissons à le coucher sur le flanc. Ses pattes se libèrent et dans une ultime ruade, Picchu s'extrait de son redoutable piège boueux et part trotter vers Machu. Ouf, plus de peur que de mal ! Malgré son pitoyable pelage couvert de boue, il n'a rien de cassé, à notre grand soulagement.

Un peu paniqués et stressés par cette mésaventure, nous n'avons pas mesuré nos efforts pour sortir l'âne de ce mauvais pas. Je suis complètement vidée et Fabien met plus de cinq minutes à retrouver son souffle. Il est autant crotté que Picchu !

Le réveil du lendemain est douloureux. Nous sommes tout courbaturés. Fabien souffre du dos et peste :

– Hier, j'ai forcé comme un malade et voilà le résultat !

Un manteau de gel recouvre toute la vallée encore à l'ombre tandis que devant nous scintille le majestueux glacier du Terijuay (5330 m). Picchu a le poil sec et tout collé de boue. Il paraît tout rabougri.

Sur le chemin, nous croisons beaucoup de paysans aux abords des hameaux. Ils sont tous affairés à ramasser la pomme de terre avant la fin de la récolte, prévue dans quinze jours. C'est une course contre la montre. Leur survie en dépend. Aussi toute la famille y participe, du nourrisson enveloppé sur le dos de la mère jusqu'aux vieillards en passant par les enfants qui ne vont plus à l'école. Point de crèche ni de maison de retraite ici. Courbés toute la journée, ils grattent, creusent, retournent la terre avec des outils rudimentaires pour extraire le précieux tubercule. Ils ont les mains calleuses et le visage tanné par le soleil. Leur travail est rude et ingrat. Revêtus de leurs ponchos rouges, ils mettent un peu de couleur dans ces vallées glaciales.

Nous essayons plusieurs fois de communiquer avec eux, sans grand succès. Beaucoup d'entre eux ne parlent que le quechua et nous sommes parfois désemparés par le mur de silence derrière lequel ils se réfugient. La plupart sont indifférents à notre passage.

Est-ce dû à leur mode de vie archaïque ou à leur faculté à s'isoler dans les traditions ? La rigueur du climat est-elle à l'origine de cette distance ? En fait, ils semblent bien avoir le caractère renfermé et peu ouvert à l'étranger de tous les habitants des montagnes. Cela est aussi vrai dans nos vallées françaises. Nos échanges se limitent donc à des sourires et des signes de la main.

Léa est marquée par l'événement d'hier. A chaque passage de gué, elle s'inquiète :

– Papa, Picchu, il va s'enliser, il va s'enfoncer, c'est humide !

– Calme-toi. Regarde, je mets le pied, il ne s'enfonce pas. Avec maman nous faisons très attention car nous ne voulons pas refaire comme hier.

– Pourquoi ne descendriez-vous pas un peu de vos sièges pour marcher avec nous ? ajoute Fabien.

Et Yanis de répondre :

– Cela fait mal aux jambes quand on grimpe !

Nous profitons du lac Yanacocha (4200 m) aux pieds de surprenants glaciers pour déjeuner et prendre des forces avant de franchir le col de Coltambillo à 4580 mètres. L'ascension se fait sans grande difficulté même si parfois nous devons tracer nous-même notre chemin dans la *puna*. Dans la descente, je dois encore veiller au bât de Machu qui glisse vers son encolure. Je n'ai pas la force d'un homme pour ce travail et appelle souvent Fabien pour qu'il m'aide.

Le lendemain, nous arrivons à Quilqanqa. Devant nous, la vallée plonge dans une mer de nuages. Les effluves qui en remontent sont chargés d'essences exotiques : nous sommes à moins de vingt kilomètres du bassin amazonien. Nous déjeunons dans la cour de l'école, au milieu d'une trentaine d'élèves. Pedro, l'instituteur vient à notre rencontre :

– *Ola, que tal, soy Pedro.*[1]

– *Ola, soy Fabien, usted habla castillano, muy bien porque no hablamos quechua !*[2]

Nous échangeons de grands sourires et de franches poignées de mains. Pedro, à la physionomie joviale, nous fait visiter l'école qu'il dirige à bout de bras. Une petite bâtisse faite de briques en adobe mal ajustées lui sert de salle pour

---

[1] Bonjour, comment allez-vous, je suis Pedro.

[2] Bonjour, je m'appelle Fabien, vous parlez espagnol, c'est super car nous ne parlons pas le quechua !

enseigner. A l'intérieur, des tables et des bancs sont orientés face à un grand tableau noir. Aux murs sont accrochés quelques dessins de lamas et de vigognes. Pedro nous apprend qu'il a bénéficié d'une bourse pour partir au Canada en 1995, dans le cadre d'un échange culturel.

– Je travaillais à l'université des Cultures Indigènes du Saskatchewan où je donnais des conférences sur la culture indienne de Quilqanqa. En échange, je recevais des cours de marketing !

Il nous fait part des difficultés d'enseigner dans cette école du bout du monde :

– Vous avez pu le constater en venant, Quilqanca est une communauté isolée par deux hauts cols et une gorge qui plonge vers l'Amazonie. Quarante-six élèves sont inscrits à l'école mais seulement la moitié participent au cours. Certains enfants habitent trop loin pour venir quotidiennement et sont sollicités par leurs parents pour les travaux des champs. Les familles les plus isolées sont à deux heures de marche d'ici ! Je ne dispense que les trois premières années de l'enseignement primaire. Après, seuls les enfants ayant la possibilité d'être hébergés à Patacancha, le prochain village sur votre trek, situé à quatre heures de marche d'ici, pourront poursuivre leur scolarité. C'est-à-dire très peu.

Après une séance photo avec toute la classe de Pedro, il est temps de continuer notre chemin. Nous remontons la vallée en direction d'un autre col. Le soir, nous plantons la tente à 4010 mètres, sur une petite plate-forme recouverte d'herbes et non loin d'un troupeau d'alpagas. Quelques paysans ramassent des pommes de terre, un peu plus haut. Ils ont toujours à côté d'eux un tas de tourbe qui se consume lentement et dans lequel ils font cuire quelques tubercules pour leur repas. Fabien, accompagné de Yanis, va les saluer et revient, quelques minutes plus tard, accompagné d'une femme qui porte dans son dos un nouveau-né.

– Valérie, elle va nous montrer comment faire un four pour cuire nos pommes de terre !

La paysanne rassemble dans un premier temps plusieurs excréments de lama séchés qu'elle broie en petits morceaux. Par dessus, elle émiette de la tourbe en laissant un petit tunnel d'aération. Avec une allumette, elle enflamme la base et attend quelques minutes que le foyer soit suffisamment chaud. Elle place ensuite une couche plus épaisse de tourbe puis dispose les pommes de terre qu'elle recouvre encore de tourbe. Une fumée âcre s'échappe du tas de terre et il faut attendre environ une demi-heure pour manger des pommes de terre cuites à point.

Elle repart avec un large sourire et contente de nous avoir montré quelque chose qui est si naturel pour elle ! Les jours suivants, Fabien essaiera de refaire ses gestes mais sans grand succès. Les pommes de terre finiront dans la casserole !

Le lendemain, nous reprenons le chemin en direction du col de Yahuritanca situé à 4350 mètres. Le froid qui descend des hauteurs est glacial. Les enfants marchent à côté de nous pour se réchauffer. Un raidillon d'une centaine de mètres nous permet bientôt d'atteindre une vallée évasée. Le chemin disparaît alors et nous traçons notre cap à travers la *puna* en visant droit devant nous. Lamas et alpagas s'approchent, intrigués par nos ânes. Trois heures plus tard, une petite cabane indique le point culminant. Cet édifice en pierres est en fait une chapelle qui abrite une croix du Christ. Devant nous se présente une immense vallée si verte qu'on se croirait en Mongolie. La descente est douce et nous rejoignons une large piste qui nous amène à Patacancha, à 3930 mètres d'altitude.

Après seize jours passés dans les vallées glaciales de la cordillère Urubamba, c'est avec un certain plaisir que nous retrouvons les températures clémentes de la Vallée Sacrée à Ollantaytambo. Cette ville connaît une affluence touristique importante car elle est le point de départ pour se rendre au célèbre site du Machu Picchu. C'est un retour brutal à la civilisation et nous faisons rire plusieurs hôteliers lorsque nous leur demandons un champ pour garder nos ânes !

Les jours suivants, nous redécouvrons avec bonheur les bienfaits d'une douche chaude, le confort d'un lit douillet et aussi le simple plaisir de marcher pieds nus sur un sol propre ou d'être assis sur une chaise pour manger ou écrire nos impressions de voyages.

Nous profitons aussi des installations de l'hôtel pour laver toutes nos vêtements. Au marché, nous faisons une cure de vitamines en buvant des jus de fruits frais pressés et nous nous gorgeons de fruits exotiques venus d'Amazonie.

Nous visitons également la forteresse Inca qui surplombe la ville. Après l'ascension d'une multitude de hautes marches en terrassement, nous dominons la ville et découvrons les vestiges d'un temple avec un bloc de six énormes pierres assemblées au millimètre près. L'un d'eux est marqué du signe en serpentin qui symbolise la Pachamama, la déesse Terre dans la religion des Amérindiens d'Amérique du Sud. Sur notre gauche, nous admirons la vallée par laquelle nous sommes arrivés. En face, à flanc de montagne, nous distinguons une ancienne école militaire et une prison. Sur notre droite nous apercevons déjà le paysage de nos prochains jours de randonnée, qui mène vers la cordillère de Vilcabamba.

Mercredi 8 juin 2005, nous quittons Ollantaytambo. La reprise est dure. Machu peine sous un bât surchargé par quinze jours d'autonomie. C'est le temps estimé pour rejoindre Santa Térésa, aux portes de l'Amazonie. Pour y parvenir, nous devons parcourir 125 km, contourner l'imposant Salkantay (6271 m) et franchir trois cols à plus de 4600 mètres. Les vallées sont beaucoup plus isolées et les possibilités de ravitaillement inexistantes. Mais au terme de l'étape, nous pourrons découvrir ce joyaux de l'architecture Inca qu'est le Machu Picchu.

A Chillca, nous laissons la Vallée Sacrée pour celle du Rio Silque qui est bien plus encaissée. A plusieurs reprises, nous franchissons des ponts traditionnels faits de troncs d'arbres, de branchages et de terre. Leur étroitesse nous incite à la plus grande prudence. Parfois, les ânes rechignent à avancer car ils sont impressionnés par les remous du torrent. Nous descendons alors les enfants de leur siège et Fabien se met devant chaque animal, la longe fermement tenue pour franchir le passage délicat. En début d'après-midi les nuages deviennent menaçants et une pluie fine s'abat bientôt sur nous. Nous fabriquons un « *poncho* » pour les enfants avec l'une de nos bâches en y incisant deux ouvertures. Ils peuvent ainsi rester au sec, assis sur leurs sièges. Après une heure de marche nos chaussures sont complètement trempées. La vallée se rétrécit de plus en plus, nous laissant peu de choix pour les bivouacs. Nous finissons par trouver un replat qui borde le fleuve Silque et nous y arrêtons pour la nuit. Nous dressons vite la tente et pendant que je sors les affaires, Fabien allume un feu pour faire sécher nos chaussures. Nous nous endormons ivres de fatigue.

Le lendemain, nous prenons notre temps au réveil, bercés par les clapotis de la rivière et par un grand soleil qui inonde la vallée d'une douce chaleur. Le cadre est propice au repos du corps et au bouillonnement des esprits. Nous voilà partis dans de grandes discussions sur des questions métaphysiques : quelles sont les motivations qui nous poussent à voyager ainsi. Pourquoi sommes-nous là, isolés et ne pouvant compter que sur nous-mêmes ? Que cherchons-nous à prouver, en repoussant toujours plus loin nos limites ? D'où nous vient ce besoin vital de fouler le monde ? Pourquoi, une fois redevenus sédentaires, il nous tarde de reprendre la route ?

A chaque fois, c'est l'occasion de refaire le monde, de parler pour se rassurer, d'avancer un peu plus dans les tréfonds de nos âmes en quête d'une réponse que nous n'avons pas encore trouvée !

Nous enchaînons ensuite sur cet étrange sentiment ressenti lorsque nous étions à vélo sur l'altiplano : nous nous étonnions parfois de passer devant des villages accueillants, sans éprouver le besoin de nous arrêter. Un peu comme si nos yeux et nos esprits étaient saturés d'émotions, d'images et de sensations. Commençons-nous à vivre ce voyage comme une routine ? N'avons-nous pas besoin d'une pause pour prendre du recul et « digérer » tous ces merveilleux souvenirs accumulés depuis bientôt deux ans ?

Notre retour en France, prévu dans moins de trois mois tombe finalement à pic mais sa simple évocation nous émeut et nous ne tardons pas à verser une larme.

Les enfants réagissent à notre petit « coup de blues ». Après m'avoir entendu sangloter, Yanis s'approche, silencieux, et réclame mes bras. Il me serre de toute ses forces et me couvre de bisous.

Moins extravertie, Léa nous témoigne son affection d'une autre manière : elle prend d'elle-même l'initiative de nous préparer le thé en versant de l'eau chaude contenue dans la petite thermos.

C'est une première. Jamais, elle n'avait eu l'idée de le faire auparavant ! Avec nos deux petits anges dans les bras, ce ne sont plus des larmes de tristesses qui coulent sur nos joues mais des larmes de joies !

Nous reprenons notre ascension avec une nouvelle vigueur et arrivons en fin de matinée au hameau d'Ancascocha. La plupart des maisons sont désertées. Nous décidons de nous y arrêter pour la pause déjeuner. Un homme ayant abusé de la chicha s'approche de Fabien et lui demande :

– *Cuanto ha pagado tu burros ?*

L'intonation de sa voix ne plait pas à Fabien qui ne répond pas. Devant ce silence, Léa nous interpelle :

– Eh, le monsieur vous a demandé combien vous avez payé les ânes !

Nous nous regardons, stupéfaits. Notre fille comprend l'espagnol ! Elle a assimilé en huit mois, le vocabulaire et la syntaxe nécessaire à la compréhension d'une nouvelle langue en écoutant simplement nos conversations avec les autochtones.

Fabien finit par répondre à ce pauvre homme qui retourne dans son champ de pommes de terre en titubant.

Nous continuons notre ascension en direction du col.

Chaque soir, c'est la course dès que le soleil se couche. Je m'installe avec les enfants dans la tente et joue avec eux pendant que Fabien prépare le dîner : une soupe en entrée, suivie de pâtes puis fromage. Il ne doit pas y avoir de temps mort sinon les enfants protestent vivement. Pendant que nous buvons la soupe, les pâtes cuisent et pendant que nous mangeons les pâtes, Fabien lave la casserole de la soupe pour faire bouillir l'eau de la thermos. Toute une organisation !

Une fois le repas terminé, nous faisons une toilette rapide du visage et des mains suivie du brossage des dents. L'hygiène est des plus rudimentaire. Les enfants ont la même tenue nuits et jours depuis notre départ d'Ollantaytambo. Avec une température nocturne régulièrement à –10°C, nous leur rajoutons sous la combinaison de ski, une cagoule, des gants et une deuxième paire de chaussettes avant de les glisser dans leur duvet. A 19 heures, ils tombent dans les bras de Morphée, épuisés par la longue journée de plein air. Je ne tarde pas beaucoup derrière laissant à Fabien le soin de rédiger sur notre cahier de bord les faits marquants du jour. Durant la nuit, le froid est si vif, que les pipis sont faits dans la bassine souple qui remplace ainsi le rôle du pot.

Ce matin, le soleil inonde la tente de ses rayons chauds. Une belle étape nous attend avec un passage de col à 4700 mètres d'altitude représentant un dénivelé de plus de mille mètres. L'ascension se fait par un long chemin entrecoupé de parties pentues et rocailleuses. Picchu nous donne du fil à retordre. C'est une jeune bête qui n'aime pas les passages à gué et qui a besoin d'être bridé. Au moindre relâchement de notre part, il avance moins vite et va même jusqu'à s'arrêter pour brouter le peu d'herbe qu'il y trouve.

Nous connaissons un moment de stress à la pause déjeuner. Yanis hurle et se tord le ventre. Je pense tout de suite à une crise d'appendicite. Nous lui palpons le ventre mais ne sentons rien. Ses douleurs vont durer une bonne demi-heure. Il refuse de manger ce qui nous inquiète beaucoup. Nous repartons et il finit par s'endormir sur son siège. Nous ne saurons jamais ce qu'il a eu, peut être une légère constipation, un coup de froid ? Ce petit incident nous rappelle avec beaucoup de force l'humilité dont nous devons faire preuve à chaque instant dans cet environnement isolé. La moindre erreur ou négligence peut avoir des répercussions dramatiques. Quelques instants plus tard, Fabien lit dans mes pensées :

– Valérie, fais gaffe à tes chevilles ! Tu imagines dans quel embarras on serait, si l'un de nous deux ne pouvait plus marcher !

Après avoir passé sans encombre le col, symbolisé par un petit monticule de pierres, à 4640 mètres, , nous découvrons la rivière Quesramayo qui guide nos pas jusqu'aux ruines de Paucarcancha. Cette fortification est une petite cité ronde située à l'intersection de trois vallées. Cet endroit stratégique permettait aux Incas de contrôler tous les mouvements ennemis. Nous plantons la tente sur l'une des terrasses qui surplombent le monument.

Le lendemain est un grand jour. La vallée qui s'étend devant nous doit nous mener à la base du point culminant de la cordillère de Vilcabamba : le Salkantay. Nous partons donc d'un pas décidé et remontons la vallée qui longe un torrent bruyant. Mais le soir, au moment de faire bouillir l'eau pour la thermos, c'est la catastrophe : nous tombons en panne de réchaud. Impossible de le faire redémarrer. Après l'avoir démonté plusieurs fois et nettoyé soigneusement, nous découvrons l'origine du problème : un bouchon de calamine s'est formé et obstrue l'arrivée d'essence. Nous nous rendons à l'évidence.

– Valérie, on ne peut pas continuer sans réchaud. Je ne vois qu'une seule solution, je redescends dans la vallée pour le faire réparer !

– Et si tu ne trouves personne ?

– J'achèterai une petite bonbonne de gaz à Ollantaytambo, comme celle que possédaient les guides du trek de l'Inca.

– Et je fais quoi avec les enfants et les ânes ?

– Je te propose que l'on redescende demain de bonne heure sur Paucarcancha pour être en basse altitude, nous planterons la tente et je ferai l'aller-retour dans la journée.

– Mais tu as vu sur la carte, tu as plus de trente kilomètres pour atteindre Chilca et ensuite il faut aller sur Ollantaytambo et revenir ! Tu en as au moins pour deux jours !

– Je ne pense pas. Si je pars léger, avec seulement le sac à dos, je devrais être de retour dans la soirée.

– Ok, si tu le sens !

Je passe une mauvaise nuit. J'ai du mal à imaginer Fabien faire l'aller-retour. Et s'il ne trouvait pas de réchaud ? Il ne va tout de même pas porter une bouteille de gaz à lui tout seul ?

Le lendemain matin nous expliquons la situation aux enfants et redescendons rapidement sur les ruines de Paucarcancha. Fabien nous quitte à onze heures du matin. Il sera finalement de retour le soir même, vers minuit, éreinté, mais avec une bouteille de gaz et un réchaud neuf dans le sac à dos !

Pendant que je fais chauffer l'eau de la toilette sur notre nouvelle cuisinière, mon « héros » commente sa journée marathon :

– Heureusement que j'avais seize mois de vélos dans les jambes car j'ai dû aller jusqu'à Urubamba !

– Jusqu'à Urubamba ! dis-je ahurie.

– Oui car il n'y avait pas de magasin ouvert à Ollantaytambo. Mais avant, j'ai dû emprunter une partie du trek de l'Inca qui mène au Machu Picchu et je suis tombé sur un gardien à l'entrée du site pas très sympa. Il ne comprenait pas pourquoi je venais en sens inverse, et sans ticket. Je lui ai expliqué notre histoire mais il ne m'a pas crû et m'a pris pour un resquilleur. La discussion s'est envenimée et il a commencé à me menacer d'appeler la police si je ne payais pas les 50 dollars de droit d'entrée.

– Mais tu ne pouvais pas éviter ce poste de garde ?

– Impossible car il est à l'entrée du pont qui enjambe la rivière Urubamba. Heureusement, un bus de touristes est arrivé et j'ai profité de la confusion pour m'éclipser. Ensuite j'ai couru plusieurs kilomètres jusqu'à ce que je rencontre un jeune péruvien qui accepte de me prendre sur sa moto.

– Il t'a emmené jusqu'à Urubamba ?

– Oui et après avoir acheté le réchaud et la bouteille de gaz, je suis revenu en taxi à Chilca, quelques kilomètres avant le fameux poste de garde avec l'intention de le passer en pleine nuit pour échapper à la vigilance des gardiens.

Il passe un gant de toilette sur son visage encore couvert de sueur et continue son récit :

– Je me suis arrêté une petite heure dans une gargote pour reprendre des forces et j'ai discuté avec la propriétaire. Elle m'a dissuadé de passer par la voie prévue car les gardiens ont des chiens agressifs mais m'a révélé l'existence d'une passerelle qui traverse la rivière plus bas, au km. 88, le long de la voie ferrée allant au Machu Picchu.

– Mais comment y es-tu allé ?

– Grâce au petit wagonnet de service orange de Perurail qui passe avant chaque train pour vérifier la voie.

– Tu as pu monter dedans sans soucis ?

– Non, il a fallu que je laisse un petit billet aux conducteurs mais cela m'a permis d'économiser trois heures de marche ! A l'entrée de la passerelle, il y avait aussi un gardien mais en guise de chien, il avait une télé ! J'ai franchi le poste à quatre pattes sans aucun souci.

– Et après, tu as retrouvé le chemin facilement ?

– Non. Je me suis perdu car je ne retrouvais pas l'entrée de la vallée en pleine nuit. Heureusement, j'avais enregistré sa position sur le GPS mais il a fallu que je marche plus d'une heure à l'aveugle avant de capter le signal.

Quelques minutes plus tard, Fabien s'écroule sur son matelas et plonge aussitôt dans un sommeil profond. Il a marché au total plus de 45 kilomètres durant cette journée marathon. Sa performance nous permet de continuer sereinement notre trek.

Après cette petite mésaventure, nous repartons confiants et soulagés vers le point culminant de notre randonnée. La progression se fait à un bon rythme et il nous faut deux jours pour atteindre le dernier raidillon qui nous sépare du col situé à 4880 mètres. Nous attaquons son ascension en début d'après-midi. Devant nous un dénivelé de 600 mètres qu'il faut gravir par un chemin étroit et rocailleux. La progression est pénible. Au bout d'une heure, nous avons le souffle court. Les animaux rechignent à avancer. Ils sont épuisés, comme nous. Les enfants ne se hasardent pas à descendre de Picchu. Ils savent que l'effort à fournir est important et restent tranquillement assis. Quelle idée géniale, ces sièges ! Sans eux, notre expédition aurait été beaucoup plus laborieuse. Nous aurions été obligés de porter chacun de nos enfants dans un sac à dos, limitant par là même le plaisir de notre randonnée.

Rendus à mi-hauteur, nous marquons une pause et admirons le paysage. Nous apercevons la vallée par laquelle nous sommes arrivés. Microscopiques, tout en bas, des lamas broutent paisiblement la *Puna.* La lumière commence à se teinter d'une couleur bleutée irréelle, preuve que l'air se raréfie. Le froid est vif. Nous buvons régulièrement et parlons souvent aux enfants pour s'assurer de leur lucidité. Notre GPS indique 4680 mètres.

– Encore 200 mètres à grimper et c'est gagné ! dit Fabien.

Nous repartons d'un pas lent. Le sentier est maintenant un mélange de sable et de cailloux qui nous coûte des efforts surhumains. Les ânes s'arrêtent toutes les trente secondes et repartent d'eux mêmes. Nous respectons leur rythme. Au bout d'un ultime lacet, nous débouchons enfin sur la crête et laissons exploser notre joie. Devant nous, le majestueux Salkantaï (6271 mètres) dont le glacier bleuté accroché aux aiguilles de roches ressemble à une monstrueuse vague en suspend. Nous découvrons aussi sa face Sud : une immense paroi rocheuse, massive et imposante, perlée de glaciers bleus turquoises. Le spectacle est extraordinaire.

En fin d'après midi, nous rejoignons, recrus de fatigue, un replat, en contrebas à proximité d'une gigantesque moraine. Nous plantons la tente à 4500 mètres d'altitude avec en bruit de fond, le fracas terrifiant de plusieurs avalanches dévalant les parois abruptes du glacier.

Depuis le début du trek, nous avons assez peu l'occasion de jouer avec les enfants au bivouac. Il faut dire que les conditions ne s'y prêtent guère. Avec le froid et l'épuisement, nous n'aspirons qu'à une chose après avoir englouti notre repas du soir : dormir. Durant la journée, les enfants participent beaucoup plus aux efforts de progression que lorsqu'ils étaient confortablement assis dans leur remorque. Chaque jour, ils marchent plus de cinq kilomètres en tenant la longe des ânes sur des chemins toujours pentus. A la fin de la journée, ils n'ont plus d'énergie à dépenser !

Au moment de nous endormir, une couture de mauvaise qualité me fait perdre le chariot de la fermeture éclair de mon duvet. Avec nos frontales, nous la retrouvons une demi-heure plus tard, cachée dans un vêtement. Il valait mieux car nous passons la nuit la plus froide du trek avec -14°C. Nous nous réveillons avec de légers maux de tête. La bassine dans laquelle baigne notre vaisselle est complètement gelée.

Les enfants restent emmitouflés dans leurs duvets. Fabien est déjà auprès des ânes pour les nourrir. Nous avons emporté avec nous dix kilos de maïs car il n'y a aucune possibilité de se ravitailler en *pasto* aux altitudes où nous évoluons. Les premiers hameaux sont à trois jours de marche.

Fabien revient inquiet :

– Picchu a une plaie sous la croupe. Sa chair est à vif et du sang lui coule sous la queue. Cela doit être l'avaloir qui le blesse dans la descente.

Quelques instants plus tard, je m'occupe de Picchu en lui appliquant une crème antiseptique prise dans notre pharmacie. Fabien pendant ce temps, modifie, à l'aide de son couteau suisse et d'une aiguille, la forme de l'avaloir pour le descendre aux niveau de l'arrière train de l'âne. L'opération est un succès et le bât tient à merveille lorsque nous reprenons le chemin.

Nous contournons la moraine et remontons sur son autre flanc pour franchir le dernier col de notre randonnée à 4700 mètres. Nous avons fait le plus dur ! A partir de maintenant, le chemin ne fait plus que descendre jusqu'à Santa Teresa, 3200 mètres plus bas. Nous sommes ivres de joie. Autour de nous des sommets à plus de 6000 mètres, des torrents qui rongent la roche, des glaciers qui gémissent, des parois abruptes… Nous sommes dans un autre monde.

Le Salkantay fait office de barrière climatique en bloquant les masses d'air chaud et humide venues du bassin amazonien. Lorsque nous plongeons sur ce versant, nous retrouvons en l'espace d'une journée la chaleur délicieuse d'un climat tropical propice aux forêts de bambous, aux orchidées, aux oiseaux, aux papillons. Quelle transition agréable après plusieurs semaines de nuits glaciales.

Lorsque nous arrivons, trois jours plus tard, à La Playa, sept kilomètres avant Santa Teresa, nos ânes sont sur les rotules. Machu boite de la patte avant gauche et nous avons terminé la randonnée en transférant son bât sur le dos de Picchu. Les enfants ont dû marcher les dix derniers kilomètres de l'étape à pied.

Les villageois n'en croient pas leurs yeux.

– Vous venez d'Ollantaytambo avec ces deux ânes ? demande l'un d'eux.

Tout le village est bientôt autour de nous. L'un des hommes, qui est muletier, examine nos ânes. Son verdict tombe :

– Vos animaux sont cuits. Ils ont besoin de repos !

Sur ce, il nous rassure sur le boitillement de Machu :

– Il n'y a rien de grave. C'est juste la corne des sabots qui est un peu usée. Dans dix jours, la douleur disparaîtra et il marchera normalement.

Il était temps d'arriver !

Le lendemain, avec un petit pincement au cœur, nous décidons de nous séparer de Machu et Picchu en les revendant à une famille du village. Les ânes sont très recherchés dans cette vallée isolée et nous n'avons pas besoin de négocier longtemps pour récupérer notre mise de départ.
Pendant que nous trions nos affaires, les enfants font un gros câlin à leurs compagnons de voyage. Nous entendons Léa murmurer des mots doux à l'oreille de Picchu tandis que Yanis caresse tendrement l'encolure de Machu. Les séparations sont douloureuses.

Le lendemain à 5 heures du matin, nous embarquons dans un bus pour Santa Teresa et après avoir traversé la rivière Urubamba à l'aide d'une nacelle suspendue à une tyrolienne, nous parvenons sur l'autre rive. J'ai l'impression d'être dans une scène d'un film d'Indiana Jones. Il ne manque au décor que le fouet et la musique ! De là nous prenons un pick-up qui, trente minutes plus tard, nous dépose au terminus du train se dirigeant vers Aguas Calientes. A notre arrivée, nous sommes happés par le tourbillon d'une bourgade en plein essor : foule, cybercafé, restaurants, serveurs en nœud papillons, magasins achalandés, etc. Après trois semaines d'isolement extrême, nous voilà revenus dans le monde des hommes ! C'est un choc brutal.

Notre cœur se met à battre plus vite, le lendemain, lorsque nous découvrons, noyées dans la verdure, les ruines de la cité secrète du Machu Picchu. Perchée sur son promontoire rocheux inaccessible et encastrée dans des cimes aux falaises abruptes, cette cité nous fascine par sa beauté et ses mystères. Une grande sérénité nous envahit. Assis sur l'une des terrasses surplombant le site, nous réalisons petit à petit l'aventure extraordinaire que nous venons de vivre et qui nous a menés jusqu'ici. Une aventure dure et extrême mais qui restera l'un des moments les plus forts de notre voyage.

BOLIVIE

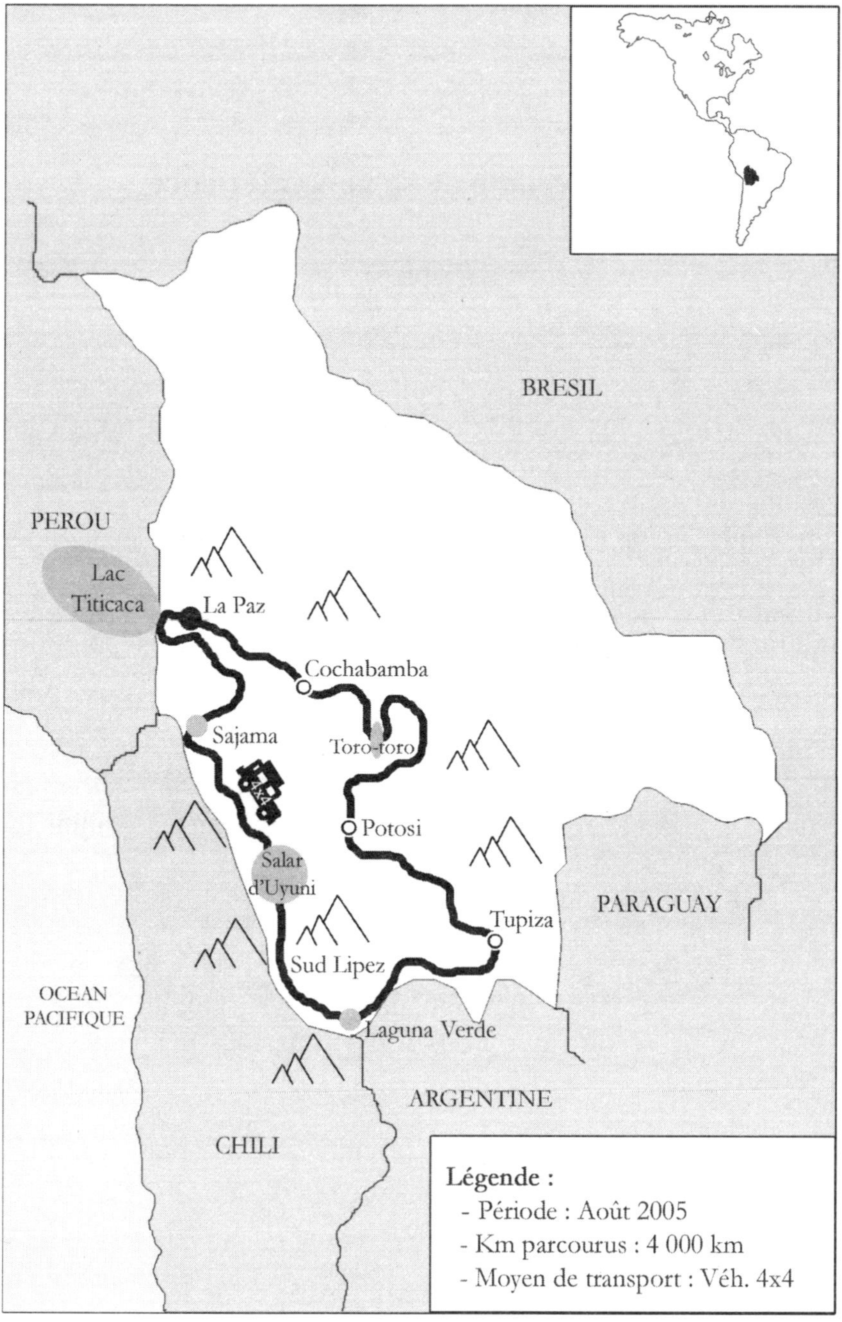
BRESIL
PEROU
Lac Titicaca
La Paz
Cochabamba
Sajama
Toro-toro
4x4
Potosi
Salar d'Uyuni
Tupiza
PARAGUAY
Sud Lipez
OCEAN PACIFIQUE
Laguna Verde
ARGENTINE
CHILI
Légende :
- Période : Août 2005
- Km parcourus : 4 000 km
- Moyen de transport : Véh. 4x4

12 - A l'écoute de sa voix intérieure

(Fabien)

Pour la première fois depuis notre départ de France, nous ne maîtrisons plus notre temps. Jusqu'à présent, il nous était indifférent. Nous étions libres de ralentir ou d'accélérer le rythme du voyage au gré de nos envies et de nos intérêts. C'est ainsi que nous avions décidé la digression sur le site de Choquequirao ou encore notre trek dans les vallées isolées de la cordillère péruvienne. Peu importait finalement que les minutes comptent pour des heures et les journées pour des années.

Mais aujourd'hui, nos billets d'avion entre les mains, le temps devient subitement une notion plus concrète. Nous devons nous plier à sa cadence implacable. Notre retour en France est fixé le 16 août 2005 au départ de Lima, soit dans un mois et deux semaines.

Aussi nous ne traînons pas trop sur Cusco. Nous passons deux jours chez Olivier et Clarissa à trier nos affaires, emballer soigneusement vélos et remorques dans des cartons, donner ce que nous ne ramènerons pas. Quelle drôle de sensation de se dire que nous rouvrirons tous ces cartons en France !

A quelques minutes de prendre le bus pour La Paz, Valérie se tourne vers nos amis :

– Encore un grand merci de garder nos affaires et rendez-vous à la mi-août !

– Profitez bien des superbes paysages de la Bolivie et à bientôt ! répond Olivier.

Le lendemain midi, après une nuit trop courte et un passage frontière mal organisé, quatre têtes hirsutes se pointent à la gare routière de La Paz. Nous hélons un taxi et nous dirigeons vers l'immeuble où résident Thomas et Aurélie, un couple français. Nous les avons connus par l'intermédiaire d'un cycliste rencontré à Ollantaytambo pendant notre trek. Ils nous avaient laissé leur adresse email et après quelques échanges, nous avaient cordialement invités dans leur appartement situé au centre de La Paz. Le hasard faisant bien les choses, nous apprenons qu'ils font partis de l'association Cyclo Camping International dont nous sommes également membres.

– Bienvenue chez nous ! lance Aurélie joyeusement.

Fine, brune, souriante, le regard espiègle, elle nous met tout de suite à l'aise en nous faisant visiter son appartement.

– Faites comme chez vous. Il y a une baignoire si vous voulez vous relaxer après votre nuit agitée.

Pendant que Valérie baigne les enfants, j'admire du haut du onzième étage la vue imprenable sur La Paz. Sa topographie atypique en fait la capitale économique la plus haute du monde (3600 m). Lovée dans une vallée très encaissée, elle s'étend sur un dénivelé de plus de 1000 mètres entre les quartiers riches de Florida, la Rinconada, Achumani ou Aranjuez (3000 m) et le haut plateau d'El Alto (4000 m), refuge des classes défavorisées. Ici, c'est l'altitude qui détermine l'appartenance à sa classe sociale !

Quelques instants plus tard, Thomas arrive et nous faisons connaissance autour d'un apéritif. Grand, blond, retenu, le visage plein de douceur, il travaille à l'IRD (Institut de recherche pour le développement) sur les glaciers de la Cordillère Royale. Je l'interroge :

– L'IRD est un institut bolivien ?

– Non, c'est un établissement public français à caractère scientifique et technologique anciennement appelé ORSTOM. Notre mission est de conduire des programmes scientifiques dans les pays du sud avec l'objectif de contribuer à leur développement.

– Quelles sont les missions que vous effectuez en Bolivie ?

– Nous travaillons principalement sur l'étude des glaciers tropicaux pour essayer de comprendre l'impact du réchauffement climatique.

– Comment çà ?

– Les glaciers de montagne sont largement considérés comme d'excellents indicateurs du changement climatique de ces derniers siècles. En mesurant les précipitations tombées durant l'hiver et les conditions de flux thermiques et énergétiques durant l'été, nous sommes capables de calculer le bilan de masse c'est-à-dire les variations de leur masse glaciaire. Cette mesure directe combinée avec les données météorologiques permet d'étudier et d'interpréter les tendances climatiques depuis le milieu du 20ème siècle.

Thomas boit une gorgée de bière. J'en profite pour poser une autre question :

– Mais comment faites-vous pour mesurer le bilan de masse d'un glacier ?

– En installant directement des observatoires bourrés d'instruments sur les glaciers. Nous collectons ainsi les données météorologiques comme la vitesse du vent et sa direction, les radiations solaires et thermiques, la température de l'air ventilé, l'humidité, les précipitations. Toutes ces mesures sont effectuées automatiquement par les stations. Par contre, les données glaciologiques doivent être réalisées directement sur le terrain. Nous utilisons par exemple le GPS pour suivre la vitesse d'avancée du glacier ou réaliser la topographie des langues terminales. Pour mesurer l'accumulation de glace, nous procédons à des carottages et pour les variations d'épaisseur, nous utilisons le radar.

– Et alors, que disent les instruments depuis qu'ils sont installés ?

– Pendant ces dernières décennies, les glaciers tropicaux ont dans leur ensemble reculé énormément dans leur ensemble en réponse à un changement climatique global. Les grands glaciers comme celui du Zongo, en cordillère royale bolivienne, a perdu environ 50 cm d'eau par an alors que des petits glaciers comme celui de Chacaltaya ont encore reculé plus dramatiquement, perdant un mètre d'eau par an en moyenne. La disparition de ces petits glaciers est imminente. D'ici dix ans, d'après les observations de ces vingt dernières années, ils se seront tous évaporés. Sous les tropiques, les principaux responsables de cette fonte sont le « *shift* » (hausse de la température) de l'océan Pacifique Sud et Central et l'amplification du phénomène *El Nino,* ces dernières décennies.

– Quelles sont les conséquences de la fonte des glaciers pour une ville comme La Paz ?

– Elles sont graves ! Les modèles sont formels : la ville va manquer d'eau d'ici 6 à 7 ans. C'est-à-dire demain ! Les bassins actuellement exploités ne pourront plus fournir suffisamment d'eau à une population urbaine croissante. Ce problème sera vrai lors de la saison sèche, lorsque seuls les glaciers alimentent la ville en eau. En revanche, à la saison des pluies, les précipitations devraient encore pouvoir suffire. De même les compagnies responsables de la production d'hydroélectricité s'activent pour développer de nouveaux barrages car, par manque d'eau, les lignes actuelles ne produisent plus assez d'électricité pour satisfaire la demande. Cette situation se généralise à l'ensemble des pays de la cordillère des Andes : Pérou Equateur, Nord Argentine. Le principal enjeu de la disparition actuelle des glaciers sera la disponibilité de l'eau pour les populations urbaines et l'irrigation des vallées andines, où la guerre de l'eau s'est déjà déclarée comme au Pérou en Cordillère Blanche.

Valérie enchaîne :

– Et toi Aurélie, tu travailles aussi à l'IRD ?

– Non, pas du tout. Peu de temps après notre arrivée sur La Paz, j'ai été embauchée en contrat local dans un institut bolivien pour un programme d'étude sur la gestion des fleuves du bassin amazonien. C'est une mission financée par l'Union Européenne qui concerne trois pays : la Bolivie, l'Argentine et le Paraguay.

Agés tous les deux de vingt-sept ans, ils sont arrivés sur La Paz il y a huit mois. A notre question de savoir pourquoi ils ont quitté la France, Aurélie répond :

– On aime les changements et on avait envie de s'immerger dans un pays étranger pour s'imprégner de sa culture, pour découvrir une autre façon de vivre et d'appréhender l'avenir.

Thomas continue :

– Nous voulions surtout prendre le temps de vivre. En France, nous étions arrivés à une période où nous courions tous les deux, malgré notre jeune âge. On avait une vie stressante, trop centrée sur le travail. Nous guettions donc depuis quelques temps l'occasion de partir.

Aurélie le coupe :

– Ce n'est pas que nous n'aimons pas la France. Nous adorons notre pays mais il y a tellement d'autres choses à découvrir que nous avons envie d'élargir notre regard sur d'autres horizons.

Je rebondis sur sa dernière parole :

– Et justement, pourquoi avoir choisi la Bolivie comme nouvel horizon ?

Thomas explique :

– Nous souhaitions un pays en rupture par rapport au mode de vie occidentale. Nous avions déjà pas mal vadrouillé en Amérique du Sud avant de nous connaître et c'est un continent que nous apprécions. J'ai eu une opportunité de partir avec l'IRD dans le cadre d'un V.I.E. (Volontariat international en entreprise) et nous avons sauté dessus !

– Ce n'est pas trop difficile de travailler avec des personnes qui ont une autre culture ?

– Un peu au début, tant que l'on garde notre regard de Français. Ceci dit, on apprend vite à s'en défaire pour éviter les déconvenues.

– C'est à dire ?

– Par exemple le respect des horaires. Ici, ils ne commencent jamais à l'heure. Tu organises une réunion à neuf heures et tu la démarres deux heures plus tard ! Au début, j'avais les nerfs à vifs et très rapidement tu t'habitues et tu le prend en compte dans ton planning.

Le lendemain, nous partons à la recherche d'un loueur de 4x4. Nous disposons déjà de nombreuses propositions reçues par mail et organisons les rendez-vous devant le hall de l'immeuble. A notre grande surprise, les loueurs sont ponctuels et se livrent même à une concurrence acharnée. Il suffit de donner le prix du concurrent pour obtenir aussitôt une remise de 10 %. Il faut dire que, ces deux derniers mois, la Bolivie vient de connaître de graves troubles sociaux qui ont fait fuir les touristes. La plupart des agences de location sont donc aux abois. Nous sommes même contactés par des particuliers qui nous proposent leurs 4x4. L'offre est variée mais ne correspond pas à ce que nous recherchons. La plupart des véhicules ne sont pas équipés pour les endroits isolés où nous voulons aller.

Sur les conseils de Thomas et Aurélie, nous nous rendons chez Petita Rent-a-Car, une société spécialisée dans la location de véhicules tout terrains préparés et équipés pour les longs raids. Son propriétaire, Aldo, est un suisse qui s'est installé à La Paz, il y a vingt-trois ans. Nous sympathisons rapidement avec ce petit homme trapu, aux yeux pleins d'humanité.

Lui est fasciné par notre aventure, nous, par l'état mécanique irréprochable de ses véhicules. Il nous ouvre les portes d'un Toyota Land Cruiser, explique son système de plate-forme en contreplaqué qui permet de convertir l'arrière du véhicule en un lit spacieux. Ensuite, il nous montre le réservoir d'essence qu'il a installé sur le toit pour augmenter l'autonomie puis nous emmène vers le petit dépôt où il entrepose tout son matériel.

– J'ai ici tout ce qu'il faut pour partir en sécurité vers les régions isolées des hauts plateaux andins : matelas, couvertures, cuisinière avec bouteille de gaz, vaisselle, bidons d'eau, caisse à outils... Vous n'avez juste qu'à apporter vos affaires personnelles. C'est tout.

Quelques instants plus tard, nous nous retrouvons dans son bureau. Les enfants, jusqu'à présents patients, ne tiennent plus en place. Aldo ouvre la porte d'un placard et en sort une boite de bonbons. Le silence revient. Aldo nous confie alors :

– Franchement, vous m'impressionnez. Il faut oser partir comme vous le faites avec vos deux enfants !

Puis au fil de la conversation, nous en apprenons un peu plus sur ce personnage de plus en plus sympathique et qui nous avoue avoir cinquante-sept ans.

– J'ai quitté la Suisse il y a vingt-trois ans avec mon sac à dos et pas beaucoup de sous en poche. Avec une formation de mécanicien, je n'ai pas eu trop de mal à trouver des petits boulots pour financer mon voyage. J'ai bourlingué ainsi deux ans jusqu'à mon arrivée en Bolivie fin 82. Et là, quand j'ai découvert la Cordillère Royale, j'ai eu un coup de cœur.

Il marque une pause, puis reprend :

– Avant de rencontrer ma femme, j'ai cherché de l'or avec un ami dans la *selva,* au nord de la cordillère d'Apolobamba. En deux mois nous avons ramené deux grammes d'or !

Il rit puis continue :

– J'ai donc décidé de m'orienter vers d'autres boulots : chauffeur puis guide de voyage. Après mon mariage, j'ai créé cette société et depuis, nous avons eu une fille qui a sept ans aujourd'hui.

Nous parlons ensuite de la terrible grève qui vient de paralyser tous les axes routiers du pays ces deux derniers mois et qui a conduit à la démission du président bolivien Carlos Mesa. Les mouvements populaires, essentiellement indiens, revendiquaient, entre autres, la renationalisation des réserves de pétrole et de gaz, actuellement exploitées par des firmes étrangères. Avec neuf millions d'habitants, la Bolivie est l'état le plus pauvre des Amériques après Haïti et figure dans le livre Guinness des records pour s'être tristement distinguée par un nombre inégalé de changements de gouvernement (188 en cent cinquante-sept ans !). Bien que le coût de la vie soit très bas, de nombreuses familles survivent en troquant toutes sortes de produits et services. Les enfants de familles pauvres travaillent souvent dans la rue comme cireurs de chaussures, vendeurs ambulants ou domestiques.

Aldo, qui suit l'évolution du pays depuis plus de vingt ans, est inquiet :

– Dans ce pays comme dans beaucoup d'autres, les dirigeants au pouvoir ou dans l'opposition n'ont qu'une seule préoccupation : se faire le plus d'argent possible sur le dos de la population. Ça, c'est quelque chose qui me dérange beaucoup.

– C'est la terrible histoire des peuples. Elle est universelle et elle se répète ailleurs !

– Oui, mais ici, elle est tellement présente. Sans entrer dans les détails, on sait que tous ces dirigeants reçoivent des grosses sommes d'argent qui viennent de l'extérieur. On parle de la France, on parle de certaines ONG, on parle de Cuba et aussi du Venezuela…

– Pourquoi ?

– Pour déstabiliser le pays et acheter ses dirigeants car la Bolivie est LE pays de la corruption. On ne compte plus les projets de routes, ponts, écoles ou hôpitaux ayant servi à financer de luxueuses villas. Dans le meilleur des cas, la route promise sera construite, mais avec une épaisseur de moitié à celle prévue. Une ou deux saisons des pluies plus tard, il n'en restera plus grand chose…

Autre paradoxe et non des moindres dans ce pays dont le revenu moyen par tête est le plus faible du continent : les ressources sont immenses et leurs limites encore inconnues. D'énormes réserves de gaz naturel viennent d'être découvertes près de Tarija et les plus importantes réserves de lithium de la planète se cacheraient sous le désert de sel d'Uyuni. Des gisements qui attisent les convoitises…

Les boliviens les plus optimistes y voient des devises futures. Les plus réalistes, comme Aldo, un terrain d'affrontement politique pour partager entre quelques-uns ces fabuleuses richesses.

Après avoir parlé de corruption et de pot de vin, nous terminons notre discussion par une histoire de sous ! Aldo questionne :

– J'imagine qu'avec la grève et son impact sur le tourisme, vous avez déjà reçu de nombreuses propositions d'autres loueurs ?

Nous répondons par l'affirmative. Il lève les yeux au ciel puis s'isole quelques instants avec sa calculatrice. Il revient cinq minutes plus tard et nous avoue :

– Je facture d'habitude un peu plus de trois mille cinq cents dollars la location pour un mois mais comme vous m'êtes bien sympathiques, je vous propose le véhicule tout équipé à mille quatre cents dollars. Ne me demandez pas de descendre plus bas, je ne pourrai pas !

Cette escapade de quatre semaines dans les contrées isolées de l'altiplano bolivien nous fait dépenser autant d'argent qu'en trois mois de voyage à vélo. Mais cette somme correspond aux dons collectés à notre mariage. Nous n'avons pas besoin de nous concerter avec Valérie et cassons la tirelire !

Notre rêve de parcourir les immenses étendues désertiques du salar d'Uyuni et du Sud Lipez devient réalité. Merci encore à vous – familles et amis – et à toi Aldo, pour ce superbe cadeau de noces !

Depuis notre arrivée nous retrouvons tous les jours Vincent, un ami et voisin de quartier en région parisienne. Il est parti un an après nous, sac au dos, réaliser son tour du monde. Le hasard a voulu que nos itinéraires se rejoignent ici, à La Paz. Par son intermédiaire, nous rencontrons la famille Boisseau qui réalise la remontée d'une partie de l'Amérique du Sud à vélo, avec ses quatre enfants ! Jaouen, le petit dernier qui a cinq ans et demi, pédale avec son père sur un tandem. Les autres enfants, Titouan (9 ans et demi), Aymeric (12 ans) et Adrien (13 ans) ont chacun leur vélo. Pierre et Florence, les parents, ont pris une disponibilité professionnelle de cinq mois pour rejoindre Lima depuis Santiago. Cette famille nous prouve, une fois de plus, qu'avec une certaine dose d'audace et de courage, il est possible de réaliser ses rêves, même les plus fous !

– Notre voyage est un beau pied de nez à tous ceux qui n'y ont jamais cru ! lance Florence dans le petit restaurant où nous déjeunons.

Avec l'aide de Vincent, nous passons le jour suivant à préparer notre ravitaillement de quatre semaines. A la différence du vélo ou de l'âne, nous ne sommes pas limités par le poids et nous en abusons. Nous nous laissons tenter par des menus un peu plus élaborés que notre traditionnel riz/pâtes/ketchup. Les caddies se remplissent ainsi de bouteilles de vin chilien, viandes à griller, sacs de pommes de terre, oignons, soupes déshydratées, boites de conserve, porridge, fruits frais, etc... Nous savons qu'après le lac Titicaca – où nous avons prévu de nous rendre les premiers jours avec Vincent et une de ses amies venue de France – les possibilités de ravitaillement sont très limitées voire inexistantes dans la région du Sud Lipez.

Après avoir déposé en taxi nos cartons de victuailles chez Aldo, nous nous rendons au marché populaire de Lanza, en plein centre ville. Les rues sont bondées et par commodité, nous portons les enfants sur nos épaules. Nous déambulons ainsi au milieu de dizaines de ponchos arc-en-ciel, observant les *cholitas* (femmes indiennes) affairées à négocier le long d'étals colorés et odorants. Soudain, je suis pris dans une petite cohue. Par réflexe, j'agrippe les genoux de Léa avec mes mains pour éviter qu'elle ne soit déséquilibrée. Chahuté à droite, puis à gauche, je n'arrive plus trop à contrôler ma direction et me laisse porter par le mouvement de foule. La bousculade n'a duré que quelques secondes. Je continue mon chemin et porte machinalement ma main à la poche gauche de ma polaire. Je constate avec amertume que la fermeture éclair est ouverte. Mon GPS a bien sûr disparu ! Je suis vert de rage.

Depuis le début du voyage, nous faisons appel à notre bon sens pour limiter les risques de vol ou d'agression. Valérie ne porte aucun bijou sur elle. Nous avons toujours à portée de main un porte-monnaie avec quelques dollars prêt à être cédés en cas de mauvaise rencontre. Nous privilégions les retraits d'argent dans des guichets automatiques situés à l'intérieur des banques. Lorsque cela n'est pas possible, ils sont toujours faits en plein jour par Valérie pendant que je reste en retrait, à quelques mètres d'elle, pour surveiller d'éventuels malfrats. Avec la prolifération des distributeurs automatiques acceptant la carte Visa, nous n'avons jamais eu besoin d'emporter avec nous de grosses sommes, gage supplémentaire de sécurité. Nous portons autour de la taille une pochette ventrale qui contient notre passeport ainsi qu'une partie de l'argent. Le reste est disposé au fond d'une sacoche. Avant notre départ, nous avions également scannés tous nos papiers officiels et les avions sauvegardés sur notre messagerie électronique. En cas de perte ou de vol, nous disposons ainsi d'un jeu de photocopies prêt à être imprimé. Enfin dans les marchés, nous portons les sacs sur le ventre et non dans le dos.

Mais aujourd'hui, le ou les voleurs ont été plus malins que nous ! Il aura fallu quelques secondes d'inattention pour voir disparaître un outil de guidage au demeurant très précieux dans les régions isolées où nous voulons aller.

Au-delà de la valeur matérielle du bien, cet appareil avait surtout pour nous une grande valeur sentimentale car il contenait les points GPS de certains parcours et bivouacs exceptionnels. Des endroits où nos enfants auraient peut-être voulu, un jour, retourner…

Vendredi 8 juillet 2005, nous sommes enfin prêts. Aldo informé de notre mésaventure, nous laisse gentiment son GPS. Il ne peut s'empêcher de me lancer sur un ton ironique :

– Fais-y attention à celui-là !

Après avoir chargé le véhicule, nous rejoignons le lac Titicaca avec Vincent et Marjorie. Ils acceptent avec joie de découvrir notre mode de vie, les bivouacs sauvages et cette autonomie nouvelle qui nous permet de sortir des sentiers battus. C'est la première fois que nous partageons notre quotidien avec d'autres personnes, ce qui permet d'élargir notre petit cercle familial. Ils nous apportent beaucoup de bonne humeur et de fous rires. Nos discussions intéressantes et passionnées finissent souvent très tard.

Pour Marjorie, les premières nuits à 4000 mètres sont une épreuve. Transie, elle éprouve de légers maux de tête, mais souffre en silence sans perdre son humour et son sourire. Maîtresse dans une école maternelle, elle devient vite la coqueluche des enfants avec ses nouveaux jeux et son répertoire de comptines.

Empruntant les pistes qui longent le lac Titicaca, nous découvrons un bivouac d'exception qui nous permet d'admirer, au crépuscule, de formidables couchers de soleil. Durant la journée, nous ne résistons pas à plusieurs plongeons dans cette immense étendue d'eau glacée aux reflets bleus nuits. Plus haut lac navigable du monde, le lac Titicaca s'étire sur 204 km entre la Bolivie et le Pérou, à une altitude de 3800 mètres. Pour les indiens des Andes, il est le berceau de la civilisation Inca car il abrite de nombreux lieux sacrés comme la fameuse « Ile du Soleil ». D'après les légendes, c'est sur cette île que serait né le soleil et le premier empereur Inca.

Nous ne nous lassons pas d'observer ces paysages d'une rare beauté où les anciennes terrasses Incas, jaune paille, contrastent avec le bleu profond du lac où se reflètent les chaînes lointaines de la Cordillère. Un spectacle grandiose.

A Copacabana, nous laissons nos amis poursuivre leur voyage en bus vers le Pérou et continuons notre route vers les grands espaces isolés et sauvages du parc national de Sajama, dans l'ouest du pays.

Le lendemain, avec l'aide des cartes laissées par Aldo, nous repérons l'entrée secondaire du parc et quittons le confort de la route bitumée. Un grand frisson nous parcourt l'échine comme à chaque fois qu'un vieux rêve se réalise. Une fois de plus, sous savourons ces instants magiques ! Devant nous, la silhouette massive du volcan Sajama, plus haut sommet de Bolivie, culmine à 6542 mètres. Il domine une plaine aride recouverte de *Puna* et parcourue par des troupeaux de lamas et d'alpagas.

Durant deux jours, nous contournons le volcan et découvrons toutes les curiosités du parc : village pittoresque de Tomarapi avec sa magnifique église blanche en adobe ; forêt de *Quenuas*, espèce endémique d'arbre qui sont les seuls au monde à pousser à cette altitude ; vallée abritant des petits geysers et plusieurs sources chaudes. Nous bivouaquons la dernière nuit à proximité de l'une d'elle avec l'espoir d'y faire notre toilette. Malheureusement un vent glacial à décorner les bœufs se lève soudainement. Impossible de rester dehors. Nous nous réfugions dans l'habitacle et regardons avec envie cette source fumante située pourtant à deux mètres du véhicule.

Au poste frontière chilien, nous remplissons nos réservoirs d'essence : au total, 250 litres de carburant dont la moitié est stockée sur la galerie. Valérie n'est pas trop rassurée :

– Tu te rends compte de la bombe que l'on a au dessus de la tête ! On est vraiment obligé de tous les remplir ?

– Tu as vu la consommation du 4x4. On fait du 25 litres aux 100 km ! On a donc à peine mille kilomètres d'autonomie. Et mille kilomètres, c'est vite fait dans ces immensités.

– Bon, alors serre bien les bouchons !

Du Sajama, nous longeons la frontière Chilienne vers le sud et rencontrons notre premier passage délicat. Un gué d'une centaine de mètres qui permet de traverser la rivière Lauca. La moitié de la traversée est recouverte de glace ce qui nous empêche de repérer d'éventuels obstacles. Je verrouille les petits papillons des roues avant, pour les rendre motrices et me présente devant le gué. Valérie est stressée. Cette situation lui rappelle l'enlisement de notre camping-car en Grèce. Je ne peux m'empêcher de lui dire :

– Tu veux prendre le volant ?

– Ah non, non ! J'ai la pétoche et je n'arrive pas à me contrôler. C'est terrible. Regarde comme je tremble !

Je m'engage avec précaution sur la glace qui fait entendre de sinistres craquements. Soudain elle cède sous le poids du véhicule, projetant des litres d'eau sur le pare-brise.

Valérie laisse échapper un petit cri. J'accélère un peu. Le véhicule avance sans aucune difficulté. Quelques mètres avant d'atteindre l'autre rive, je simule un enlisement en faisant ronronner le moteur, puis rajoute :

– *Merde*, je crois qu'on est planté !

Lorsque Valérie s'aperçoit de la supercherie, elle ouvre la portière, saisit un morceau de glace et me le glisse dans le cou pour se venger de mon incorrigible esprit blagueur.

Je dois gérer une mutinerie à bord ! Les enfants s'y mettent et encouragent leur maman à recommencer. Puis quelques instants plus tard, ils se tournent vers moi avec un petit air coquin :

– Papa tu as dit un gros mot donc on a droit à un bonbon !

Les enfants ont bien retenu la nouvelle règle du jeu, mis en place pour limiter le nombre de gros mots que nous prononçons chaque jour involontairement !

Après avoir traversé la rivière Lauca, nous découvrons au détour d'une piste les *chullpas*, ces tombes pré Incas rectangulaires construites en adobe et dont certaines sont peintes. Elles possèdent toutes une petite ouverture qui est orientée vers l'est.

Le lendemain midi, la surface immaculée du salar de Coipasa s'offre à nous. Une pellicule d'eau recouvre certaines parties du salar rendant le paysage plus féerique encore. Nous avons l'impression de naviguer sur un lac. Le véhicule roule à petite allure dans une dizaine de centimètres d'eau, projetant de grandes gerbes sur les côtés. Soudain, le tableau de bord clignote et le moteur s'éteint aussitôt. Le 4x4 s'immobilise au milieu de nulle part.

– Bon ça va, tu vas pas me faire le coup tous les jours ! s'exclame Valérie

Il lui faut quelques secondes pour comprendre que je ne blague pas. J'essaye de redémarrer le moteur en vain. J'ouvre alors le capot et tente de comprendre d'où vient la panne. Après avoir vérifié la batterie et les bougies, j'ouvre le boîtier des vis platinées. L'intérieur est humide. A l'aide d'un chiffon je nettoie et laisse sécher l'ensemble pendant que nous déjeunons.

Etrangement, Valérie et moi n'avons pas trop d'appétit ! Une petite heure plus tard, j'actionne la clé et le moteur démarre du premier coup. Ouf !

Sur la piste sablonneuse menant à Llica, nous réalisons combien il aurait été périlleux de parcourir toutes ces étendues avec nos vélos. L'isolement est trop extrême, l'état des pistes est déplorable et le vent glacial qui souffle en permanence nous aurait vite rendus fous. Nous nous serions vites découragés devant l'inégalité du combat.

Le véhicule tout terrain prend ici tout son sens : il est indispensable pour explorer ces contrées reculées. Nous franchissons sans aucune difficulté les nombreuses poches de sable qui jalonnent la piste ou grimpons en douceur grâce à la garde au sol et au rapport court des pentes rocailleuses dignes d'un parcours de trial.

Quelques kilomètres après Llica, notre cœur se met soudain à battre la chamade. Le site naturel qui nourrit nos rêves depuis si longtemps est enfin là, devant nous, majestueux et éclatant de beauté : le salar d'Uyuni. Cette étendue de sel, vestige d'un lac d'eau de mer asséché, propulsée à 3700 mètres d'altitude par les formidables pressions tectoniques de la Cordillère, est le plus vaste désert de sel du monde.

Nous nous élançons sur cette immense étendue plate dépourvue d'obstacles. Comment décrire la joie qui nous anime dans ce décor aussi singulier. Nous avons l'impression d'évoluer au milieu d'un océan blanc. Galilée avait ici une preuve supplémentaire que la terre est ronde : l'horizon est courbe. La blancheur immaculée du sel à perte de vue est tellement éblouissante qu'il est indispensable de porter des lunettes de soleil.

Bientôt nous perdons de vue tous nos repères et nous nous laissons guider par le GPS. Une heure plus tard, nous voyons émerger une île.

– A l'abordage ! s'écrie Valérie.

Nous « accostons » sur une petite plage de sable et partons aussitôt explorer ses environs. Mais les enfants s'ennuient très rapidement. Ils rechignent à aller plus loin et veulent retourner dans le cocon douillet du 4x4. Il sont indifférents au spectacle multicolore du coucher de soleil qui embrase déjà le ciel. Plutôt que de les forcer à continuer et de nous énerver sur eux, nous inventons un nouveau jeu : celui de la chasse aux trésors. Je pars discrètement chercher des carambars pendant que Valérie s'adresse aux enfants :

– Regardez tout en haut de la colline. On dirait qu'il y a quelque chose qui brille comme un trésor.

Il n'en faut pas plus pour les voir aussitôt reprendre l'ascension avec une nouvelle vigueur. Quelques minutes plus tard, Léa s'impatiente :

– Je ne vois rien qui brille !

Nous entretenons le suspense et faisons travailler leur imagination. Je lui réponds en prenant à témoin Valérie :

– Mais si, regarde sur le cactus, je vois quelque chose qui brille. Tu le vois aussi, maman ? A ton avis, qu'est ce que cela peut-être ?

Valérie s'arrête un moment et fait semblant d'observer attentivement les nombreux cactus situés deux cent mètres plus haut.

– On dirait comme des petits bâtons jaunes accrochés aux épines.

Les enfants, bien qu'emmitouflés dans leur épaisse combinaison de ski, continuent d'escalader les rochers à vive allure. Quelques dizaines de mètres avant d'arriver au sommet, je passe devant et pars accrocher discrètement deux carambars aux épines d'un cactus, puis continue mon chemin.

Dix secondes plus tard j'entend Léa s'exclamer :

– Oh papa, viens voir il y a un carambar !

– Quoi, un carambar ! Où çà ?

– Là ici ! Regarde sur le cactus !

Puis elle s'exclame à nouveau :

– Oh il y en a un autre ! Yanis, regarde là bas, sur le cactus !

Valérie enchaîne :

– Alors çà c'est incroyable les enfants ! Vous vous rendez compte, on vient de découvrir des cactus à carambars !

Grâce à ce nouveau jeu, nous pouvons profiter de la plénitude du lieu. Le soleil disparaît dans un halo orangé d'une pureté exceptionnelle tandis qu'à l'opposé, le ciel se pare d'une couleur violette irréelle. L'ombre formée par notre île semble s'étirer jusqu'à l'infini en un cône parfait. Bientôt les premières étoiles commencent à scintiller. Elles semblent si proches que nous pouvons presque les toucher. Assis devant cette immense étendue blanche, nous avons l'impression d'être sur une autre planète.

Nous jubilons devant ce spectacle d'une beauté surréelle et ressentons au plus profond de nos êtres une paix intérieure nous envahir délicieusement. Cette émotion, nous l'avons éprouvée à plusieurs reprises durant ce voyage. Je m'interroge sur son origine. Est-ce le site naturel d'exception dans lequel nous nous fondons qui favorise cette harmonie intérieure ? Est-ce la solitude, le silence ou la quiétude qui constituent le cadre magique d'un retour sur soi, aux vraies valeurs, à l'authenticité de l'être ? Pourquoi est-il si difficile, voire impossible, de ressentir cette paix intérieure dans l'agitation trépidante de nos villes ?

A Paris, le rythme du travail, nos obligations sociales et la routine laborieuse des semaines qui s'enchaînaient ne nous permettaient jamais d'atteindre cette sérénité. La ville, avec sa panoplie d'occupations et de distractions, empêchait la réflexion et la remise en question. Il y avait trop de bruits, trop de sollicitations pour nous laisser entendre la petite voix intérieure qui sommeillait en nous. Je réalise soudain qu'un milieu sauvage et solitaire est, dans notre cheminement personnel, le cadre indispensable à notre évolution spirituelle. Nous n'avons jamais été autant à l'écoute de nous-mêmes que dans des lieux où le confort était réduit au strict minimum et où la télévision, la radio et le journal étaient inaccessibles. Finalement, n'est-ce pas le contact direct avec nos besoins essentiels et nos aspirations profondes qui manque le plus à nos sociétés actuelles ? La motivation essentielle de ce voyage n'est-elle pas d'échapper, un temps, à la complexité d'une vie urbaine pour combler un besoin vital de nature ? En nous immergeant dans la beauté des espaces sauvages et la tranquillité d'une nature austère, nous nous retrouvons toujours, à un moment ou un autre, face à face avec nous-même, avec nos valeurs, nos doutes et nos espoirs. Un cheminement personnel qui permet de ressentir la vie dans toute sa force et nous donne confiance dans l'avenir. Il est peut-être aussi à l'origine de ce sentiment absolu de liberté qui nous anime.

Un froid glacial me sort de mes réflexions. Il est temps de retourner dans l'abri précaire du 4x4. Depuis notre départ du lac Titicaca, nous cuisinons dans l'enceinte confinée du véhicule, sur la plate-forme arrière pour échapper au froid mordant qui règne à l'extérieur (-10°C). Après avoir englouti notre repas, nous nous endormons tout habillés, les enfants avec leur combinaison de ski, nous revêtus de nos cagoules, gants, collants, polaires et chaussettes. Valérie dort sur la plate-forme arrière avec les enfants tandis que j'occupe les deux sièges avant. Mes nuits sont souvent agitées car la largeur du véhicule m'oblige à dormir légèrement recroquevillé.

Sept heures du matin. Un puissant rayon de soleil inonde de lumière l'habitacle. Tout est gelé à l'intérieur. Une épaisse couche de givre recouvre les vitres. Léa et Yanis ont pris l'habitude d'y tracer des dessins ou des lettres avec leurs doigts.

– Il fait moins six à l'intérieur et moins douze à l'extérieur, annonce Valérie en regardant notre thermomètre.

Rapidement, je prépare le biberon de Yanis, lance le thé et fait cuire le porridge. Quelle sensation agréable de boire une boisson brûlante après une nuit glaciale.

Nous passons toute la journée à jouer avec les enfants tantôt sur l'île tantôt sur la mer de sel. Ils se servent de leurs petits camions pour transporter des petits cristaux de sel. Depuis le début, nous sommes tentés de leur dire qu'ils peuvent en manger mais nous ne voulons pas leur enlever le frisson de la découverte personnelle. Alors nous les observons discrètement, guettant l'instant ou ils serons tentés par cette expérience ! Plusieurs dizaines de minutes s'écoulent lorsque j'aperçois soudain Léa nous regarder du coin de l'œil. Je feins de la voir. Elle baisse la tête et porte à la bouche quelques cristaux de chlorure de sodium. Son visage s'illumine aussitôt et elle s'exclame :

– Mais maman, c'est du sel !

Il n'y a rien de plus excitant que de voir un enfant découvrir quelque chose par lui-même. Cela vaut toutes les plus belles explications et les meilleures démonstrations. Aujourd'hui encore, Léa se rappelle très bien de ce souvenir comme s'il avait été mémorisé avec plus de force.

Depuis quelques jours, nous préparons doucement nos enfants au retour en France. Nous leur expliquons tous les changements que va impliquer la vie sédentaire. Le fait qu'il ne faudra plus chercher un bivouac tous les soirs mais dormir dans une chambre, séparés de nous. Qu'on ne prendra plus sa douche dans la rivière mais dans une salle de bain. Qu'il faudra aller à l'école pour apprendre des choses différentes avec une maîtresse. Qu'il faudra se faire des copains et des copines !

Nos enfants nous écoutent très attentivement et tous ces bouleversements annoncés suscitent de nombreuses questions. Yanis commence :

– Maman, en France il y a des toboggans ?

Puis Léa continue :

– Papa, en France on parle espagnol ? avant d'ajouter

– Est-ce que Marjorie pourra être ma maîtresse ?

– Vous pourrez venir avec nous à l'école ?

Leurs questions nous interpellent. Après avoir vécu plus de deux ans, 24 heures sur 24 heures ensemble, comment vont-ils réagir à la séparation imposée par la maternelle et nos obligations professionnelles ? La grande complicité qui lie Léa et Yanis ne va-t-elle pas être un frein pour la socialisation avec les autres enfants ? Comment vont-ils vivre l'intégration à l'école avec ses règles et sa discipline ?

Le lendemain, nous mettons le cap au 230 et nous nous aventurons vers une zone encore plus isolée située au sud-ouest du salar. Des îles hérissées de cactus jalonnent notre progression. Valérie, fascinée par le spectacle, avoue :

– On se croirait vraiment sur un bateau !

Il est vrai qu'à l'exception de cette couche de sel solide d'une blancheur éblouissante, tout rappelle l'environnement maritime. Le sol est tellement lisse et dur que nous roulons à plus de 80 km/h. Tout à coup, devant nous, j'aperçois une tache de couleur différente sur la croûte de sel. Aussitôt je dévie ma trajectoire et ralentis. Nous frôlons une masse noire. Valérie, intriguée m'interroge :

– C'était quoi ?

Je fais demi-tour et reviens vers la zone. Nous avons des sueurs froides lorsque nous découvrons un énorme trou rempli d'eau, qui aurait pu engloutir le véhicule. Dorénavant nous roulons à une allure plus modérée et nous nous rappelons les paroles d'Aldo : « le salar d'Uyuni comporte de nombreux pièges et compte tenu de son isolement, le moindre accident peut avoir des conséquences dramatiques ».

Nous arrivons devant l'île « Grande » en début d'après-midi et la contournons par l'ouest. Quelques minutes plus tard, nous repérons une petite crique et décidons de nous y installer pour la nuit. Par précaution, je descends du véhicule et pars sonder le terrain aux abords de l'île pour m'assurer de sa stabilité. La glaise fait partie, avec les trous d'eau et le brouillard, des principaux dangers que l'on peut rencontrer sur le salar. Je marche sur la couche de sel. Elle est dure comme du béton. Cela me rassure. Je continue sur la plage et repère l'endroit où je vais placer le 4x4. Malgré une fine couche de sable, le sol me semble suffisamment compact pour supporter les deux tonnes du véhicule. Je remonte dedans et enclenche par sécurité une vitesse courte. Nous avançons avec un peu d'élan et après avoir parcouru quelques mètres sur le sable, je sens le véhicule ralentir légèrement. J'accélère un peu, en vain. Valérie penche la tête par la fenêtre et hurle :

– Mon Dieu, Fabien, arrête d'avancer ! On s'enfonce !

J'enclenche aussitôt la marche arrière et tente un retrait. Trop tard ! Les quatre roues sont déjà enlisées dans une épaisse couche de glaise. Chaque nouvelle tentative aggrave la situation. Valérie me fait des signes :

– Arrête tout, c'est de pire en pire !

Ce salar que nous trouvions jusqu'à présent si fascinant et magique change subitement de visage. L'île enchanteresse de « Grande » devient brutalement un lieu hostile et inhospitalier. Les cactus prennent les apparences d'épouvantails macabres. Le vent glacial qui souffle depuis ce matin redouble d'intensité. Ses rafales produisent des sons lugubres.

Nous nous jetons à corps perdu dans l'action pour éloigner de nos esprits toutes ces images sinistres. Valérie part ramasser des gros cailloux tandis que je commence à dégager la gangue de boue qui entoure les roues à l'aide d'une pelle.

Heureusement, les enfants font la sieste à l'arrière du véhicule et ne ressentent pas notre stress.

Nous redoublons d'efforts et pendant que Valérie entasse des pierres, je creuse dans la glaise deux sillons profonds qui mènent vers la surface dure et compacte du salar. Une heure plus tard, je fais une première tentative en marche arrière. Le 4x4 recule de cinquante centimètres mais s'enfonce à nouveau. Nous reprenons espoir. Il a bougé.

Les enfants sont réveillés maintenant et observent avec un certain détachement notre agitation. Ils sont beaucoup plus intéressés par la tartine de chocolat que Valérie vient de leur préparer et ne réalisent pas la situation périlleuse dans laquelle nous sommes. Tant mieux !

Après une après-midi ininterrompue de travail et deux tentatives ratées, la troisième est la bonne. Nous crions victoire ! Le 4x4 roule à nouveau sur le salar. Ouf ! Le soir, nous trouvons un bivouac sur une autre île et n'avons pas besoin de berceuse pour nous endormir.

Le lendemain midi, nous retrouvons avec un certain soulagement la terre ferme sur la rampe de Colcha K située au sud du salar. Nous venons de vivre trois jours d'une rare intensité sur ce lieu unique au monde où l'on peut basculer du paradis à l'enfer en quelques secondes !

Au petit village de San Juan, nous parvenons à nous ravitailler en essence et poursuivons notre voyage plein sud, vers la fabuleuse région du Sud Lipez. Pendant dix jours, nous évoluons dans les plus beaux paysages qu'il nous ait été donné de voir. Par endroit, les similitudes avec les photos envoyées par les rovers *Spirit* et *Opportunity* sont si grandes que nous nous croyons sur la planète Mars.

L'univers minéral du Lipez abrite aussi des lagunes d'une rare beauté qui servent de refuge à des colonies de flamants roses, d'oies et de petits échassiers. Nous y observons aussi des viscaches, petits animaux mi-lièvre, mi-marmotte.

Tout autour, des volcans culminent entre cinq et six mille mètres. Plus loin, des geysers, des trous remplis de boues brûlantes, des fumerolles qui sentent le soufre. Le cœur de la terre semble, à cet endroit, battre tout près de nos pieds.

Souvent, nous quittons la piste principale et faisons du hors piste grâce à notre fidèle GPS. Devant nous, des paysages du bout du monde aux couleurs orange, jaune ocre, rouge, blanc, vert nous donnent l'impression de nous déplacer dans une palette d'artiste. De notre passage éphémère ne subsistent que les deux traces du véhicules qui se perdent dans ce décor incroyable.

Nous atteignons le point le plus au sud de la Bolivie devant le volcan Licancabur au pied duquel repose comme un joyaux la Laguna Verde. Son incroyable couleur bleu-vert vient de sa haute concentration en minéraux tels que le plomb, le soufre, l'arsenic et le carbonate de calcium.

C'est au bord de cette lagune que nous connaissons la nuit la plus froide du voyage : -16°C dans le 4x4 ! Ce record nous vaut d'ailleurs une grosse frayeur le matin. Impossible de démarrer le moteur, l'huile du carter est gelée. Nous devrons attendre plus d'une heure que l'atmosphère se réchauffe, sous l'effet du soleil, pour repartir.

A proximité d'autres lagunes, nous découvrons des sources chaudes qui nous offrent des baignoires naturelles dans un panorama exceptionnel. Le vent glacial nous impose de laisser le véhicule à quelques mètres des sources pour s'y abriter dès la sortie du bain. Après douze jours d'une hygiène plus que précaire, cette eau à trente six degrés est un havre de bonheur.

L'arrivée à Tupiza marque la fin des grands froids et le retour à la civilisation après vingt jours inoubliables passés dans des paysages d'une exceptionnelle beauté. Quel plaisir de retrouver la terre des hommes après tant d'isolement !

Après un rapide passage à Potosi et Sucre, nous bifurquons un peu avant Cochabamba vers le parc de Torotoro. Grâce à son affleurement du Crétacé (moins 145 à moins 65 millions d'années), ce parc abrite de nombreux fossiles de tétrapodes, trilobites, tortues marines géantes, etc. On y découvre aussi d'impressionnantes traces de dinosaures figées sur un plan incliné. Certaines d'entre elles mesurent plus de quarante centimètres et sont si profondes que les enfants peuvent s'y asseoir. Plus tard, nous nous baignons dans une rivière cristalline qui s'écoule paisiblement au fond d'un canyon.

Dans ce décor enchanteur d'un autre temps, où les fabuleuses pressions tectoniques ont fait plier la croûte terrestre en de magnifiques ondulations, tout nous émerveille. Le parc du Torotoro, nouveau coup de cœur qui s'ajoute à notre palmarès, nous confirme que la Bolivie, pays du bout du monde est un hymne à l'aventure, aux rencontres authentiques et aux imprévus.

Dix jours plus tard, mardi 16 août 2005, nous retrouvons l'aéroport de Lima avec nostalgie. Cinq mois viennent de s'écouler depuis notre arrivée sur le continent sud américain mais nous avons l'impression de revenir d'une boucle qui a duré plusieurs années. Cette partie de l'Amérique du Sud nous a tout offert : ascension de la Cordillère à vélo, trek isolé dans les Andes, rencontres fabuleuses, sites Incas mystérieux, paysages exceptionnels, pistes du bout du monde en 4x4, frissons, découvertes… Nous y avons vécu les moments les plus intenses et les plus extrêmes de notre voyage. Ceux là même qui remplissent déjà nos têtes de merveilleux souvenirs.

Le chauffeur du taxi nous aide à décharger de sa galerie nos nombreux colis puis tout s'enchaîne très vite. Enregistrement, salle d'attente puis embarquement dans l'avion. Au moment d'attacher nos ceintures, nous réalisons que cette fabuleuse expérience vécue en famille pendant deux ans s'achève. Une sacrée page de notre vie se referme. Notre voyage est terminé.

Epilogue

(Fabien)

Mercredi 17 août 2005, aéroport Roissy Charles de Gaulle, salle de débarquement. Yanis s'approche de moi et chuchote à mon oreille :

– Papa, il y a des gens qui parlent français !

Cris, voix, intonations, conversations… nous n'avons plus besoin de traduire, ni d'interpréter. Nous comprenons tout et du premier coup. Quelle joie de pouvoir communiquer avec les gens de façon simple et naturelle dans sa langue maternelle ! L'arrivée d'un vol est annoncée par une voix sensuelle dans le hall. Les enfants nous regardent étonnés. Même les hauts parleurs parlent français !

Après avoir chargé vélos, remorques et bagages sur deux chariots, nous quittons la zone sous douane. A l'ouverture des portes, Léa et Yanis s'exclament :

– Bibi !

– Papy Serge !

Nos parents respectifs nous attendent avec une amie. Après de chaleureuses embrassades, nous quittons la région parisienne en voiture.

Sur la route menant à Orléans, les contours, les lignes et les paysages se précisent peu à peu et reprennent un aspect familier à nos yeux si longtemps accoutumés à d'autres horizons. Les panneaux routiers absents ou rouillés sont remplacés par une signalisation abondante et compréhensible.

Un réseau routier moderne avec de belles lignes blanches succède aux pistes poussiéreuses et remplies de nid de poules. L'urbanisme anarchique et les baraquements de béton et de tôles inachevés laissent la place à des petits villages fleuris, joliment ordonnés autour d'églises séculaires. La présence de poubelles dans les rues, la petite voiture jaune du facteur, l'odeur du pain chaud devant les boulangeries… Pas de doute, nous sommes bien en France ! La boucle est bouclée.

Nos parents, contents de nous avoir enfin auprès d'eux, organisent aussitôt une fête pour célébrer notre retour. Avec beaucoup d'émotion, nous retrouvons grands-parents, oncles, tantes et amis autour d'un énorme jambon à la cubaine. Quel bonheur de serrer les siens dans ses bras après une si longue absence.

Nous en profitons pour fêter les trois ans de Yanis qui souffle pour la première fois ses bougies en France. Il lui faut l'aide des cousins et cousines pour ouvrir les dizaines de paquets qui forment une montagne étincelante. Notre petit homme ne sait plus où donner de la tête devant cette avalanche de jouets. Quelle contraste avec les anniversaires précédents ou chaque cadeau devait remplir des conditions drastiques de poids et de taille pour loger dans la remorque !

Les premiers jours, nous sommes un peu étourdis de retrouver aussi brutalement un environnement familier. Un peu comme si nous émergions d'un long sommeil après avoir fait un rêve merveilleux. Et d'ailleurs, n'avons-nous pas rêvé ? Sommes-nous bien les acteurs de cette incroyable aventure familiale ? La carte du monde fixée dans la véranda de mes parents nous rassure sur ce point. Nous revivons avec elle, non sans une certaine émotion, le parcours de ces deux ans de voyage. Non, ce n'était pas un rêve mais une belle réalité. Chaque millimètre du petit trait noir qui ondule au gré des pays traversés nous rappelle des dizaines de souvenirs, de nombreux visages et de fabuleuses rencontres.

Très rapidement, nous nous retrouvons happés dans le tourbillon de la vie parisienne : emménagement de l'appartement, inscriptions scolaires et administratives, premières factures, files d'attente aux caisses du supermarché…

Début septembre 2005, nous rencontrons la directrice et le personnel enseignant de l'école maternelle Paul Langevin à Bagneux. Ils accueillent l'expérience de Léa et Yanis avec enthousiasme. Nous sommes invités à visiter les classes où nos enfants passeront l'année scolaire. Ensuite nous découvrons la salle de gymnastique, puis la cour de récréation.

En passant devant les WC, nous marquons une pause. La directrice est étonnée par le dialogue que nous engageons alors avec nos enfants :

– Tu as compris, Yanis, tu ne fais pas pipi n'importe où comme pendant le voyage ! Il faut venir ici, insiste Valérie.

Léa, soucieuse, enchaîne :

– Maman, il n'y a pas de poubelle pour jeter le papier toilette.

– Oui, je sais ma puce, mais ici, tu peux le jeter dans la cuvette sans risquer de boucher les WC !

Sa réflexion pleine d'innocence nous fait sourire. En effet, depuis le Mexique, nos enfants sont habitués à ne pas déposer le papier souillé dans la cuvette des WC à cause de l'étroitesse des canalisations !

Le jour de la rentrée scolaire 2005 est un moment émouvant pour toute la famille. Léa et Yanis pleurent à chaudes larmes. Nous ne sommes pas fiers non plus. La séparation est douloureuse. Que de changements pour eux qui n'avaient pas de contraintes d'heures, ni de rythme scolaire.

Ils doivent désormais s'arrêter de jouer dès le retentissement de la sonnette, se mettre en rang, deux par deux, obéir à la maîtresse et apprendre les règles de la vie en collectivité. Heureusement l'intégration se fait rapidement et une semaine plus tard, ils se sont déjà constitués tout un réseau de copains et copines. Les périodes de récréation ont d'ailleurs rapidement enrichi leur vocabulaire de nouveaux mots pas toujours agréable à entendre !

En deux ans de voyage et à l'exception des amibes de Yanis, les enfants sont rarement tombés malades. Mais quelques mois à l'école suffiront pour rattraper ce retard : la varicelle fait son apparition et rhumes, otites, angines et gastrites lui emboîtent le pas. Les virus et bactéries dont les enfants avaient été protégés durant le voyage prennent leur revanche !

Aussi paradoxal que cela puisse paraître, nos enfants n'évoquent pas leur voyage à l'école. Pour eux, il a été tout simplement leur quotidien et ils n'éprouvent pas le besoin de le partager. Parfois ils se remémorent certains faits marquants comme ma chute à vélo aux Etats-Unis ou encore les chasses aux « carambars » dans les cactus du salar d'Uyuni. Nous leur montrons de temps en temps les photos et les films ainsi que le petit cahier réalisé au cours du voyage. Quelle n'est pas notre surprise à chaque fois d'entendre la quantité de souvenirs que cela peut leur évoquer. Ils nous parlent d'une foultitude de détails que nous avions déjà oubliés. Qui a dit qu'un enfant de moins de cinq ans n'avait pas de mémoire ?

A notre grand regret, Lea et Yanis ne pratiquent plus l'espagnol. Ils étaient pourtant devenus presque bilingues sur la fin du voyage, montrant à cette occasion les fabuleuses capacités d'assimilation des jeunes enfants. Un potentiel qui pourrait être d'avantage mis en avant à l'école maternelle.

Souvent, on nous pose la question :

« Que retiendrons vos enfants de cette grande aventure ? ».

Difficile d'y répondre. Mais nous sommes sûrs d'une chose, c'est qu'ils auront été sensibilisés dès leur plus jeune âge, à la beauté et à la diversité du monde sur une « terre d'éveil » qui suscite à l'infini étonnement et émerveillement.

5 septembre 2005. Je fais moi aussi, en quelque sorte, ma rentrée ! Je retrouve le même poste au sein de la société BallantinesMummDistribution (BMD). Mêmes collègues, même bureau, même écran d'ordinateur, mêmes fournisseurs. Ce retour dans le passé est brutal. Rapidement, mes réflexes professionnels reviennent mais je remarque que l'ambiance a changé et pour cause : notre groupe vient de se faire racheter dans l'été par un concurrent.

Quatre jours plus tard, la totalité du personnel est convoquée dans une salle, à proximité du Bois de Vincennes.

L'atmosphère est tendue. Après un long monologue du représentant de la société concurrente, expliquant les raisons économiques du projet de réorganisation de la société, le couperet tombe : « Ce projet entraînerait l'arrêt des activités de BMD et se traduirait par 146 suppressions d'emplois ». Tollé général, suivi aussitôt de sifflements dans la salle. Des personnes s'indignent : « Supprimer tous les postes ! Mais ce n'est pas humain ! », « Elle est belle, la France ! », « N'y a-t-il pas d'autres solutions que de fermer BMD ? », « C'est toujours les mêmes qui trinquent ! »... Dans toute cette agitation, je ne peux m'empêcher de repenser au calme qui régnait sur les hauts plateaux andins. Mon Dieu, que c'est dur d'émerger d'un si joli rêve !

Notre réponse à ce coup du sort ne se fait pas attendre. Nous décidons de transformer ce licenciement annoncé en opportunité d'achever notre projet « Terre d'Eveil » par la rédaction d'un livre et la réalisation d'un montage audiovisuel. Valérie se lance aussitôt dans le classement de nos 7000 diapos et la synthèse du millier de pages que renferment nos quatre cahiers de bord.

Vendredi 13 janvier 2006. Il règne une étrange atmosphère dans les murs de ma société. Couloirs vides, téléphones muets, photocopieur éteint... Je fais partie de la dernière « charrette » de licenciement avant la cessation d'activité de l'entreprise, prévue dans quelques jours. Cela fait tout drôle de franchir pour la dernière fois la porte de son bureau, d'entendre sangloter les collègues de travail, de voir la porte d'ascenseur se refermer sur une société qui faisait vivre, en France, 146 femmes et hommes ! Ces postes supprimés et les marques rachetées permettront à la multinationale prédatrice d'être davantage compétitive et d'accroître ses parts de marché dans un environnement de plus en plus mondialisé. La logique de la théorie de l'évolution appliquée au monde des entreprises ! Seule consolation du jour : s'être fait licencier un vendredi 13. Car dans ces moments-là, on devient même superstitieux !

Le voyage nous a appris de nombreuses choses : le courage, la pugnacité, l'audace, l'adaptation aux imprévus, la capacité de réagir face au changement. Des qualités qui nous seront bien utiles pour relever le nouveau défi qui se présente à nous. Une autre aventure commence, tout aussi passionnante, avec, à la clé, de nouveaux horizons à découvrir…

Annexes

Terre D'Eveil

25 JEUX D' EVEIL REALISES EN PLEINE NATURE AVEC NOS ENFANTS

<u>Matériel emporté</u> :

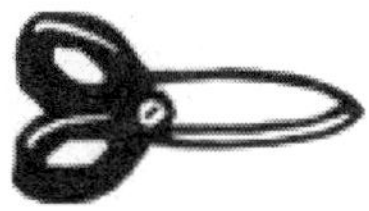 Prendre des ciseaux à bouts ronds

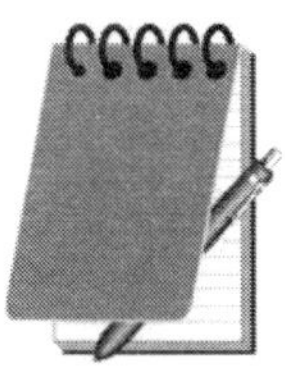 Personnalisez la couverture :en mettant son prénom, une photo …

ⓘ *La majorité des activités proposées demande du matériel léger et facile à ranger. Certains jeux sont réalisés avec ce que nous trouvions dans la nature (sable, bâton, cailloux, galets..)*

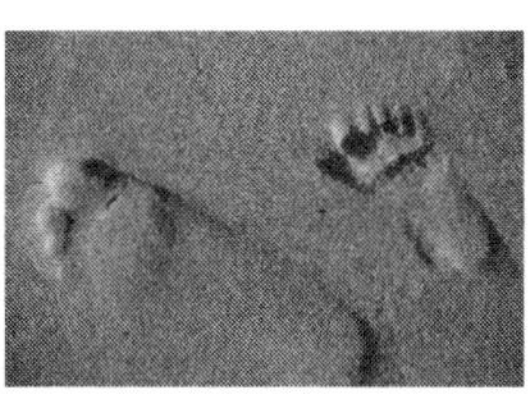

A vos marques, prêt, partez !

FICHE 1

LE PARCOURS DU COMBATTANT
(développer la motricité)

Créez un petit parcours en disposant au sol des supports (gros cailloux plats, branches d'arbre, morceaux de planches) suffisamment espacés pour que votre jeune aventurier puisse sauter de l'un à l'autre.

N'hésitez pas à concevoir des passages délicats :

- *Posez une grosse branche sur deux supports pour symboliser un pont.*
- *Dessinez une rivière et dites à l'enfant qu'en dessous il y a des crocodiles prêts à le manger s'il tombe dans l'eau.*

Selon la taille des pierres et des branches, il pourra sauter à pieds joints ou à cloche-pied. A lui de tomber le moins souvent possible sinon il recommencera le parcours depuis le début.

ⓘ L'enfant prend plaisir à chercher l'équilibre.

FICHE 2

A LA DECOUVERTE DES FORMES

(développer la motricité et la mémoire)

Sur le sol, tracez à l'aide d'un bâton un parcours jalonné de formes géométriques simples (carré, triangle, losange, rond).

Votre petit aventurier doit sauter à cloche-pied ou à pieds joints dans chacune des formes en les nommant. S'il se trompe, il retourne à la forme précédente et recommence.

ⓘ l'enfant prend plaisir à chercher l'équilibre et apprend en même temps à reconnaître des formes simples..

FICHE 3

ATTENTION LE TRAIN VA PARTIR
(avancer ensemble et en rythme)

Sur le sol, dessinez à l'aide d'un bâton un trait sinueux représentant une voie de chemin de fer.

Positionnez-vous sur les rails et faites office de locomotive et de contrôleur :

« Tchou, Tchou, appel à tous les voyageurs ! Le train à destination de (inventez le nom d'une ville) va partir ! Attention au départ ! Tous les passagers sont-ils dans le train ? »

Le premier enfant s'accroche à votre t-shirt derrière vous, les suivants se positionnent à la file indienne en tenant les épaules de celui de devant. Quand tout le monde est prêt, faites démarrer le train :

« Tchou, Tchou, c'est parti ». Le convoi doit rester obligatoirement dans les rails.

- *Faire des escales dans des villes que vous connaissez avec une vente imaginaire de chocolats chauds, glaces, bonbons…*
- *Le ou les enfants doivent payer avec de l'argent imaginaire.*

ⓘ Accélérer ou freiner. Favorise le jeu de rôle et la cohésion d'un groupe. Développe l'équilibre.

FICHE 4

BOWLING EN PLEINE NATURE
(motricité/agilité)

Il suffit juste d'avoir un ballon ou une balle de tennis et de récupérer trois ou quatre bouteilles en plastique.

- *Tracez un trait au sol derrière lequel les enfants doivent rester.*
- *Disposez les bouteilles à 5 mètres du trait.*
- *Les enfants doivent viser les bouteilles.*

ⓘ Jeu de lancer et d'adresse pour exercer la maîtrise du geste.

FICHE 5

A LA FILE INDIENNE
(développer la motricité)

Chantez la chanson de Peter Pan *au pays imaginaire :*

C'est à la file indien-ne, indien-ne, indien-ne,
C'est à la file indien-ne que nous aimons marcher.
Ti Dum Ti di A Ti Dou Li Dou Ti Dé
Ti Dum, Ti Di etc...

Marchez à la file indienne. Faites un circuit en franchissant divers obstacles : branches, cailloux, flaques d'eau, trous... Inventez ensuite une histoire : « Des indiens sont cachés derrière les arbres ! » Réunissez les enfants en conseils de guerre et laissez les parler. Vous serez surpris par les réponses !

ⓘ Bon pour la motricité. Fait travailler l'imagination.

FICHE 6

VIVE LA BALANCOIRE
(observation, bricolage)

Repérez un arbre avec une branche assez grosse et pas trop haute.

Demandez à votre apprenti bricoleur de trouver, dans les alentours, une branche assez solide pour pouvoir s'asseoir dessus. A son retour :

- *Faites passer deux cordes autour de la branche de l'arbre et attachez-les avec un nœud solide.*
- *Coupez celles-ci à la hauteur de fesses de l'enfant.*
- *Ensuite le jeune bricoleur tient le morceau de bois qu'il a trouvé au niveau de ses fesses et vous faites un nœud bien serré à chaque extrémité. Il peut s'asseoir et se balancer à sa guise sous votre surveillance.*

ⓘ Développe l'esprit d'initiative. L'enfant est tout fier de participer à la réalisation de sa balançoire en allant cherchant le morceau de bois.

FICHE 7

UN ABRI IMPROVISE
(jeu de cache-cache)

Donnez une bâche ou une couverture à votre enfant et dites lui que c'est sa maison.

Il joue longtemps à cache-cache, se crée un abri où il s'inventera plein d'histoires .

- *Il fait la cuisine dans sa nouvelle maison. Il sort la tête pour vous demander ce que vous voulez manger et replonge la tête pour ressortir quelques instants après avec votre commande.*
- *Il se met à l'abri à cause du vent. A vous de simuler la mini tempête en soulevant un peu la couverture ou la bâche.*

ⓘ L'enfant vit dans son monde à lui en votre compagnie

FICHE 8

L'EQUILIBRISTE
(activité corporelle et physique)

Prenez un sac, de type balluchon remplissez le de vêtements, duvets, couvertures.

L'enfant joue à faire l'équilibriste :

- *Fait des roulades,*
- *S'allonge dessus et essaie de tenir,*
- *S'imagine être sur une planche à voile,*
- *Essaie de sauter par-dessus,*

Vérifier que l'enfant est sur un sol mou pour amortir les chutes

ⓘ Développe l'équilibre et la coordination.

FICHE 9

LE GRAND MECHANT LOUP
(initiative, imagination)

Dessinez sur le sol une maison ou symbolisez la avec des branches en indiquant où est la porte d'entrée.

Désignez qui fait le loup, qui fait la petite brebis.

Définissez les règles :

- *Le loup compte jusqu'à dix ;*
- *Pendant ce temps-là, la brebis doit aller se cacher.*
- *Si le loup trouve la brebis, celle-ci doit aller se réfugier dans la maison en passant par la porte. Là le loup ne peut pas entrer.*
- *Si la brebis est attrapée, elle devient le loup.*

ⓘ L'enfant adore se faire peur et se réfugier dans un abri.

FICHE 10

A LA DECOUVERTE DE CE QUI NOUS ENTOURE
(observation, découverte)

Demandez à votre jeune explorateur d'aller chercher successivement quelque chose qui est vert, qui pique, qui est rouge, qui gratte, qui est doux, qui est bleu, qui est joli, etc...

- *Disposez chaque trouvaille par terre ou sur une table.*
- *Demander lui de nommer ce qu'il a rapporté.*

Fixez avec de la colle ou du scotch chaque petit trésor dans son cahier d'éveil (si la taille le permet) et écrivez à côté « quelque chose qui pique », « quelque chose qui est vert », etc...

ⓘ Vous serez surpris par les trouvailles de l' enfant.

FICHE 11

PEINTURE AVEC UNE POMME DE TERRE
(activité manuelle)

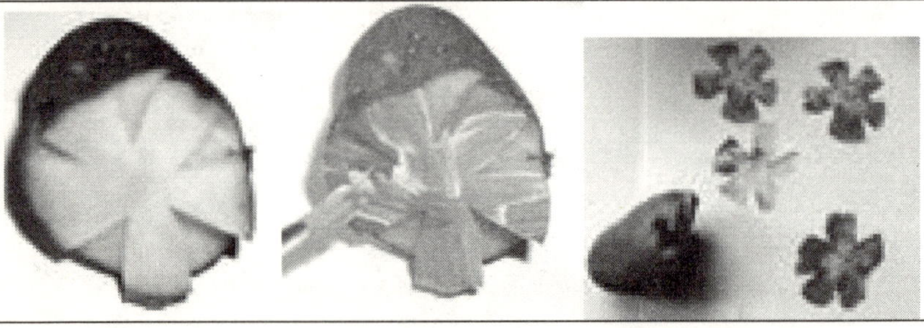

Prenez une pomme de terre et coupez la en deux.
Sculptez une forme (étoile, carré, triangle, etc…)

Enduisez la forme de peinture ; l'enfant l'appliquera sur une feuille de papier.

Votre jeune artiste peut tamponner autant de fois qu'il le veut, faire des mélanges de couleurs, faire glisser pour tracer de gros traits et révéler ainsi ses talents cachés !

ⓘ L'enfant développe son imagination et découvre une nouvelle façon de faire de la peinture

FICHE 12

SAUT DANS LA MARE VERSION CYCLO
(motricité)

Prenez une chambre à air préalablement gonflée ou tracez un rond sur le sol.

Définir les règles du jeu :

- *Votre enfant est une grenouille et tourne autour du cercle.*
- *Dès qu'il entend* « dans la mare » *il doit sauter à pieds joints dans le cercle.*
- *Dès qu'il entend* « sur la rive » *il doit sauter à pieds joint hors de la mare*

Si la grenouille est restée dans la mare elle a perdue !

Variante : annoncer plusieurs fois « dans la mare » *ou* « sur la rive » *pour voir si l'enfant écoute bien !*

ⓘ L'enfant doit se concentrer et bien écouter ce qui est annoncé.

FICHE 13

FAIRE LA VAISSELLE

Un petit aide ménager, quel bonheur ! Il adore faire comme maman et papa alors pourquoi ne pas en profiter et le responsabiliser :

- *Donnez lui votre vaisselle à l'exception des couteaux et objets en verre.*
- *Ajoutez l'éponge, l'eau, le produit à vaisselle et le torchon.*

Il va vous rendre une vaisselle impeccable et essuyée !

ⓘ L'enfant adore être responsabilisé et faire comme papa et maman.

FICHE 14

1, 2, 3...PARTEZ
(motricité)

Tracez une ligne sur le sol. Ce sera la ligne de départ.

Montrez à votre enfant la position du sprinter au départ (accroupi les fesses en l'air et une jambe tendue).

- *Allez vous mettre 100 mètres devant et criez :* « 1, 2, 3…Partez ».
- *L'enfant doit venir le plus rapidement possible vous taper la main que vous lui tendez.*

ⓘ Développe la motricité.

FICHE 15

LA FETE DES NOEUDS
(activité manuelle)

Voici un jeu que nous avons découvert par hasard en laissant traîner une petite corde dans la remorque. Il n'y a pas plus simple !

- *Donnez à votre enfant une cordelette et demandez lui de faire des nœuds.*

ⓘ Développe la concentration. A faire pour les longs trajets en voiture !

FICHE 16

Jeu des « *smarties* »
(apprendre les couleurs et compter)

Prenez une boite de « smarties »

- *Placez les* « smarties » *de différentes couleurs en ligne et demandez à votre petit génie de les compter (il doit réciter la comptine numérique en touchant les bonbons un à un).*
- *Demandez lui ensuite de nommer les couleurs.*
- *Faites lui compter les* « smarties » *de même couleur.*

Pour chaque groupe de couleur correctement compté, le petit génie a le droit de manger un « smarties ».

Variante : Recommencer le jeu en mélangeant tout, si l'enfant se trompe au cours d'une étape, (comptage, nomination) mettre de côté un « smarties » *pour vous !*

ⓘ L'enfant doit se concentrer. Il peut vous surprendre en regroupant les bonbons de la même couleur, technique plus facile pour compter !

FICHE 17

A LA RECHERCHE DU TRESOR
(observation)

Voilà un jeu qui nous a beaucoup servi lorsque nous devions faire une longue marche.

Désignez un endroit situé loin devant (hauteur d'une colline, rocher, arbre, etc…) et dites lui qu'un trésor y est caché. (carambar, bonbon, sucette…).

- *Un des parents s'éclipse un instant pour cacher le trésor.*
- *Le jeune chercheur de trésor doit regarder dans les moindres recoins, arbrisseaux.*

Dès que le trésor est trouvé c'est un effusion de joie et de cris. Marcher devient un jeu pour les enfants et les parents !

ⓘ La jubilation de trouver un trésor !

FICHE 18

LA BROUETTE
(motricité)

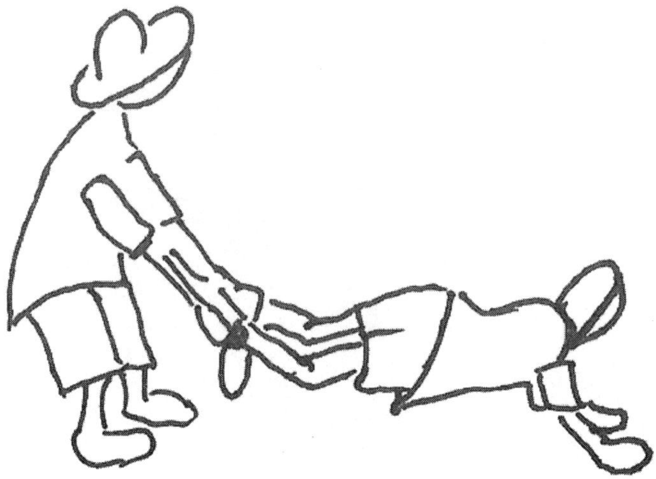

Demandez à votre enfant de s'allonger sur le ventre.

- *Saisissez-lui les pieds.*
- *Demandez à votre jeune acrobate de se redresser sur ses mains et d'avancer le plus loin possible.*

ⓘ L'enfant fait travailler les muscles de ses bras et doit garder l'équilibre. Jeu idéal sur le sable ou sur la pelouse.

FICHE 19

LA FETE AUX CONFETTIS
(activité manuelle)

Récupérez des journaux publicitaires. Donnez les feuilles à votre petit artiste ainsi qu'une paire de ciseaux en plastique.

➢ *Laissez faire votre artiste qui va transformer vos feuilles en petits confettis qui peuvent être récupérer pour une activité de collage !*

ⓘ Activité passionnante pour votre artiste. Prévoir un sac plastique pour tout nettoyer.

FICHE 20

A LA PECHE AU JOUET
(motricité)

Placez un jouet dans les branches d'un arbre pas trop haut.

- *Demandez à l'enfant de le décrocher avec les moyens du bord. (morceau de bois, petit cailloux, perche, ...) sous votre surveillance.*

Ecarter les autres enfants de la trajectoire des objets lancés.

ⓘ L'enfant apprend à viser juste et doit se concentrer.

FICHE 21

L'ABECEDAIRE
(observation)

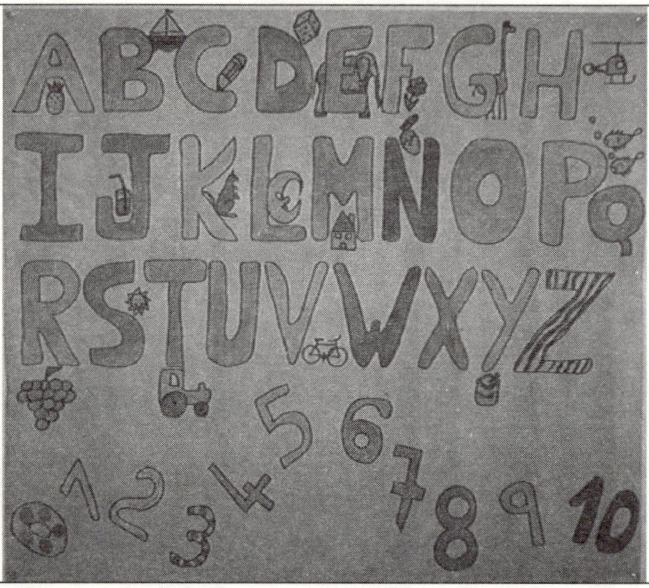

Ecrivez un alphabet en capitales d'imprimerie sur une feuille de papier. Tracez les lettres suffisamment grandes pour que votre jeune écolier puisse bien les lire. N'hésitez pas à mettre des couleurs, c'est ce qui fait tout le charme et qui attire l'œil.

- *Associez à chaque lettre un objet, une image commençant par la même lettre.*
- *Demandez à l'enfant d'identifier le maximum de lettre : A de Ananas, B de Bateau, …*

ⓘ Apprendre les lettres et les chiffres en jouant.

FICHE 22
LE MARCHE

Pendant quelques instants vous vous transformez en marchand(e) imaginaire qui vend des bonbons, des glaces, des chocolats.

- *Demandez à votre enfant client ce qu'il veut en énumérant ce que vous avez dans votre magasin.*
- *Indiquez lui le prix.*
- *Le jeune acheteur doit mimer le règlement en déposant l'argent dans votre main. Vous lui donnez la marchandise.*

Variante : Inversez les rôles. Jouez un(e) acheteur(se) dur(e) en affaire ! « 3 euros, mais c'est trop cher ! », « je vous l'achète 2 euros. D'accord ! » *etc..*

ⓘ Jeu de rôle qui passionne les enfants.

FICHE 23

QU'EST CE QUI COMMENCE PAR UN ...
(mémoire/vivacité d'esprit)

Le petit instant de détente et de calme qui fait du bien à tout le monde. Demandez à l'enfant de dire 3 mots commençant par une lettre de l'alphabet.

Qu'est ce qui commence par la lettre G

On aidera l'enfant par des indices. « Un animal qui a un grand cou »

ⓘ Bonne manière d'apprendre les lettres et leurs sons. Jeu agréable pendant le repas. Fait travailler la mémoire.

FICHE 24

COURS DE GYMNASTIQUE
(motricité)

Il est toujours bon pour le corps de faire quelques exercices. D'autre part, votre jeune athlète ne rêve pas mieux que de rentrer en compétition avec vous !

- *Faites des étirements, les ciseaux, le moulin avec les jambes, des pompes. Le jeune athlète va adorer vous imiter !*
- *Pour les abdominaux, demandez lui de vous tenir les chevilles ou de s'asseoir sur vos pieds et de compter.*

C'est une bonne mise en forme avant de goûter !

ⓘ Idéal pour que l'enfant fasse connaissance avec son corps.

FICHE 25

Le jeu du point lumineux

Nécessite des conditions particulières pour être réalisé mais fou rire garanti !

- *Un jour de grand soleil, placez l'enfant à l'ombre d'un arbre par exemple.*
- *Restez à distance et avec l'aide de votre montre ou d'un petit miroir, réfléchissez les rayons du soleil pour faire un petit point lumineux à proximité de l'enfant.*
- *Dès que l'enfant a repéré le point lumineux, amusez-vous à le déplacer !*

ⓘ Soyez discret pour rejouer d'autres fois.

POUR CEUX QUI AIMENT LES CHIFFRES

Pays traversés : 10
Kilomètres parcourus :
- en camping-car.................................15000 km, 6 mois
- à vélo couché ....10000 km, 16 mois[1]
- à pied avec des ânes..........................250 km, 6 semaines
- en 4x4 ....4000 km, 1 mois

Crevaisons :
- en camping-car.................................1
- à vélo couché 34
- en 4x4 1

Pneus remplacés
- vélo couché+remorque 11

Transit en avion :......................................5
Transit en bateau : 5
Diapositives :...7000
Films vidéo :..80 heures

Nombre de biberons préparés....................1880
Nombre de couches utilisées 2300
Lait en poudre consommé ....80 kg

Altitudes atteintes :
- à vélo..4550 m (Pérou)
- à pied avec des ânes...........................4880 m (Pérou)
- en voiture ....5550 m (Bolivie)

Température maximum..............................+ 45°C (USA)
Température minimum ....– 17°C (Bolivie)

Budget pour la famille :
- transports (avions, bateaux, locations voitures)............................11600 euros
- mensuel (nourriture, hôtels, diapos, Internet, diesel, entrées parcs...) ......900 euros[2]

---

[1] Dont 3 mois sans vélo, passés au Guatemala pour l'organisation du mariage

[2] Budget moyen mensuel. Comptez 1000 Euros/mois pour l'Europe, l'Océanie, l'Amérique du nord et 600 Euros/mois pour l'Amérique centrale, le Pérou, la Bolivie.

LE MATERIEL

Vélos couchés de la marque **Optima** modèle **Condor**
Remorques de la marque **Chariot** modèle **Captain**

Valérie

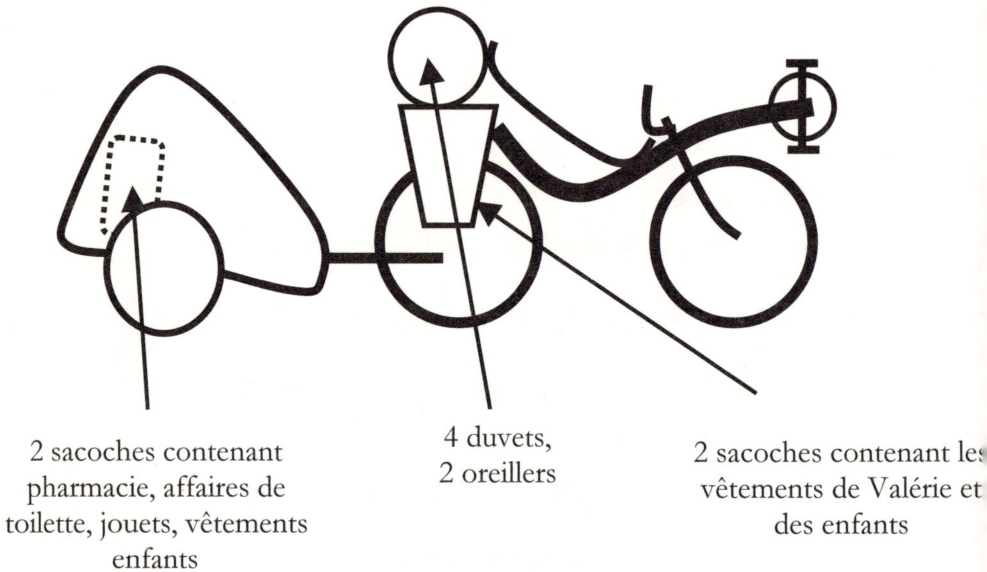

Fabien

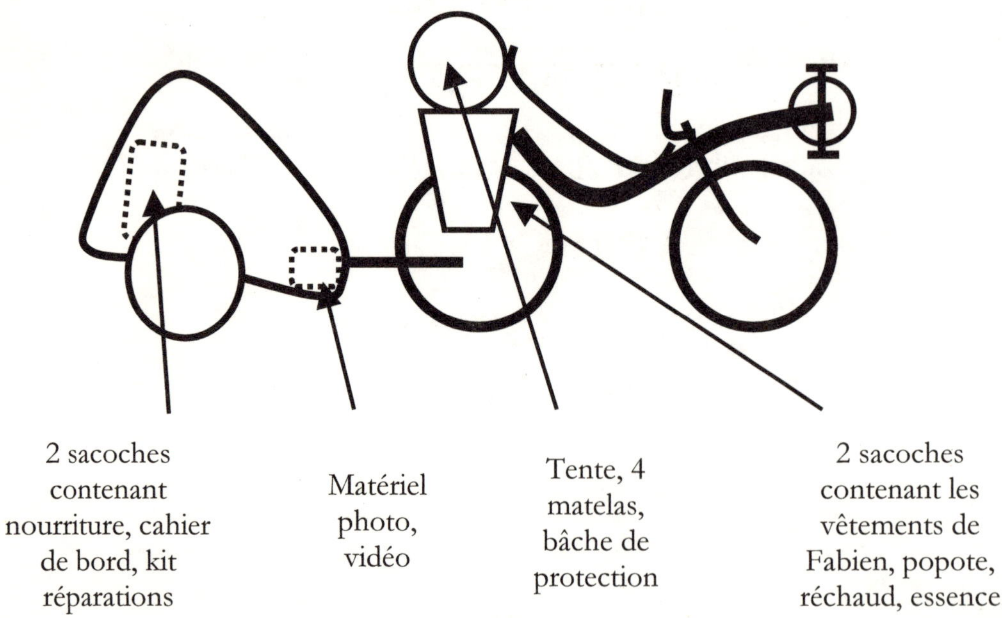

PARTENAIRES

Nous tenons à remercier l'ensemble de nos partenaires.

Ils ont cru à notre projet dès le départ ou en cours de voyage.

A tous, un grand merci !

CHARIOT CARRIER INC

DEUX PLUS DEUX

OPTIMA

QUECHUA

SCHWALBE

REYDMART

AIR NEW ZEALAND

COPA AIRLINES

AEROCONDOR

PETITA RENTACAR

CIPS

MERCI ! EVKARISTO ! TESHEKUR-EDEREM ! THANK YOU ! GRACIAS !

Ghislaine et **Vincent** pour les corrections de nos « fôtes » d'orthographe et critiques constructives dans la rédaction de ce livre.

Fabrice et **Alain** de la société **CIPS**, un ancien fournisseur de Fabien, qui a réalisé toute la quadrichromie de l'ouvrage.

Eckkart Hang, de la société **deux plus deux,** pour nous avoir fourni deux remorques « Chariot », fiables, robustes et qui plus est, équipées d'amortisseurs.

Marc, de la société **Optima,** pour nous avoir accordé une remise substantielle sur l'achat des vélos couchés et pour son soutien matériel durant le voyage.

Philippe Bovagnet, **Jean François Ratel**, **Benjamin Lafoux**, de **Quechua**, grâce à qui nous avons pu dormir au chaud dans des duvets en plume d'oie et sous une tente spacieuse.

Luis Edouardo Palacin, de la société péruvienne **Aerocondor**, pour nous avoir offert l'accès à tous ses hôtels et un survol privé des fameuses lignes de Nasca.

Céline, **Sébastien**, **Valérie**, **Julien**, **Marieannick**, **Sandra,** pour vos conseils et relectures attentives.

Sophie et **Jérôme** pour votre soutien inconditionnel avant, pendant et après le voyage ainsi que pour la création, la mise à jour de notre site Internet et pour vos nombreux conseils et « coups de main » dans la réalisation de ce livre.

Dominique et **Yves Maurice** pour avoir gardé nos cartons de déménagement, pour toutes les petites attentions pleines d'amour que vous avez témoignées à Léa et Yanis pendant le voyage, pour votre soutien durant la rédaction de ce livre.

Nadine et **Serge Lefranc** pour les nombreux colis remplis de sucreries « anticolère » reçus aux quatre coins du monde, pour vous êtes occupés de tout notre administratif, du classement des diapos, de la gestion locative de notre appartement et pour votre soutien durant le voyage. Nadine, c'est quand tu veux pour un autre Pacaya !

Pour nos amis et familles venus nous rejoindre sur les berges du lac Atitlan au Guatemala pour célébrer notre mariage : **Dominique**, **Yves**, **Claire**, **Nadine**, **Serge**, **Sandrine**, **Martial**, **Guillaume**, **Marieannick**, **Sophie**, **Jérôme**, **Inès**, **Laurent**.

Nous avons pu voyager aussi loin et aussi longtemps grâce à la fantastique hospitalité des familles et personnes rencontrées sur notre route :

Grèce : Viktor, Ullrich.
Turquie : Tarkan et toute l'équipe de l'hôpital de Devrek, famille Houstay.
Nouvelle-Zélande : Liz, Paul, Théa, Ruby, Phil, Judy, Leith, Michelle, Gérard, Veronika, Roger, Thelma, Janette, Ngaire, Brigitte, Duncan.
Australie : Angela, Kevin, Megan, Rebecca, Jennifer, Jocelyne, Graham, Timaru, Joan, Julie, Alistair, Sharon, Peter.
USA : Jason, Suzie, Mike, Diane, Jeff, Louise, Jeanne, Russel, Dean, Maxime, Paul , Karla, Joanna, Clay, Gloria, Richard, Wayne, Kathleen, Ben, Trudy, Margaret, Franz, Tom, Kelly.
Mexique : Roberta, Raphael, Manuel, Miguel, Geary, Hanna, Leo, Constitution, Jean-Yves, Babeth, Rodolpho, Theresa, Eileen, David.
Guatemala : Marisol, Guy, Elisabeth, Jin, Luis, Gaspard, Gisèle.
Pérou : Irène, Jose, Luis, Amaro, Carlitos, Sylvana, Erwin, Clarissa, Olivier, Pedro, Vincent.
Bolivie : Aurélie, Thomas, Aldo, Theodora, Florencia.

A cette liste, il convient de rajouter les innombrables autres personnes rencontrées sur notre chemin et qui, avec un peu d'eau, une direction, un conseil ou un geste bienveillant, nous ont permis de réaliser notre rêve. Qu'elles en soient ici remerciées.

CONTACTS

N'hésitez pas à nous faire part de vos commentaires, suite à la lecture de ce livre.

Si vous l'avez aimé, faites le savoir autour de vous et pensez à laisser un message sur le livre d'or de notre site Internet !

Pour commander le livre :

terredeveil@yahoo.fr

www.terredeveil.com

Imprimé en France. - JOUVE, 11, bd de Sébastopol, 75001 PARIS
N° 432503G. - Dépôt légal : Juin 2007